# 员工培训管理实操从新手到高手

畅销升级版

周正勇 编著

中国铁道出版社有限公司
CHINA RAILWAY PUBLISHING HOUSE CO., LTD.

## 内容简介

本书以概念、流程、图形、表单为主要展现方式，开篇阐明员工培训的价值和方法，接着阐述培训需求的分析与确认、培训计划的制订与实施、培训效果的评估与改进，最后讲解新进员工、生产一线员工、专业技术人员、市场营销人员及企业管理人员等不同类别人员的培训管理，结合案例分析如何进行培训需求调查、如何设置课程体系、如何实施培训计划和如何评估培训效果，确保员工培训管理具有目标性和实效性，达到最佳的培训效果，提升企业的竞争力。

本书的特点是将理论性、操作性和实效性有机结合，可以学来即用，用来即得，帮助企业管理者了解员工培训，便于人力资源工作者查阅效仿。

本书适合企业管理者、人力资源工作人员、企业培训师，以及高校人力资源相关专业师生等学习阅读。

**图书在版编目(CIP)数据**

员工培训管理实操从新手到高手：畅销升级版/周正勇编著．—北京：中国铁道出版社有限公司，2021.9

ISBN 978-7-113-28071-0

Ⅰ.①员… Ⅱ.①周… Ⅲ.①企业管理-职工培训-Ⅳ.①F272.921

中国版本图书馆 CIP 数据核字(2021)第 115349 号

**书　　名：** 员工培训管理实操从新手到高手（畅销升级版）
YUANGONG PEIXUN GUANLI SHICAO CONG XINSHOU DAO GAOSHOU（CHANGXIAO SHENGJIBAN）
**作　　者：** 周正勇

**策划编辑：** 王　佩　　**编辑部电话：**（010）51873022　　**邮箱：** 505733396@qq.com
**责任编辑：** 王　佩　张文静
**封面设计：** 宿　萌
**责任校对：** 孙　玫
**责任印制：** 赵星辰

**出版发行：** 中国铁道出版社有限公司（100054，北京市西城区右安门西街 8 号）
**印　　刷：** 三河市宏盛印务有限公司
**版　　次：** 2021 年 9 月第 1 版　2021 年 9 月第 1 次印刷
**开　　本：** 700 mm×1 000 mm 1/16　**印张：** 14.5　**字数：** 268 千
**书　　号：** ISBN 978-7-113-28071-0
**定　　价：** 69.80 元

# 前　言

松下幸之助曾说：“企业之道第一是培养人才。一个天才的企业家总是不失时机地把对员工的培养和训练摆上重要的议事日程”。综观企业界的员工培训管理，我们满怀信心地认为，企业重视员工培训、关注人力资源开发、实现持续经营是企业永恒的主题。

当前，随着市场竞争的加剧，越来越多的企业为了获得成功，加大人才培养的力度，设立企业机构或商学院，实施员工培训管理体系，获益匪浅。为了更好地帮助企业开展员工培训工作，笔者编写了本书，希望能在企业培养人才方面发挥一定的作用，帮助企业实现人才竞争的优势，并使企业长久地保持这种优势。

在编写过程中，本书以系统阐述员工培训的管理理论和实践方法为目的，依据近年来员工培训管理的实际情况，以及笔者在员工培训管理、咨询和培训工作中的实践经验，并参考了优秀企业员工培训的成功案例和工具，详细地介绍了员工培训管理的理论、方法和技术。

全书共分 9 章，第 1 章至第 4 章为重点内容，阐述了员工培训的价值和方法、培训需求的分析与确认、培训计划的制订与实施、培训效果的评估与改进；第 5 章至第 9 章为实操内容，讲解了新进人员、企业管理人员、市场营销人员、专业技术人员、生产一线员工的培训管理方法、工具、案例分析和 HR 应知。

本书主要特色如下：

1. 内容丰富，系统性强，涉及面广，涵盖整个培训管理流程体系以及企业培训管理部门应该掌握的专业知识和技能。

2. 以员工培训理论、工具和方法的应用为基础，大量运用图表和数据，帮助读者系统学习员工培训的知识和技能，提高解决问题的能力。

本书在编写过程中得到了许多从事人力资源管理、咨询、教学和经济管理等方面资深人士的大力支持和帮助，他们为本书的编写提出了许多宝贵意见和建议，在此表示衷心的感谢。但由于编者水平有限，加上时间较为仓促，因此，对于书中错漏或不妥之处，敬请批评指正。

编　者

# 目 录

1

# 员工培训的价值和方法

## 1.1 如何理解员工培训

“培训”一词源于教育学领域中的一个概念，就是“培养+训练”，通过培养加训练使受训者掌握某种技能的方式。“员工培训”的内容不同于广义的培训概念，不仅要传授知识技能和加强文化素养，还要落实企业的经营战略，推进企业的科学管理，开发企业的人力资源，因此，员工培训显得格外重要。

员工培训指组织基于开展业务和培育人才的需要，通过教育、培养和训练，提高员工的知识、技能并改善员工的价值观、工作态度和行为方式的过程。旨在帮助员工胜任目前或将来的工作，从而实现组织培训预期目标和员工个人发展目标，提高组织的运营效率，达成组织的战略愿景。

员工培训按内容划分为员工技能培训和员工素质培训两种。员工技能培训是企业对各种岗位设置的实操性培训，如行政管理、精益生产、市场营销、产品研发、质量保证、物流管理、成本控制、资本运营、管理战略、品牌培育等方面的培训；员工素质培训是企业对员工素质方面的基本要求，如企业文化、价值观、人际沟通、商务礼仪、团队协作、心理素质、执行力、工作态度、工作习惯等方面的培训。

在我国企事业单位，员工培训能提高管理者的能力，增长员工的技能，为企事业单位提供管理思路、专业知识、工作技能，激发员工智慧和创新思维。员工培训是比物质资本投资更重要的人力资本投资，开展员工培训的主要目的是促使员工不断提升工作效率，为单位发展创造出更多的价值，实现员工个人与企事业单位的互惠共赢。

在我国，员工培训逐步形成标准化管理体系，由课程模块、师资模块和评价模块三部分组成。根据企业的行业特点、业务范围、公司地理位置等各种因素而设置专门的员工培训机构。机构可以是自建的也可以是合作企业联合建立的，培训机构的形式主要有员工培训中心、校企产学研中心、企业商学院、咨询机构、培训机构、行业论坛和各种协会设立的研究会等。

同时，我国员工培训在持续地创新。通过组织出国考察，让企业管理人员拓展国际视野，学习国外优秀的管理经验，了解国际市场行情，为优化本企业的各项策略、提升管理水平提供有益的借鉴；通过聘请专业人才和知名专家、学者等作为企业的顾问，扩大企业的知名度，吸引更多的优秀人才到企业任职；通过本企业内部自己开展的大型培训现场会，企业内部员工参与并广邀社会媒体进行报道，聘请专业名师举办讲座，积极培养符合企业需求的复合型人才。

员工培训，既是对员工自身素质的提升过程，又是员工享受福利的过程。企业家越来越重视员工培训，希望通过人力投资，提升企业竞争力，获得更多的回报。为了体现员工培训的积极作用，企业必须重视培训效能的评价，无论是培训方案的制订，还是培训的实施过程以及培训后的效果，要能客观公正和科学合理地予以评价，并与员工的职务晋升、薪酬奖金和福利待遇等紧密结合，确保员工培训能取得良好的效果。

## 1.2 员工培训的价值

在经济学中，价值是商品的一个重要性质，它代表该商品在交换中能够交换得到其他商品的多少，价值通常通过货币来衡量，成为价格。这种观点中的价值，其实是交换价值的表现。价值也泛指客体对于主体表现出来的积极意义和有用性，能够公正且适当反映产品和服务提供等值金额。

美国经济学家、诺贝尔经济学奖得主西奥多·舒尔茨发现，单纯从自然资源、实物资本和劳动力的角度，不能解释生产力提高的全部原因。人、知识和能力是社会进步的决定性原因。但是它的取得不是无代价的，它需要通过投资才能形成。员工培训就是这种投资中一种重要的形式。投资目的是要产生利润，员工培训务必要实现价值。

公共的普通教育，只能传授基本的专业知识和技能；而企业面临规模化的发展和个性化的产品服务，员工需要得到专业的技能培训，才能适应岗位和企业发展的需求。因此，为了满足生产经营需要，通过员工培训提高劳动生产率，提升员工的职业素养，有效地落实经营管理目标，采取各种员工培训方法，对员工进行培训的投资活动，旨在实现企业预期的利润。

员工培训的价值指受训者经培训提高回到工作岗位所带来的效益与培训投资的差额。差额的值越大，员工培训的价值就越高，反之员工培训的价值就越低。从投资与收益的角度分析，员工培训转化为产出是一个长期而漫长的过程，它涉及培训内容的个性化和多样化、培训方式是否恰当、培训时机选择等因素，也涉及员工对培训的内容是否吸收，是否有效地运用于工作活动等。因此，员工培训对企业的影响是一个长期的、间接的过程。如何能够实现员工培训的价值，是企业培训管理的重要内容。

员工培训的价值，从满足企业经营需要和员工个人发展的角度讲，员工培训可以体现四个方面的价值。

①长远价值：提供企业战略发展规划的保障，培养建设未来人才梯队，关注企业发展的长远利益，实现企业长远目标。

②短期价值：满足企业年度经营管理的需要，通过培训改善企业管理和提高员工的岗位胜任能力，提高企业管理效率。

③管理价值：员工高水平地完成本职工作，各项管理指标得到提高，包括质量、成本、交期、安全和士气等，增加了经济效益，实现利润最大化。

④个人价值：帮助员工达成其职业生涯规划，提升员工的综合职业素养，为企业创造更多的财富，增加员工的薪酬待遇。

## 1.2.1 员工培训的作用

市场经济的竞争愈演愈烈，企业要在竞争中保持优势，需要依靠优秀的人才等资源来保障，企业之间的竞争关键是人才的竞争，人才素质高低对企业发展起着不可估量的作用。员工培训则是提升人才素质的重要手段，由此提高企业的竞争能力，在激烈的市场竞争中取胜。因此，员工培训在企业管理中发挥越来越重要的作用。

**1. 员工培训有利于企业获得竞争优势**

面对激烈的全球化市场竞争，一方面，企业需要越来越多的复合型经营人才，为进军国际市场打好人才基础；另一方面，员工培训可提高企业新产品研究开发能力。员工培训就是要不断培训与开发高素质的人才，以获得竞争优势，尤其是在知识经济和信息经济时代，智力资本已成为重要生产力要素，也是决定经济成就的关键因素。企业的竞争不再依靠自然资源、廉价的劳动力、精良的机器和雄厚的财力，而主要依靠知识密集型的人力资本。员工培训是创造智力资本的途径。智力资本包括基本的工作技能、应用科技的高级技能，以及自我激发创造能力。因此，员工培训要适合未来发展与竞争的培训观念，提高企业员工的整体素质。

**2. 员工培训有利于提高员工的工作能力**

员工培训的直接目的是提高员工的职业能力，使其更好地胜任现在的日常工作及未来的工作任务。在能力培训方面，关注未来的工作需要，掌握更广博的知识，培养员工学会知识共享，创新运用知识来优化产品或服务的能力。员工在工作能力提高的同时，能取得良好的工作绩效，获得更多的晋升机会和较高收入。

**3. 员工培训有利于构建高效的工作团队**

在21世纪，科学技术的发展导致员工技能和工作角色的变化，企业需要对组织结构进行重新设计。今天的员工已不是简单接受工作任务，提供辅助性工作，而是参与提高产品与服务质量的团队活动。在团队工作系统中，员工扮演许多管理性质的工作角色。他们不仅具备运用新技术获得提高客户服务与产品质量的信息、与其他员工共享信息的能力，还具备人际交往技能和解决问题的能力、集体活动能力、沟通协调能力等。尤其是培训员工学习使用互联网、全球网及其他用于交流和收集信息工具的能力，可使企业工作运营系统高效运转。

**4. 员工培训有利于改善企业的工作质量**

工作质量包括生产过程质量、产品质量、客户服务质量及经营管理质量等。企业通过对员工知识技能、经营理念和企业文化方面等进行培训，提高员工的操作技能，增强本职工作的责任意识，提高管理者的管理能力，改善员工的工作表现，增强降低成本的意识，规范安全操作规程等。总之，培训能提高员工的职业素养和职业能力，从而改善企业的工作质量。

**5. 员工培训有利于员工实现自我价值**

在现代企业中，员工的工作目的有了更高级的需求，也需要自我价值的实现。培训不断带给员工新的知识与技能，使其能适应或能接受具有挑战性的工作与任务，实现自我成长的需要，实现自我价值的追求，员工不但在物质上感到有所满足，而且在精神上也能获得成就感。

**6. 员工培训有利于增强员工的归属感**

就企业而言，员工培训越充分，对员工越具有吸引力，越能发挥人力资源的高增值性，从而为企业创造更多的效益。参加企业组织培训的员工，能对自己从事的工作表示满意，愿意继续留在企业工作，认识到自身的存在，理解了自己的工作目标，增强了对企业的归属感。

**7. 员工培训有利于促进企业与员工的沟通**

企业采取自己培训和委托培训的办法。搭建企业与员工的学习和沟通平台，通过培训活动融入企业文化，宣传企业的价值观和理念。引导员工认同企业文化，增强主人翁意识、质量意识、创新意识、敬业精神和社会责任感等，增加了企业向心力和凝聚力，为企业与员工之间营造团结互信的良好氛围。

**8. 员工培训有利于培养企业的新生力量**

企业要保持永续经营的生命力，不仅要培养当下人才，还要培养未来的人才。明智的企业家清醒地认识到，人才投资要放眼未来。在发达国家推进技术创新中，不但注意引进高科技人才，还特别重视培养自己的高端人才。世界500强企业的事实证明，人才是企业的第一资源，只有拥有一流的人才，才能开发出一流的产品，创造一流的业绩，企业才能长治久安。

员工培训是最为重要的人力资源开发，比物质资本投资更重要的人力资本投资，有效的员工培训其实是提升企业综合竞争力的过程。培训的作用不仅受益于员工，企业也在员工培训中受益颇丰。

## 1.2.2 员工培训的意义

近年来，世界各国的企业非常重视员工培训，培训的知识、技能、工作方法、工作态度以及工作的价值观得到改善和提高，从而发挥出极大的潜力，提高了企业和个人的业绩，推动企业和个人的不断进步，实现企业和个人的双重发展。正因如此，对于不同的主体，站在不同的角度认识员工培训的意义，也会感到有所不同。

**1. 站在企业经营者的角度**

企业经营者知道员工培训需要什么，并能尽全部的努力去达成目标，他们懂得团结、善于决策、充满热忱、持续创新和激励团队是企业发展的前提。企业要发展，执行是关键，这些都需要通过员工培训来落实。

①员工培训提高员工技能和管理水平，增强企业的竞争力。

②员工培训促进企业文化建设，增强企业的凝聚力。

③员工培训加强团队建设，提高企业的团队协作能力。

④员工培训提供解决问题的方案，推进企业的快速成功。

⑤员工培训获得高回报的收益，积累企业的规模资产和丰厚利润。

⑥员工培训通过建立企业大学，在全球化背景下顺利转型变革。

根据美国培训与发展年会统计数据：投资培训的企业，其利润的提升比其他企业的平均值高 35% 以上，人均产值比平均值高 50% 以上，股票市值的提升比平均值高 20% 以上。由此说明，企业投资员工培训是有利于企业持续发展战略性措施，属于企业高回报性的投资项目。

在整个经济再平衡的环境背景下，客户需求结构调整和企业内部成本结构调整，带来了企业转型的驱动，决定了企业发展的新路径以及企业人才发展的新方向。

**2. 站在企业管理者的角度**

作为一个优秀的管理者，应具备提升企业绩效的能力。利润是企业的命脉，而绩效又是企业利润的保证，管理者需要通过员工培训来提升员工的绩效，管理者通过执行力把企业战略规划转化成效益成果。然而，管理者不能独自成功，需要培训员工来共同完成目标。可见，员工培训对企业管理者来说多么重要。

①员工培训改善管理难度。培训后的员工整体素质得到提高，就会自觉把自己当作企业的主人，主动服从和参与企业的管理。

②员工培训提高研发新产品的能力。培训提高员工素质的同时，也培养了他们的创新能力，激励员工不断开发与研制新产品来满足市场需要，从而扩大企业产品的市场占有率。

③员工培训可以提升工作技能，掌握正确的工作方法，纠正不良的工作习惯，可以提高工作效率，其直接结果必然是促进工作质量的提高。

④员工培训可以降低生产损耗。损耗主要来自员工操作不认真和技能不高。通过培训，员工就会认同企业文化，认真工作，降低损耗。

⑤员工培训可以提高员工整体素质。通过培训，员工素质整体水平会不断提高，从而提高劳动生产率。

⑥员工培训能降低员工流失率。企业可以通过培训拉近与员工之间的距离，聆听员工的心声，让员工有种归属感。

⑦可以减少事故发生。研究发现，80% 企业事故是员工不懂安全知识和违规操作造成的。员工通过培训，学到了安全知识，掌握了操作规程，自然就会减少

事故的发生。

⑧通过培训企业文化，打造一个感恩合作、诚信谦让的团队。开展员工的拓展训练，给予员工身心的洗礼，提高团队凝聚力和战斗力。

作为企业管理者，落实管理目标，部署行动计划，明确岗位职责，宣贯管理制度，教导工作流程等，都要通过员工培训来实现。达成管理目标的关键是要管理好员工的绩效，员工取得业绩成果才能给予满意的报酬，从而打造稳定高效的员工队伍，长期为企业发展做出贡献。

**3. 站在企业普通员工的角度**

作为企业的普通员工，希望得到企业各种培训，学到更多的工作技能，提高自己的综合素质，让自己变得更有价值。同时，感恩企业给予的培训机会，成为忠诚和实战型员工，既对工作的业绩负责，对自己的职业生涯负责，与企业的发展结合在一起，彼此形成利益共同体，养成敬业爱岗的员工，促使企业的繁荣昌盛。

①增强自身的工作能力。现代社会职业的流动性使员工认识到学习的重要性。跳槽换岗主要依靠自身过硬的技能，培训是员工增长实操性的知识和技能的重要途径之一。因此，很多员工希望企业有足够多的培训机会，这也成为一些员工选择就业的一个条件。

②获得较高收入的机会。员工的收入与其工作业绩表现直接相关。为了赚到更高的工资，员工就会想方设法学习本领，通过培训来竞争上岗，担任价值要素更高的职务，获得更丰厚的报酬。

③增强职业的稳定性。从企业来看，企业为了培训员工特别是培训特殊技能的员工，提供了优越的条件。所以在一般情况下，不会随便解雇这些员工，为防止他们离去给企业带来的损失，总会千方百计留住他们。从员工来看，他们把参加培训、外出学习、脱产深造、出国进修等当作是企业对自己的一种奖励。员工经过培训，素质、能力得到提高后，在工作中表现更加优秀，就更有可能受到企业的重用或晋升，员工因此也更愿意在企业服务。

④增强就业的竞争力。就业市场充满了竞争，随着人才机制的创新，人才招聘的信息化，求职者都在竞争好的企业，选择更好的工作环境。社会性竞争上岗越来越激烈，面对竞争与淘汰，只有不断学习，而培训则是最好的学习方式。

⑤提升个人的社会形象。员工经过技能和素质培训，拥有更多的文化知识，

言行举止中能体现智慧才干，塑造个人良好的社会形象。

总之，企业重视员工培训才能吸引优秀人才的加盟，因为培训不仅是企业发展的需要，也是人才自身发展的需要。企业要达成战略规划目标，需要培训员工与自身经营发展相适应的人才，培训是企业战略的重要手段；企业只有通过持续地培训，提升员工的工作技能和个人综合素质，为企业的持续发展提供人力资源保障；企业培训员工提升其广泛的知识技能，适应不断变化的客户需求，应对企业发展中的不确定环境；通过培训强化员工认同企业文化，提高员工的忠诚度，使员工与企业同舟共济；通过员工培训开发企业的人力资源，企业才能保持旺盛的活力，具有持续竞争的能力。

## 1.3　员工培训的特点

企业的员工培训对象是在职或即将任职的员工，要满足于企业运营和战略发展的需求，是企业战略目标实现和人才梯队建设的关键性因素，不仅决定企业经济利益的增长，而且构成了企业核心竞争力的战略资源。员工培训成为企业管理的重要工具。

**1. 员工培训以企业战略规划为导向**

员工培训管理体系建设源于企业发展战略，在人力资源战略体系框架中运行。按照马斯洛的需求层次理论，人的需求是多方面的，而最高需求是自我发展和自我实现。按照自身的需求接受教育培训，是对自我发展需求的肯定和满足。员工培训的最终目的是为企业发展战略服务，同时也要与员工个人职业生涯发展相结合，实现员工素质与经营战略的匹配。

**2. 员工培训与企业实际情况相协调**

员工培训管理体系是一个系统工程。它要求培训的各环节、培训项目应协调，使培训管理体系正常运行。首先要从企业经营战略出发，确定培训的模式、培训内容、培训对象；其次要适时地根据企业发展的规模、速度和方向，合理确定受训者的总量与结构；最后还要准确地根据员工的培训人数，合理地设计培训方案、时间、地点等。

**3. 员工培训具有多样性和集中性**

员工培训的形式有多样性，主要有定向培训、在职培训、脱产培训、实践中培训及企业员工自学成才等。员工培训的内容有多样性：思想政治教育、企业价值观教育、基础文化知识教育、法律政策及制度培训、行为规范及礼仪培训等。培训是企业长远发展的必然要求，进行系统规划、统筹安排及培训的集中统一管理是必不可少的。具体表现在：一是培训要由企业集中管理，而不是企业内任何部门可以单独进行和处理的；二是培训关系到人事、经费、工资福利、工作安排等一系列问题，因此必须由企业集中管理；三是培训工作既有近期目标，又有长期战略，要与企业的生产经营计划相结合，集中制定切实可行的方针和政策。

**4. 员工培训关注实用性和有效性**

员工培训投资应产生一定的回报。员工培训的成果要转化成生产力，并能保持和发挥企业的竞争优势。首先，企业应设计实用的培训项目，使员工所掌握的知识技能、知识结构适应新的工作。其次，应让受训者获得实践机会，为受训者提供机会来应用所学的知识技能和行为方式。最后，为培训成果转化创造有利的工作环境，构建学习型组织等。

**5. 员工培训对象具有广泛性和层次性**

员工培训的对象具有广泛性，不仅决策层管理者需要培训，而且一般员工也需要受训，员工培训的内容涉及企业经营活动或将来需要的知识、技能以及其他问题。员工培训的对象具有层次性，不同知识水平和不同需求的员工，所承担的工作任务不同，知识和技能需求层次不同。因此员工培训对象的层次不同，则培训内容的深度不同。需要针对每位员工的实际技能、岗位和个人发展意愿等开展员工培训工作，培训方式和方法要切合个人的性格特点和学习能力。效果和质量是员工培训成功的关键，为此必须制订全面周密的培训计划和采用先进科学的培训方法和手段。

**6. 员工培训具有速成性和实践性**

随着科学技术的日益发展，人们必须不断更新知识，员工培训将是长期和永恒的。培训主要目的是为企业所用。因此，培训的针对性较强且具有速成性。许多培训是应对经营变化而设置，改善产品质量水平的应知应会，决定立项的技术攻关课题、革新项目急需的知识和技能，强化企业内部管理急需掌握的管理基本技能等。同时，培训应根据员工的生理、心理以及工作经验等，在教学方法上注重实践教学方法。针对工作实际多采用启发式、讨论式、研究式以及案例式的教学，使员工培训有效果。

综上所述，员工培训要体现时代特色、时代要求和时代精神。企业要紧跟时代，找出新课题、新需求进行培训。21 世纪是知识经济时代，信息和知识是绝大多数企业前进的推动力量，而企业进行员工培训是提供信息、知识及相关技能的重要途径。随着科学技术的不断更新，知识技能必须不断更新，才能跟得上科技的发展。未来的企业也将成为学习型组织，这也意味着企业员工必须把接受培训作为继续学习的一种手段。以工作的实际需要为出发点，与职位的特点紧密结合，与培训对象的年龄、知识结构紧密结合。有计划有步骤地对各级各类人员进行培训，提高全体员工的整体素质。

## 1.4 员工培训的原则

企业对员工的培训遵循战略导向、因材施教、知行合一、目标明确、注重实效和全方位性原则。

**1. 战略导向原则**

员工培训是生产经营活动中的一个环节，我们在组织培训时，要从企业战略发展的角度去布局，依次开展培训的需求调查、课程设计、培训实施及培训效果反馈，确保每项培训都能支持战略目标的达成。

**2. 因材施教原则**

因材施教是在尊重和认同个体存在差异的基础上，针对人的能力、性格、志趣、教育背景、工作经验、职务等具体情况施行不同的教育，以达到促进每个人全面发展的目的。因此，在培训工作中应合理地选择课程内容，做到因材、因人施教。

**3. 知行合一原则**

知是行之始，行是知之成，知是良知，行是实践。要知行合一，既不认为知便是行，也不认为行便是知。知识靠学习，能力靠锻炼，境界靠静修。因此，知行合一不仅是成功的工具，也是智慧的法宝。

**4. 目标明确原则**

明确受训人员参加培训的目标，可以增强培训效果。培训目标设得太难或太容易都会失去培训的价值。因此，培训的目标设置要合理、适度，同时与每个人的具体工作相联系，使受训人员感受到培训的目标来自工作又高于工作，是自我提高和发展的高层延续。

**5. 注重实效原则**

培训过程中，要注意对培训效果的反馈和结果的强化。反馈的作用在于巩固学习技能，及时纠正错误和偏差，反馈的信息越及时、准确，培训的效果就越好。另外，员工培训投资属于智力投资，它的投资收益高于实物投资收益。但这种投资的投入产出衡量具有特殊性，培训投资成本不仅包括可以明确计算出来的会计成本，还应将机会成本纳入进去。培训产出不能纯粹以传统的经济核算方式来评价，它包括潜在的或发展的因素，另外还有社会的因素。

**6. 全方位性原则**

全方位性主要体现在培训的内容丰富宽泛，能够满足不同层次员工的需求，还体现在企业的培训过程贯穿于员工职业生涯的始终，为达到职业生涯计划所列出的各种企业目标而进行的知识、技能和素质培训教育活动。

总之，企业在实施员工培训活动时，要针对每个人岗位技能和个人发展意愿等，有计划地安排全员培训，还要重点培训一批骨干，特别是中层管理人员。建设人才发展梯队，必要时将人员培训与人员任职、晋升、奖惩、工资福利结合起来，让受训者受到某种程度的鼓励，并多关心培训人员的学习、工作和生活。只有这样才能保证并充分发挥出员工培训的效果，切实提高员工素质，改进员工绩效，进而提升整个企业的绩效水平。

## 1.5 员工培训的方法

员工培训的方法是多种多样的，依据员工培训特点和原则，实现人力资源开发的增值功能，达到企业管理增效的目的。把员工培训的方法分为两种类型，即在岗培训和离岗培训。

**1. 在岗培训**

在岗培训主要包括：工作现场培训、内部导师制、岗位轮换、工作中学习、设立副职岗位，设立顾问岗位等，这是常用的在岗培训方法。

（1）工作现场培训

根据需要在工作的现场进行实战性的培训，比较适合于技能方面的培训，可以同时综合应用多种培训方式。工作现场培训的效果最直接最有用，不是光讲解可以达到的。日本、德国等制造业发达国家非常重视企业内部的现场培训，把它看作是提升员工实际技能的必须手段。

（2）内部导师制

内部导师制培训又称师傅传帮带徒弟的方式，受训学员紧跟在有经验的老员工后面，边看边问，边学边做，边练边帮。采用导师制培训方法要有效组织指导，才能确保培训获得良好的效果。在受训人员独立工作后，培训人员仍应继续对受训人员进行观察，并提供明确的支持与反馈，使受训人员持续掌握岗位知识和工作技能。

（3）岗位轮换

岗位轮换法是一种通过有计划、有策略地安排员工轮换和担任不同岗位，进一步观察员工的优势、劣势和发展潜力，锻炼、培养和提升员工多种工作技能的培训方法。该方法的优点有，帮助员工了解企业各环节工作内容，有利于改善部门间的沟通协作，能深入发掘员工的工作特长和发展潜力，有利于培养全面人才。

（4）工作中学习法

员工对于理论和课堂教学，需要在实践中应用才会有切身体会，将其转化为自身的能力。在工作中遇到的问题，可以马上向别人请教，或者找资料学习，经过一段时间的探索解决问题，成为自身的经验积累。另外，管理者通过有意识给下属一些具有挑战性的工作，可以锻炼下属的特定能力。通过委派跨部门的临时项目（如七大浪费的改善），可以提升中层经理的跨部门沟通和项目管理的能力。

（5）设立副职岗位

管理人员一般由内部培养，技术人员大多外部引进，企业要持续提升管理的力量，为实现战略规划保驾护航，选年轻有潜力的中层担任中高层副职岗位，让经验丰富能力强的经理培养年轻骨干，日常管理工作中反复教导，发现问题要及时纠正，且企业文化、价值观念、员工忠诚等方面也于无形中培养，这样比外聘职业经理人效果要好。

（6）设立顾问岗位

随着公司规模的扩大，需要持续赋能管理，可以返聘退休的高级管理和技术人员来公司担任顾问职务，参与公司的管理或技术项目中，丰富团队的管理和技术知识，引进更好的管理经验，从而带动管理团队更上一个台阶。

**2. 离岗培训**

离岗培训主要包括：讲授法、演示法、研讨法、视听法、角色扮演法、案例分析法和模拟与游戏法等。各种教育培训的方法具有各自的优缺点，为了提高培训质量，往往需要将各种方法配合运用。

（1）讲授法

讲授法是指培训师通过课堂面授的形式，系统地向学员传授知识、教授经验的一种培训方法。在员工培训中，开设的专题讲座就是采用讲授法进行的培训，适用于向群体学员介绍或传授某个单一课题的内容。培训场地可选用教室、餐厅或会场，教学资料可以事先准备妥当，教学时间也容易由讲课者控制。表 1-1 所示为讲授法的要求、优点和缺点。

**表 1-1 讲授法**

| 要求 | 优点 | 缺点 |
|---|---|---|
| • 讲授内容要有科学性，这是保证讲授质量的首要条件<br>• 讲授要有系统性，条理清晰，重点突出<br>• 讲授时语言要清晰，生动准确<br>• 必要时运用板书<br>• 培训师与受训者要相互配合，这是取得良好的讲授效果的重要保证 | • 有利于受训者系统地接受新知识<br>• 容易掌握和控制学习的进度<br>• 有利于加深理解难度大的内容<br>• 可以同时对许多人进行培训 | • 讲授内容具有强制性<br>• 学习效果易受培训师讲授的水平影响<br>• 只是培训师讲授，没有反馈<br>• 受训者之间不能讨论，不利于促进理解<br>• 学过的知识不易被巩固 |

（2）演示法

演示法是指部门专业技能训练的通用方法，也应用于上岗之前的训练，一般由部门经理或管理人员主持，由技术能手担任培训人员，现场向受训学员简单地讲授操作理论与技术规范，并进行标准化的操作示范表演。学员则反复模仿实习，经过一段时间的训练，使操作逐渐熟练直至符合规范的程序与要求，并达到运用自如的程度。学员练习时，培训讲师应做好现场指导，随时纠正操作中的错误表现。表 1-2 所示为演示法的要求、优点和缺点。

表 1-2 演示法

| 要 求 | 优 点 | 缺 点 |
|---|---|---|
| • 示范前准备好所有的用具，搁置整齐<br>• 让每个受训者都能看清示范物<br>• 示范完毕，让每个受训者试一试<br>• 对每个受训者的试做给予立即的反馈 | • 有助于激发受训者的学习兴趣<br>• 可利用多种感官，做到看、听、想、问相结合<br>• 有利于获得感性知识，加深对所学内容的印象 | • 适用范围有限，不是所有的学习内容都能演示<br>• 演示装置移动不方便，不利于培训场所的变更<br>• 演示前需要一定的费用和精力做准备 |

（3）研讨法

研讨法是一种用集体讨论方式进行培训的方法，研讨不仅是为了解决问题，还要培养受训学员对问题的分析判断及解决能力。在对特定案例的分析、辩论中，受训学员集思广益，共享集体的经验与意见，有助于他们将受训的收益在未来实际业务工作中思考与应用，建立一个有系统的思考模式。同时受训学员在研讨中还可以学到有关管理方面的新认识与新原则。表 1-3 所示为研讨法的要求、优点和缺点。

表 1-3 研讨法

| 要 求 | 优 点 | 缺 点 |
|---|---|---|
| • 每次讨论要建立明确的目标，并让每一位参与者了解这些目标<br>• 要使受训人员对讨论的问题发生内在的兴趣，并启发他们积极思考<br>• 在大家都能看到的地方公布议程表（包括时间限制），并于每一阶段结束时检查进度 | • 受训人员能够主动提出问题，表达个人的感受，有助于激发学习兴趣<br>• 鼓励受训人员积极思考，有利于能力的开发<br>• 在讨论中取长补短，互相学习，有利于知识和经验的交流 | • 讨论课题选择得好坏将直接影响培训的效果<br>• 受训人员自身的水平也会影响培训的效果<br>• 不利于受训人员系统地掌握知识和技能 |

（4）视听法

视听法即运用电视机、录像机、投影仪、收录机、电脑、智能手机等视听教学设备为主要培训手段进行训练的方法。

随着声像资料的普及与广泛应用，许多企业的入职培训已采用电化教学手段，并取得了较好的效果。多用于新员工培训等普通的培训需求课程中，有些企业还运用摄像机自行摄制培训视频，选择一定的课题将企业实务操作规范程序、礼貌礼节行为规范等内容自编成音像教材用于培训。表 1-4 所示为视听法的要求、优点和缺点。

**表 1-4 视听法**

| 要 求 | 优 点 | 缺 点 |
|---|---|---|
| • 播放前要清楚地说明培训的目的<br>• 依据讲课的主题选择合适的视听教材<br>• 以播映内容来发表各人的感想或以“如何应用在工作上”来讨论，最好能边看边讨论，以增加理解<br>• 讨论后培训师必须做重点总结或将如何应用在工作上的具体方法告诉受训人员 | • 由于视听培训是利用人体的五种感觉（视觉、听觉、嗅觉、味觉、触觉）去体会的一种培训，所以比讲授或讨论给人更深的印象。并且教材内容与现实情况比较接近，不单单是靠理解，而是借助感觉去理解<br>• 生动形象且给听讲者以亲近感，所以比较容易引起受训人员的关心和兴趣<br>• 视听教材可反复使用，从而能更好地适应受训人员的个别差异和不同水平的要求 | • 视听设备和教材的购置需要花费较多的费用和时间<br>• 不太容易选择合适的视听教材<br>• 受训人员受视听设备和视听场所的限制 |

（5）角色扮演法

角色扮演法又称职位扮演法，也是一种模拟训练方法。适用对象为实际操作者或管理人员，由受训学员扮演某种训练任务的角色，使他们体验到所扮演角色的感受与行为，以发现及改进自己原先职位上的工作态度与行为表现。该方法多用于改善人际关系的培训，人际关系上的感受常因所担任的职位不同而异。为了增进对对方情况的了解，受训学员常扮演自己工作所接触的对方的角色，进入模拟的工作环境，以获得更好的培训效果。表 1-5 所示为角色扮演法的要求、优点和缺点。

**表 1-5 角色扮演法**

| 要 求 | 优 点 | 缺 点 |
|---|---|---|
| • 宣布练习的时间限制<br>• 强调参与者实际作业<br>• 使每一事项都成为一种不同技巧的练习<br>• 确保每一事项均能代表培训计划中所教导的行为 | • 有助于训练基本动作和技能<br>• 提高人的观察能力和解决问题的能力<br>• 活动集中，有利于培训专门技能<br>• 可训练态度仪容和言谈举止 | • 人为因素较多，存在随意现象<br>• 强调个人<br>• 容易影响态度、不易影响行为<br>• 角色扮演的设计有简单化、表面化等现象<br>• 受训者不愿接受角色扮演的培训形式 |

（6）案例分析法

案例分析法指对某一案例进行深入分析的培训方法，训练解决某些复杂的问题的能力。通过探讨形式使受训学员就某个案例进行沟通，激发学员踊跃思考，引导学员自由发挥，分析讨论并进行归纳总结，逐步引导学员对讨论结果达成比较统一的认识。该方法适用于以研究问题为主的培训内容，对培训人员的技巧要求很高。在培训前，培训人员要花费大量的时间对讨论案例进行分析准备，比较适于管理层人员的训练或用于解决某些具有一定难度的管理问题。表 1-6 所示为案例分析法的要求、优点和缺点。

**表 1-6　案例分析法**

| 要　求 | 优　点 | 缺　点 |
|---|---|---|
| • 由于案例是从实际工作中收集的，学员一般无法完全通过材料了解个案的全部背景及内容，因此指导员分发完材料后，应仔细解释说明并要接受参加者的咨询，以确定他们对材料的掌握正确无误 | • 它提供了一个系统的思考模式<br>• 在个案研究的学习过程中，接受培训可得到另一些有关管理方面的知识与原则<br>• 有利于使接受培训者参与企业实际问题的解决<br>• 正规案例分析使学员得到经验和锻炼机会<br>• 容易养成积极参与和向他人学习的习惯<br>• 直观 | • 案例过于概念化并带有明显的倾向性<br>• 案例的来源往往不能满足培训的需要<br>• 需时较长，对受训者和培训师要求较高 |

（7）模拟与游戏法

模拟指模仿实战中的培训，不能停留在理论或道理的层面上，而要能在实战上使用。模拟与游戏法属于当前一种较先进的训练法，其培训的对象多为企业中高层级管理人员，受训学员会在人为设计的理想化条件下，较轻松地完成决策。而游戏培训法则因游戏的设计，使学员在决策过程中会面临更多切合实际的管理矛盾，决策成功或失败的可能性都同时存在，需要受训学员积极地参与训练，运用有关的管理理论与原则、决策力与判断力对游戏中所设置的种种遭遇进行分析研究，采取必要的有效办法去解决问题，以争取游戏的胜利。表 1-7 所示为模拟与游戏法的要求、优点和缺点。

表 1-7 模拟与游戏法

| 要　求 | 优　点 | 缺　点 |
|---|---|---|
| • 游戏涉及竞争<br>• 必须有一定的游戏规则<br>• 有一定的结局 | • 激发参训者的积极性<br>• 改善人际关系<br>• 理解深刻，生动具体<br>• 可使参训者联想到现实的后果<br>• 参与者思考和体验较好 | • 简单化<br>• 使人缺少责任心<br>• 比较费时<br>• 模拟游戏的有效性并没有得到证实<br>• 后勤问题 |

培训的方法远远不止上述七种，还有网上培训、阅读书籍法、研讨式论坛、学术报告会、咨询式培训、一对一培训、诊断式培训、宣传广告培训、参观学习、商业游戏、管理游戏、户外拓展训练等，无论选取何种培训方法，各有所长，都有一个如何运用的问题。对素质、基本技能的培训而言，互动、讲解及户外培训比较适合，而对那些高层次的培训而言，就需要采用一对一、咨询式或模拟式培训的方式，因此员工培训要考虑到培训方法的选择。

## 1.6 培训方法的选择

培训方法的选择很大程度上决定了员工培训的效果，不同的培训方法具有不同的特点，其自身也各有优劣。选择适合有效的培训方法，需要考虑培训目的、培训内容、培训对象及培训资源等因素。因此，针对不同的培训对象和培训课程，培训师应该采用不同的培训方法，为了达到培训效果，可多种培训方法并用。如表 1-8 所示，列举和比较七种主要的培训方法的培训效果。

表 1-8 七种培训方法的培训效果

| 方　法 | 目　标 | | | | | |
|---|---|---|---|---|---|---|
| | 让学员获得知识 | 让学员改变态度 | 提高学员解决问题的能力 | 提高学员的人际关系处理能力 | 提高学员的接受能力 | 让学员记忆一些知识 |
| 讲授法 | 效果良好 | 效果差 | 效果一般 | 效果差 | 效果差 | 效果很好 |
| 演示法 | 效果良好 | 效果差 | 效果一般 | 效果一般 | 效果差 | 效果很好 |
| 视听法 | 效果一般 | 效果一般 | 效果差 | 效果一般 | 效果一般 | 效果一般 |
| 研讨法 | 效果很好 | 效果良好 | 效果一般 | 效果一般 | 效果一般 | 效果良好 |
| 案例分析法 | 效果一般 | 效果一般 | 效果很好 | 效果一般 | 效果很好 | 效果一般 |
| 角色扮演法 | 效果良好 | 效果良好 | 效果良好 | 效果很好 | 效果良好 | 效果一般 |
| 模拟与游戏法 | 效果一般 | 效果一般 | 效果良好 | 效果良好 | 效果良好 | 效果差 |

讲授法、演示法、研讨法这三种企业培训方法，在一般的企业培训中最为常见；视听法、角色扮演法、案例分析法和模拟与游戏法在企业培训中的采用率较高。

现如今，越来越多的企业重视员工培训的意义，认识到这种投资具有更高的回报，但是很少的企业意识到培训方法选择的重要性，如果选择的培训方法不正确，就会影响到员工的培训体验，要选择适合的培训方法，应结合以下方面进行。

**1. 制订合理的培训计划**

针对不同部门的员工，要设计不同的培训计划。在进行员工培训之前，要能够选择专业的培训师，确定想要给员工培训的内容，有针对性安排更好的课程。合理的培训计划让员工感受到培训的意义，让企业的投资得到更好的回报。

**2. 策划多样的培训形式**

培训形式丰富多彩，让员工感到有兴趣，积极地参与。比如，培训团队执行力的课程，老师不仅讲解理论知识，还组织多种形式的小组竞赛活动，并统计小组各项竞赛的分数，培训结束后进行排名颁奖，这样不仅调动了员工的学习积极性，还加强了培训效果。

**3. 明确最终的培训目标**

要根据培训目标选择培训方法。例如，要给员工传播新知识，可以选择课堂讲授、演示操作、多媒体教学等方法；要改变员工的工作态度，可以选用角色扮演、游戏互动等方法。

**4. 关注培训对象**

选择适合的培训方法，要考虑学员的接受能力、学员的现有水平等诸多因素，因材施教，才有效果。

**5. 激发兴趣的培训方法**

要使培训产生明显的效果，要让学员对整个培训内容产生兴趣，让学员充分参与到整个培训的过程中来，让学员觉得参加培训是一种体验乐趣的过程，因此要选择能够激发学员兴趣的培训方法，调动学员的积极性。

## 1.7 【案例分析】某公司年度培训计划方案

**1. 培训现状分析**

公司总部搬迁新址以来，员工队伍迅速扩大，销售业绩不断攀升，公司正处于迅猛发展时期。经过15年的累积，公司对室内家具照明系统的制造拥有雄厚的技术实力和优秀的管理团队。

现有员工男女性别比例接近6∶4，大专学历以上人员占比25%，员工平均年龄32.4岁，可见公司拥有一支较年轻的团队，一线人员大部分是初中学历水平，员工流动性比较大，一线员工吸引力较弱。

公司管理制度和流程需进一步完善和优化，员工制度化、程序化、标准化和信息化意识较强，团队精神与协作意识较弱，各级管理人员管理技能与领导水平有待提高。

随着公司对市场占有率的逐步提高，从卖产品转型到卖服务是必经之路。这就要求各部门提高服务意识，提升服务水平，改善服务质量，打造高素质的服务团队。

公司培训工作虽然一直开展，但未建立相关培训体系，培训课程体系不完善，培训师资管理和投入不够，培训效果评估也未落到实处。

公司虽参加外部培训机构的培训课程，但频率过低，很多好的内容未在公司进行再转化与再传播，以至于培训效果无法深化与量化。

公司领导虽倡导员工通过不断学习与培训来提高个人综合素质与能力，力求在公司内部打造学习型企业，形成学习型团队。但效果不明显，没有切实的行动计划。员工培训工作并没有全面展开。

**2. 年度培训重点**

针对公司的培训现状，结合公司战略发展规划及年度经营计划，在人力资源战略的框架下，制订年度培训计划，突出培训重点，强调培训效果，体现培训价值，发挥培训作用。

员工培训为公司战略规划和目标实现提供有力保障，面对中长期规划提到的问题，形成专项培训予以攻关。如降本增效，开设IE[①]合理化课程；质量提升，外请质量管理辅导机构等。

随着新员工的不断加入，做好入职培训，岗前培训，帮助新员工顺利度过适应期并得到快速成长。

提高全员的职业意识与素养，提升主动积极的工作态度及团队合作与有效沟

① IE：Industrial Engineering，工业工程。

通能力，增强敬业精神与服务意识。如开展企业文化拓展活动，开设团队协作与高效沟通的课程。

加强课程体系建设、培训师资体系建设，完善培训反馈与效果评估，健全员工培训管理体系。

**3. 培训课程计划**

依照企业培训现状，结合年度培训重点，在培训课程上，根据需求调查，每周举行一次全体员工早会，宣传企业文化理念，发布企业每周的经营管理信息。根据培训对象不同，把课程分为五类，分别针对新进员工、管理人员、专业技术人员、销售人员和生产人员，如表1-9所示。

**表1-9 培训课程**

| 序号 | 新进员工 | 管理人员 | 专业技术人员 | 销售人员 | 生产人员 |
|---|---|---|---|---|---|
| 1 | 企业介绍类：<br>企业发展史<br>企业简介<br>企业文化 | 高层—方针策略类：<br>价值创造和风险管理<br>经营战略方针管理<br>企业经营策略与应用<br>战略绩效管理体系建立与实施 | 人力资源类：<br>组织与人才发展设计<br>培训效果提升<br>关键人才的培养与激励绩效考核实务班<br>企业文化诊断与建设 | 市场营销类：<br>市场预测和用户调研<br>客户研究及应对策略<br>市场需求与产品规划 | 生产实务类：<br>企业标准化管理<br>设备维护保养<br>5S① 管理实务 |
| 2 | 员工手册类：<br>员工行为规范<br>入职流程<br>考勤流程<br>请假流程等 | 中层管理能力类：<br>领导力与管理技能提升<br>魅力口才与职场沟通<br>企业推行品管圈 | 行政和财务类：<br>专业秘书与助理特训<br>财务管理与财务报表分析 | 销售实战类：<br>企业招投标与合同管理大客户维护策略 | 精益生产类：<br>精益班组长<br>精益物流运筹<br>精益自动化 |
| 3 | 相关制度类：<br>工资管理规定<br>福利管理规定<br>培训发展规定<br>安全管理规定 | 基层管理能力类：<br>现场改善提案实战班<br>班组长特训<br>班组长品管道场 | 研发和品质类：<br>研发项目管理<br>卓越的产品经理<br>品质保证实务班<br>品质分析与改善工具 | 售后服务类：<br>顾客满意与顾客抱怨处理<br>客户投诉处理技巧 | 生产改善类：<br>目视化管理<br>工伤预防与管理实务 |

① 5S："5S"起源日本，是指在生产现场对人员、机器、材料、方法等生产要素进场有效管理，这是日本企业独特的管理方法。"5S"是整理（sein）、整顿（seiton）、清扫（seiso）、清洁（seiketsu）和素养（shitsuke）这5个词的缩写。

续表

| 序号 | 新进员工 | 管理人员 | 专业技术人员 | 销售人员 | 生产人员 |
|---|---|---|---|---|---|
| 4 | 规章制度类：<br>保密管理规定<br>奖励管理规定<br>违纪管理规定<br>失职管理规定<br>惩处管理规定 | 创新系列类：<br>如何塑造世界一流品牌<br>大数据狂潮下的品牌营销策略 | 生产管理类：<br>生产管理实务<br>采购品类管理<br>物料与仓储管理<br>IE 合理化降本增效<br>供应链管理 | 新媒体营销类：<br>微信营销实战攻略<br>短视频及社群运营攻略 | 班组管理类：<br>新生代员工管理<br>一线生产主管管理能力提升 |
| 5 | 入职须知：<br>劳动合同签订<br>安全生产规定<br>5S 管理规定 | 团队建设类：<br>团队动力定向挑战赛<br>团队心灵正念静观力<br>领导者的教练技巧 | 智能制造类；<br>精益智能工厂转型化<br>工厂实战班<br>制造业新产品导入 | 销售素养类：<br>客户沟通与谈判技巧<br>商务礼仪与职业素养 | 员工素养类：<br>如何当好班组长<br>员工职业化修炼 |

**4. 培训实施流程**

（1）培训目的

- 提高公司管理人员的管理意识、管理技能、能力与领导水平。
- 提升员工的工作技能、改善工作态度和行为模式，满足公司的快速发展需要。
- 提高员工职业素养与敬业精神，增强员工服务意识与服务水平，打造高绩效团队。
- 提升公司凝聚力、吸引力、同心力和战斗力，为达成公司年度经营目标作支持。
- 建立健全公司培训管理体系，包括培训课程、培训讲师和培训效果评估等。

（2）培训原则

- 战略导向原则。

从企业战略发展的角度去布局，依此开展培训的需求调查、课程设计、培训实施及培训效果反馈，确保每项培训都能支持战略目标的达成。

- 因材施教原则。

针对员工培训的现状，包括个人因素、公司因素及面对的实际情况施行不同的教育，以达到促进每个人全面发展的目的。

- 知行合一原则。

知识靠学习，能力靠锻炼，境界靠静修。员工的知识技能和经验，关键还要靠自己的实践获得。

- 目标明确原则。

培训的目标设置要合理。适度，同时与每个人的具体工作相联系，使受训人员感受到培训的目标来自工作又高于工作，提高培训的效果。

- 注重实效原则。

培训效果的反馈和结果的强化。反馈的作用在于巩固学习技能，及时纠正错误和偏差，反馈的信息越及时、准确，培训的效果就越好。

- 全方位性原则。

培训的内容丰富宽泛，能够满足不同层次员工的需求。列出年度培训的知识、技能和素质教育活动。

（3）培训职责

- 人力资源部负责建立健全培训体系、拟定培训制度和流程。
- 人力资源部负责制订培训计划、发送培训通知、组织实施培训。
- 人力资源部负责培训跟进及反馈、培训效果的评估总结等工作。
- 各部门应积极配合与支持和落实公司的培训管理工作。
- 公司及各部门的临时培训需求，应提前向人力资源部申请或备案。

（4）培训计划

通过培训需求的调查，结合公司战略发展规划和人力资源管理规划，制订公司2021年度培训计划，如表1-10所示。

**表1-10　某公司2021年度培训计划**

| 序号 | 培训项目 | 培训时间 | 培训内容 | 培训地点 | 培训机构/讲师 | 培训对象 |
|---|---|---|---|---|---|---|
| 1 | 入职培训 | 入职日期 | 员工手册/劳动合同/入职须知/安全生产（公司级） | 公司内部 | 内部讲师 | 新员工 |
| 2 | 目标管理 | 1月上旬 | 目标与关键成果法应用制订主导行动计划 | 公司内部 | 内部讲师 | 中层以上管理人员 |
| 3 | 市场营销 | 2月下旬 | 销售网络平台和自媒体等 | 杭州等地 | 某培训机构 | 销售人员 |
| 4 | 研发管理 | 3月23日 | 设计和开发控制程序 | 公司内部 | 内部讲师 | 技术人员 |
| 5 | 质量管理 | 3月30日 | QC七大手法 | 宁波 | 某培训机构 | 生产和品管人员 |
| 6 | 安全生产 | 4月上旬 | 安全生产管理知识 | 宁波 | 某培训机构 | 生产管理人员 |
| 7 | 人力资源管理 | 4月20日 | 招聘配置与人才测评 | 宁波 | 某培训机构 | 人资管理人员 |

续表

| 序号 | 培训项目 | 培训时间 | 培训内容 | 培训地点 | 培训机构/讲师 | 培训对象 |
|---|---|---|---|---|---|---|
| 8 | 采购管理 | 5 月中旬 | 供方管理控制程序 | 公司内部 | 内部讲师 | 采购员 |
| 9 | 质量管理 | 5 月 25 日 | 如何做好以品质为中心之管理 | 宁波 | 某培训机构 | 制造系统员工 |
| 10 | 领导力 | 6 月 15 日 | 管理干部角色认识 | 宁波 | 某培训机构 | 中高层管理人员 |
| 11 | 工业工程 | 7 月中旬 | 认识七大浪费，掌握 IE 工具 | 杭州 | 某培训机构 | 生产一线人员 |
| 12 | 精益生产 | 7 月 20 日 | 精益生产（TPS）推行实务 | 待定 | 某培训机构 | 制造技术人员 |
| 13 | 生产管理 | 9 月 21 日 | 少量多样的生产管理实务 | 上海 | 某培训机构 | 生产管理人员 |
| 14 | 企业文化 | 11 月上旬 | 经营管理理念 | 公司内部 | 内部讲师 | 中层以上管理人员 |
| 15 | 绩效管理 | 12 月中旬 | 目标与绩效管理 | 上海 | 待定 | 人力资源管理人员 |

（5）培训实施

- 内部培训的实施：由人力资源部根据公司年度培训计划负责实施。包括培训教材、培训讲师的选择，培训设备和场地的准备等。
- 内培训时要填写培训签到表，培训完毕要填写员工培训反馈表。
- 外派培训的实施：由人力资源部根据公司年度培训计划负责实施。拟参加培训者提出申请，经申请部门和人力资源部审核，报总经理批准后。外派培训者需填写员工培训反馈表。

（6）培训效果评估

员工培训是通过一定的手段（课堂授课、案例研讨、评价中心法、角色扮演、情景模拟等）使员工在知识、技能和态度方面达到改进并取得绩效提升的一个过程。

员工培训要达到绩效提升。这包括培训需求分析、培训计划和实施、课程设计、培训师队伍建设及与后续培训效果评估相关的行为等一系列过程。公司采用柯氏四级培训效果评估模型，如表 1-11 所示。

**表 1-11　柯氏四级培训效果评估方案**

| 评估级别 | 主要评估内容 | 可以询问的评估问题 | 评估方案/衡量方法 |
|---|---|---|---|
| 一级评估<br>反应评估 | 观察和评估学员的反应 | 受训者是否喜欢该培训课程<br>培训课程对受训者是否有用<br>对培训师和培训设施满意程度<br>课堂反应是否主动积极 | 培训评估调整表填写<br>员工培训的访谈评估<br>培训现场的观察和了解 |

续表

| 评估级别 | 主要评估内容 | 可以询问的评估问题 | 评估方案/衡量方法 |
| --- | --- | --- | --- |
| 二级评估<br>学习评估 | 检查学员的学习成果 | 受训者在培训中学习到了什么<br>培训前后受训者的知识、技能和理念有多大程度的提高 | 笔试<br>绩效考核<br>案例研究 |
| 三级评估<br>行为评估 | 衡量培训前后的工作表现 | 受训者在学习上是否有改善行为<br>受训者在工作中是否用到培训内容 | 绩效考核评价<br>行为观察绩效记录 |
| 四级评估<br>结果评估 | 衡量公司经营业绩的变化 | 行为的改变对公司的影响是否积极<br>公司是否因为培训经营业绩获得增长 | 考评公司的生产效率、质量和成本<br>考核安全生产，现场秩序等 |

（7）培训风险管控

- 避免培训员工流失，签订《外派培训协议书》。
- 为了保密商业机密，在劳动合同和员工手册中规定保密条款。
- 预防培养的员工成为竞争对手，签订《竞业限制协议》。
- 安排培训时一定要考虑与工作的协调，避免工作繁忙与培训时间的冲突。
- 把握重点培训与普遍提高的关系，避免某一部门某一个人反复参加培训，而其他部门却无机会参加培训的现象，以公司利益和需要为标准，全面提高员工队伍素质。
- 重视研究与开发培训课题，及时搜集国内知名顾问咨询和培训公司的讲师资料、培训课目资料，结合公司需要和部门需求，不定期地向有关部门推荐相关培训课题信息。
- 培训不能形式化，做到有培训、有考核、有提高。外派培训人员应进行培训总结和内容分享。
- 人力资源部应注意培训后的考评和工作绩效观察。其结果存入员工个人培训档案，作为员工绩效考核、晋升和调薪、解聘的依据之一。

（8）培训档案管理

- 建立员工培训档案，应将培训考核结果、证书和记录卡等信息资料归档。
- 建立员工培训记录卡，包括接受的专业、业余和脱产等方式的培训。

**5. 培训费用预算**

要运作全年员工培训计划，需要预算培训项目的经费，有效的培训预算是实现成功培训的保障。一般来讲，课堂培训的经费用主要包括五个方面。

- 讲师费用：如果是外请讲师则是授课费，内部讲师则是讲师纪念品或课酬。
- 场地费用：如果是租用外部场地，如酒店、培训教室的费用。
- 差旅费用：学员的差旅费用会是一笔较大的支出。
- 会务费用：包括就餐、茶歇、教材印制、会务用品制作、工作人员的相关费用等。
- 课程费用：采取在线培训的模式，在企业培训平台支付课程费用，采取移动学习的模式，不需要场地费、差旅费。在线培训的成本更节约，并且效果更好。

企业全年培训费用的总预算，通常以上年培训费用作为基数计提，或按员工工资总额的一定比例计提（一般不超过2.5%），或按销售额的一定比例计提，或汇总培训项目的各项费用等方式，结合各企业的特点，采取适合的方法计提都可以。

最后，员工培训重在建设学习型组织，树立主动学习意识，不是被动地听从企业培训安排；而是员工要有主动学习的愿望。另外，学习成果必须总结和分享，让培训效益最大化。

## 1.8 【HR应知】员工培训管理流程图

员工培训管理流程如图1-1所示。

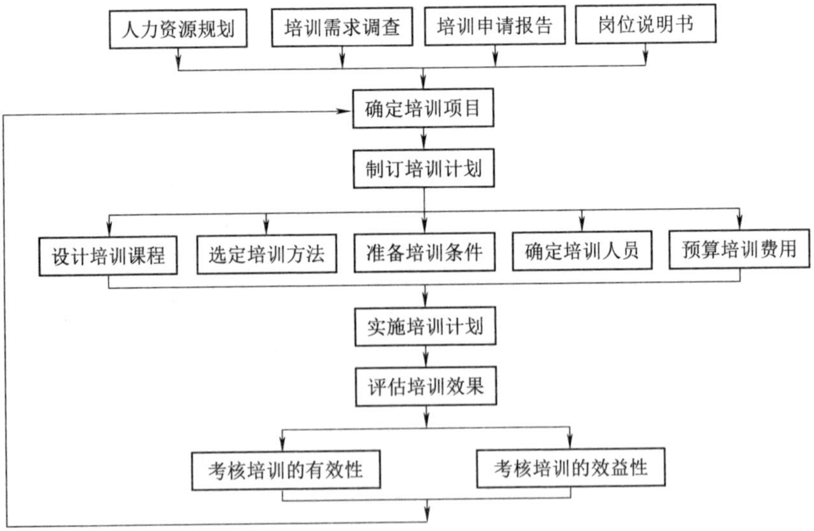


图1-1　员工培训管理流程

2

# 培训需求的分析与确认

## 2.1 培训需求分析的作用和时机

培训需求分析（Training Needs Analysis）指通过收集组织、工作任务、员工个人的有关信息，运用一定的方法和技术对收集的信息进行分析，确定现有状况与理想状况的差距，并对差距产生的原因进行判断，以确定是否需要培训及培训内容的一种活动或过程。

员工培训的需求分析就是采用科学的方法弄清谁最需要培训、为什么要培训、培训什么等问题，并进行深入探索研究的过程。它具有很强的指导性，是确定培训目标、制订培训计划、有效地实施培训的前提，是员工培训活动的首要环节，以及进行培训评估的基础，同时也是确保员工培训管理准确、及时和有效的重要因素之一。

### 2.1.1 培训需求分析的作用

培训需求包括五个类型：一是绩效不足类型，即当前绩效和目标绩效存在差距；二是民主性类型，即员工对人力资源开发项目或主题有偏好；三是诊断性类型，即创造和确保目标绩效的因素和条件；四是分析性类型，即执行任务的新方法或更佳方法；五是依从性类型，即依据法律规定的需求。

基于以上培训需求类型，培训部门、管理人员及基层员工通过共同参与培训需求分析，从而确定员工现有状况与应有状况之间的差距，进行前瞻性分析，了解受训者的特点，获得培训成本与效益分析的决策信息。培训需求分析的作用具体如下。

**1. 了解员工现有信息**

对员工现有情况了解、掌握越多，对培训活动就越为有利。通过培训需求分析可以了解到可能参加培训的人数、年龄范围、工作、生活的地点、职业兴趣等信息。

**2. 了解员工的培训态度**

员工的培训态度对培训效果有着至关重要的作用。通过分析掌握员工对培训所持态度，及时对有关人员宣传贯彻培训的正向观念，可增强培训效果。

**3. 确定培训内容**

培训需求分析能够确定员工的培训需求，比如需要的是知识培训还是技能培训。

**4. 提供培训素材**

有的培训方式需要在各个部门去收集相关材料，比如案例研究和角色扮演。

通过培训需求分析，可以收集到相当丰富的材料，包括工作手册、组织流程图、岗位介绍、各部门的形式和工作程序以及工作实例等。有了这些材料，培训就可以做到更有针对性，对员工解决实际的工作问题更有帮助。

**5. 使培训做到因材施教**

培训需求分析使培训部门能够在了解员工实际情况的基础上，为员工提供量体裁衣式的培训。

**6. 获取管理者的支持**

培训经过了需求分析，可以让管理者知道企业是重视培训的，同时能充分听取他们的意见来参考员工究竟需要什么样的培训。增强培训部门和管理者的交流、理解和信任，因此能得到他们的大力支持。

**7. 培训成本预算与控制**

在确定培训内容的时候，就需要分析一些与培训成本有关的问题。比如：培训需要多少工作人员；培训需要所少时间；培训需要哪些相关教材、设备等。这些都是可以计算出成本的，对节约培训经费十分有益。

**8. 为培训评估提供依据**

培训评估的一个重要环节就是制定评估标准，培训需求分析能为培训评估标准的制定提供有用的资料。通过需求分析可以了解员工现有的状况，再与培训后的状况进行对比，更能体现培训的效果。

## 2.1.2 培训需求分析的时机

有效的培训需求分析，建立在对培训需求产生的原因进行有效性的分析基础之上，对培训需求形成的时机客观进行分析，直接关系到培训需求分析的针对性和实效性。培训需求分析的时机大致可以分成以下三类，具体如表 2-1 所示。

**表 2-1 培训需求分析的时机**

| | | |
|---|---|---|
| 培训需求分析的时机 | 由于工作变化而产生的培训需求 | 企业处在不断发展的环境之中，需要提高员工的工作数量或工作标准，或岗位使用的设备、工具、技术、程序和方法有变更时，培训需求随之产生 |
| | 由于人员变化而产生的培训需求 | 企业引进新员工，或对员工进行岗位异动时，为了尽快进入工作状态，培训需求随之产生 |
| | 由于绩效变化而产生的培训需求 | 满足企业更高的绩效管理目标，需要改变员工的工作态度，或缩小员工之间的能力差异时，培训需求随之产生 |

## 2.2 培训需求分析的四个层次

所谓的培训需求分析是由培训部门、主管人员、工作人员等采取各种方法和技术，对各种组织及其成员的目标、知识、技能等方面进行系统的鉴别与分析，以确定是否需要培训及培训内容的一种活动或过程。培训需求分析的内容一般来说包括三个方面。

**1. 培训需求的层次分析**

一是前瞻性层次分析。对未来的分析，由人力资源部门发起，考虑改变组织优先权的因素。二是组织层次分析。找出企业存在问题并确定是否培训，考察企业目标和对目标发生影响的因素。三是员工个人层次分析。关注个人实际绩效与绩效标准对员工技能要求的差距分析。依据员工业绩、技能测试和个人需求调查问卷。

**2. 培训需求的对象分析**

一方面，新员工培训需求分析。对企业文化、制度、工作岗位的培训，通常使用任务分析法。另一方面，在职员工培训需求分析。对新技术、新技能要求的培训，通常使用绩效分析法。

**3. 培训需求的阶段分析**

包括目前培训需求分析和未来培训需求分析，前者是目前存在的问题和不足，后者是未来发展的需要。

接下来，重点阐述培训需求分析的四个层次，包括组织分析、工作任务分析、个人分析和未来分析。

### 2.2.1 组织分析

组织分析（Organization Analysis）通过对组织目标、资源、氛围及外部环境等方面的分析，明确组织中存在的问题，同时确定培训是否是最好的问题解决方式。一般而言，组织分析主要包括下列几个重要步骤。

**1. 组织目标分析**

明确清晰的组织目标，既对组织的发展起决定性作用，又对培训规划的设计与执行起决定性作用。组织目标决定培训目标。比如，一个组织的目标是提高产品的质量，那么培训活动就必须与这一目标相一致。假若组织目标模糊不清时，培训规划的设计与执行就很困难。

**2. 组织资源分析**

如果没有确定可被利用的人力、物力和财力资源，就难以确立培训目标。组织资源分析包括对组织的金钱、时间、人力等资源的描述。组织所能提供的经费将影响培训的范围和深度。对组织而言，时间就是金钱，培训是需要相当多的时间的，如果时间紧迫或安排不当，极有可能造成粗略的培训结果。对组织人力状况的了解非常重要，它是决定是否培训的关键因素。组织的人力状况包括：工作人员的数量、工作人员的年龄、工作人员对工作与单位的态度、工作人员的技能水平和知识水平、工作人员的工作绩效等。

**3. 组织氛围及外部环境**

系统特质，指组织的输入、运作、输出、次级系统互动以及与外界环境间的交流特质，使管理者能够系统地面对组织，避免组织分析中以偏概全的缺失。

文化特质，指组织的软硬体设施、规章、制度、组织经营运作的方式、组织成员待人处事的特殊风格，使管理者能够深入了解组织，而非仅仅停留在表面。

资讯传播特质，指组织部门和成员收集、分析和传递信息的分工与运作，促使管理者了解组织信息传递和沟通的特性。对上述问题和特性的了解，将有助于管理者及培训部门全面真实地了解组织。

组织分析的信息来源有组织愿景和目标、人力资源状况、组织知识状况、组织氛围指数、人均效能、信息化能力水平、管理体系、员工离职面谈、风险管控和内部控制等。

### 2.2.2 工作任务分析

工作任务分析（Task Analysis）以工作任务研究为基础，是确定培训项目内容的过程，它包括核查工作说明书及要求，发现从事某项工作的具体内容和完成该工作所需要具备的各项技能。其目的在于了解与绩效问题有关的工作的详细内容、标准和达成工作所应具备的知识和技能。工作分析的结果也是将来设计和编制相关培训课程的重要资料来源。工作任务分析依据分析目的的不同可分为两种：一般工作任务分析和特殊工作任务分析。

**1. 一般工作任务分析**

一般工作分析的主要目的是使任何人能很快地了解一项工作的性质、范围与内容，并作为进一步分析的基础。

- 工作简介。主要说明一项工作的性质与范围，使阅读者能很快建立一个较为正确的印象。其内容包括：工作名称、地点、单位、生效及取消日期、分析者、核准者等基本资料。
- 工作清单。工作清单是将工作内容以工作单元为主体，并以条目方式组合而成，使阅读者能对工作内容一目了然。而每项工作单元又可加注各工作的性质、工作频率、工作的重要性等补充资料，这对员工执行工作，管理层进行工作考核和进行特殊工作分析皆有益处。

**2. 特殊工作任务分析**

特殊工作分析是以工作清单中的每一工作单元为基础，针对各单元详细探讨并记录其工作细节、标准和所需的知识技能。由于各工作单元的不同特性，特殊工作分析可分为下列七项。

（1）程序性工作分析

程序性工作就是具有固定的工作起点、一定顺序的工作步骤和固定的工作终点等特性。程序性工作分析主要强调工作者和器物间的互动关系。程序性工作分析就是通过详细记录工作单元的名称、特点、标准、应具的知识技能、安全及注意事项、完整操作程序等，为员工的培训和培训评估提供依据。

（2）程式性工作分析

程式性工作分析多无固定的工作程序，对工作原理的了解和应用程度要求也较高，其工作内容主要强调工作者和系统间的互动。完整的程式性工作分析依序可分为四个部分。

（3）系统流程分析

主要是应用电脑流程的概念和符号，描绘系统间重要元件的关系，并配合简单的文字，说明系统背后的基本原理。

（4）系统元件分析

主要是针对系统中每一元件列出其正确名称和功能，以建立工作者的共同认知，减少沟通障碍，并作为检修的基础。

（5）程式分析

主要是探讨系统中的作业流程，其重点是了解系统如何正常运作分析，内容包括系统状况、特殊标准、指标、操作、影响等。

（6）检修分析

主要是探讨如何检修并排除系统不正常运作所需的诊断流程与知识。检修分析集中于探讨诊断分析所需的知识和诊断过程中所必须使用仪器的知识技能。检修分析的内容应该包括应具备的知识、可能的故障、原因、修正措施等。

（7）知识性工作分析

知识性工作属于内在思维的工作行为，可以说是人与人，或人与知识间的交流互动，而且是以不具形体的知识为桥梁，进行理性的思考、沟通与协调，以达成工作需求。知识性工作分析是一种研究程序，它能够帮助管理者确认影响工作绩效的有关重要知识。

工作任务分析是培训需求分析中最烦琐的一部分，但是只有对工作任务进行精确的分析并以此为依据，才能编制出真正符合企业绩效和特殊工作环境的培训课程来。

## 2.2.3 个人分析

个人分析（Personnel Analysis）以胜任力标准为尺度，对员工个人素质进行衡量，分析存在的差距，并分析差距后面隐藏的原因，确定谁需要和应该接受培训以及培训的内容。一个有效的个人分析应当包括两个方面，即总结性人员分析和诊断性人员分析。总结性人员分析是要确定个体员工绩效的整体水平，诊断性人员分析尝试寻找员工绩效产生的原因。

**1. 考核评估员工绩效**

主要包括员工的工作能力、平时表现（请假、怠工、抱怨）、意外事件、参加培训的记录、离（调）职访谈记录等。

**2. 员工的自我评价**

自我评价是以员工的工作清单为基础，由员工针对每一单元的工作成就、相关知识和相关技能真实地进行自我评价。

**3. 测试员工知识技能**

以实际操作或笔试的方式测验工作人员真实的工作表现。

**4. 测评员工态度**

员工对工作的态度不仅影响其知识技能的学习和发挥，还影响与同事间的人际关系，影响与顾客或客户的关系，这些又直接影响其工作表现。因此，运用定向测验或态度量表，就可帮助了解员工的工作态度。

**5. 观察员工表现**

直接观察员工的工作表现，找到员工绩效好坏的原因，或采取情景模拟、关键事件方法来帮助员工分析提高绩效的途径。

### 2.2.4 未来分析

人们习惯于把培训需求分析集中在个体和组织需求的层次上，集中于个体与组织的需求，往往是对组织过去与现在的需求比较敏感。但是，当组织状况发生了重大变化时，那种集中于过去和现在的需求分析将会引起组织资源的无效应用。因此，培训需求分析也要关注未来，其重视程度提到一个战略的高度。

**1. 组织优先权的改变**

引起组织优先权改变的因素是多种多样的，主要包括：新技术的引进。如资料处理能力的提高使组织的结构、功能、性质等发生革命性改造；财政上的约束，由于面临财政紧缺问题，各种层级的组织都把他们的规划削减到前所未有的程度；组织的撤销、分割或合并，随着外界环境的变化，原有组织承担的任务已经完成或根本不存在，这就需要撤销组织。各种临时性、突发性任务的出现，外界环境的变化，引起各种临时性、突发性任务的出现，需要建立新的组织，或改变原有的组织，以解决这些任务。因此，要求培训部门在进行培训需求分析中不能仅仅考虑现在的需要，还要关注前瞻性的将发生的因素。

**2. 人事预测**

由于组织的大部分预算是花在人事部门上，因此，人事预测是很重要的。人事预测主要包括需求预测和供给预测。需求预测主要是考察一个组织所需要的人员数量以及这些人员必须掌握的技能。对于稳定性组织而言，过去的倾向无疑是未来需求的指示灯，而对于经历巨大变革的组织来说，过去的倾向需要只有和其他预测技术结合起来才可确定未来的需求。供给预测不但要考察可能参加工作的人员的数量，而且要考察这些人员所具有的技能状况，以便为人员的雇佣、培训与再培训提供依据。在人事预测过程中，还应注意和发挥各方面专家的作用，并注意征求工作人员的意见，这样培训需求分析才切实可行，才可真实反映组织的未来发展状况。

**3. 组织态度调查**

在培训需求的战略分析中，收集全体工作人员对其工作、薪酬福利等的态度和满意程度也是有必要的。因为，对组织态度的调查能够帮助查出组织内最需要培训的领域；是否需要培训以外的方法；而且还能找出和确认那些阻碍改革和反对培训的领域。一般来说，了解工作人员对组织的态度及满意程度应立足于利益领域。根据工作人员对组织满意程度的不同，就可以表明他们对组织的态度与看法。如获得的工资报酬是可观的，或者工作团队中有一种信任和开放意识，为在组织工作感到很自豪等。

通过培训需求调查，我们就可以清楚地了解到，是否有人认为组织中的个人或团体缺乏技能？是否有人认为组织缺乏和谐的人际关系？是否有人认为组织缺乏治理能力？组织是否被认为是观念复杂？组织和个人利益被认为是一致还是冲突？对这些问题的不同回答，将产生不同的培训与组织开发。如果是技术能力方面的问题，那么进行传统的培训是适宜的；如果是人际关系方面的原因，则需要进行管理培训；如果是观念认同的问题，就需要重新确定组织目标或做出解释；如果是工作人员与组织之间的一致性较差，就需要加强职业生涯的开发。总之，组织态度的分析对组织的培训与开发规划是非常重要的。

## 2.3 培训需求的调查方法

员工培训需求的信息调查方法有很多，通常有访谈法、观察法、小组讨论法、问卷调查法、面谈法、胜任能力分析法、关键事件法、绩效分析法、文件资料法、头脑风暴法、客户调查法和自我申报法等。这里主要介绍四种常用的培训需求调查方法，供读者参考。

### 2.3.1 访谈法

访谈法主要是通过访谈者与被访谈者进行面对面的交谈，从被访谈者的表述中发现问题，从而判断出培训需求的调查方法。

**1. 访谈法的优缺点分析**

访谈法同其他培训需求调查方法一样，有着自身的优缺点以及适用范围，所以企业在实际开展培训需求调查时，最好不要单独使用一种方法。访谈法的具体优缺点如表 2-2 所示。

表 2-2　访谈法的优缺点

| 优　点 | 缺　点 |
| --- | --- |
| 1. 得到的资料真实、全面<br>2. 能够了解问题核心，有效性较强<br>3. 能够得到自发性回答<br>4. 开展团体访谈可以节省时间 | 1. 被访谈者容易受到访谈者的影响<br>2. 需要投入较多的人力、物力和时间<br>3. 可能会给被访谈者带来不便<br>4. 可替代性较差 |

**2. 访谈法的流程**

通过访谈法收集培训需求分析信息时，可以按照表 2-3 所示的实施步骤和注意事项执行。

表 2-3　访谈法的实施步骤及注意事项

| 实施步骤 | 注意事项 |
| --- | --- |
| 1. 确定访谈目标<br>2. 确定访谈对象及任务<br>3. 提前告知被访谈者有关内容<br>4. 实施访谈<br>5. 整理并分析访谈结果 | 1. 明确访谈的目标<br>2. 准备好访谈提纲<br>3. 营造融洽的、相互信任的访谈气氛 |

**3. 对不同层级员工实施访谈法的关键点**

组织在针对新员工、专员、主管、经理等不同级别的员工进行培训需求调查时，要依据具体要求选择面谈内容，如表 2-4 所示。

表 2-4　对不同层级员工实施访谈法的关键点

| 受访人员类别 | 访谈法实施关键点 |
| --- | --- |
| 新员工 | 访谈组织文化、规章制度、职业化心态等内容 |
| 专员级员工 | 访谈岗位技能、专业技能等内容 |
| 主管级员工 | 访谈职业化、管理技能等内容 |
| 经理级员工 | 访谈管理技能、领导力提升等内容 |

**4. 访谈法使用实例**

访谈法分为正式和非正式两种情况。正式访谈时指访谈者以标准的模式向所有的被访谈者提出同样问题的访谈方式；非正式访谈时指访谈者针对不同的被访谈者提出不同的开放式问题以获取所需信息的访谈方式。

运用访谈法进行培训需求分析调查时，决定访谈法能否达到访谈目的的关键在于访谈者是否有一份能启发、引导受访人讨论关键信息，防止谈话偏离主题的面谈提纲。可见，访谈提纲对于访谈目标的达成很重要，表 2-5 所示是某公司培训需求访谈提纲。

表 2-5 某公司基层员工绩效提升培训需求访谈提纲示例

受访人： 访谈时间：

| 调查指标 | 访谈具体问题 | 访谈记录 |
| --- | --- | --- |
| 员工目前绩效现状自我认知 | 个人绩效方面目前存在哪些不足 | |
| | 个人是否清楚自己所处职位的目标绩效水平 | |
| | 个人目标绩效与现实绩效之间存在什么样的差距 | |
| | 个人如何得到关于自己绩效的反馈 | |
| | 个人绩效低下会对企业有什么影响，是否妨碍团队达成目标 | |
| 绩效低下原因<br>（1）工作环境<br>（2）知识技能<br>（3）工作态度 | 你认为是什么事情阻碍了个人绩效的发挥 | |
| | 工作环境中哪些变化会导致个人绩效低下 | |
| | 个人目前拥有的技能是什么 | |
| | 为达到标准绩效水平，个人当前的技能是否够用 | |
| | 如果个人没有掌握目标要求的技能，如何解决 | |
| | 是否个人已经掌握了目标要求的技能却没有应用？如果是，为什么 | |
| | 个人工作配合意识，是否同事愿意与你合作 | |
| | 个人的服务态度，是否积极、主动、热情 | |
| 学习动机调动 | 如果没有被指出个人绩效低下，会有什么事情 | |
| | 如果个人绩效低下的情况被指出，会得到什么裨益 | |
| | 如果是上述因素导致绩效低下，什么措施可以改变现状 | |
| | 自己是否尝试过直接针对问题的解决方案 | |
| | 是否有比培训更简单的解决方案 | |
| 培训负责人 | 你期望由谁来负责培训？具体原因是什么 | |
| 培训内容 | 为改变绩效现状，是进行知识、技能培训还是改变工作心态的培训 | |
| 培训期限、时间 | 培训期限多长为宜？更倾向于在工作时间还是休息时间进行培训 | |
| | 工作时间接受培训不太现实的话，具体在休息时间内的哪段时间培训合适 | |
| 培训地点 | 是选择内部培训场地还是外部培训场地 | |
| 培训方式 | 你希望采取何种培训方式，是讲课类培训、阅读类培训、研讨类培训还是演练类培训 | |
| | 对培训师和讲授方法有什么要求 | |
| | 个人的学习风格是什么 | |
| 培训评估 | 你认为培训结束以后应达到什么效果 | |

## 2.3.2 观察法

观察法是观察者到工作现场，通过较长时间的反复观察，或通过多种角度、多个侧面或在有典型意义的具体时间进行的细致观察，以发现问题从而获得培训信息的一种分析方法。

**1. 观察法的优缺点分析**

了解员工工作表现的最佳方式就是观察，仔细观察能够发现员工工作中存在的问题。实施观察法的优缺点如表 2-6 所示。

表 2-6 观察法的优缺点

| 优　点 | 缺　点 |
| --- | --- |
| 1. 不妨碍被观察对象的正常工作和集体活动<br>2. 通过观察所获得的资料能够更准确地反映实际培训需求，偏差小 | 1. 只有对被观察者所从事的工作程序和工作内容十分熟悉才能做好观察<br>2. 如果被观察者察觉，可能会故意做出假象，致使观察结果产生偏差 |

**2. 观察法的流程**

通过观察法收集培训需求分析信息时，可以按照表 2-7 所示的实施步骤和注意事项执行。

表 2-7 观察法的实施步骤及注意事项

| 实施步骤 | 注意事项 |
| --- | --- |
| 1. 确定观察目标<br>2. 确定观察对象及任务<br>3. 选择适当的观察方法和技巧<br>4. 进行现场观察<br>5. 整理并分析观察资料 | 1. 观察者要对被观察者的工作有深刻了解，并明确评价其工作的标准<br>2. 不能干扰被观察者的正常工作<br>3. 一般适用于被直接观察者和了解的工作 |

**3. 观察法使用实例**

表 2-8 是采用观察法收集培训信息的实例。

表 2-8 观察法使用实例

观察对象：　　　　　　地点：　　　　　　日期：

| 观察项目 | 很　多 | 好 | 一　般 | 差 |
| --- | --- | --- | --- | --- |
| 工作效率 | | | | |
| 工作质量 | | | | |

续表

| 观察项目 | 很 多 | 好 | 一 般 | 差 |
|---|---|---|---|---|
| 工作情绪 | | | | |
| 服务态度 | | | | |
| 工作中的耗损情况 | | | | |
| 工作中的服务意识 | | | | |
| 工作中的安全意识 | | | | |
| 工作的熟练程度 | | | | |
| 工作方法是否恰当 | | | | |
| 时间安排的合理性 | | | | |
| 创新能力 | | | | |
| 团队协作能力 | | | | |
| 领导组织能力 | | | | |
| 语言表达能力 | | | | |
| 解决问题能力 | | | | |
| 团队中的影响力 | | | | |
| 部门整体情况 | | | | |

注：把观察到的结果在最贴切的选项下打“√”。

## 2.3.3 小组讨论法

小组讨论法指从培训对象中选出一部分有代表性的且熟悉问题的员工作为代表参加讨论，以调查培训需求信息的一种分析方法。

**1. 小组讨论法的优缺点分析**

小组讨论法的优缺点如表2-9所示。

**表2-9 小组讨论法的优缺点**

| 优 点 | 缺 点 |
|---|---|
| 1. 能够在讨论现场集中表达不同的观点<br>2. 能够缩短决策的时间，尽快达成一致意见 | 1. 组织成本较高，要花费较多的时间、财力和物力<br>2. 公开场合有一部分人不愿意表达自己的看法和观点，这可能导致无法全面收集到不同的观点 |

**2. 小组讨论法的流程**

小组讨论法可以按照表2-10所示的实施步骤和注意事项执行。

表 2-10 小组讨论法的实施步骤及注意事项

| 实施步骤 | 注意事项 |
| --- | --- |
| 1. 负责人召集小组成员<br>2. 向小组成员说明情况或存在的问题，并提供相关信息<br>3. 小组成员对问题进行讨论分析<br>4. 整理并分析讨论结果 | 1. 实施前需制定并明确讨论规则<br>2. 小组成员的选择要具有代表性 |

## 2.3.4 问卷调查法

问卷调查法是以标准化的问卷形式列出一些问题，对随机样本、分层样本或所有总体进行调查，以确定培训需求的一种分析方法。在进行问卷调查时，问卷的编写尤为重要。

问卷调查法与访谈法可以结合起来使用，通过访谈来补充或核实调查问卷的内容，讨论填写不清楚的地方，探索比较深层次的问题和原因。

**1. 问卷调查法的优缺点分析**

问卷调查法的优缺点如表 2-11 所示。

表 2-11 问卷调查法的优缺点

| 优 点 | 缺 点 |
| --- | --- |
| 1. 费用低<br>2. 可大规模开展<br>3. 信息比较齐全 | 1. 持续时间长<br>2. 问卷回收率不高<br>3. 某些开放性问题得不到回答 |

**2. 问卷调查法的流程**

问卷调查法可以按照表 2-12 所示的实施步骤和注意事项执行。

表 2-12 问卷调查法的实施步骤及注意事项

| 实施步骤 | 注意事项 |
| --- | --- |
| 1. 设计所希望了解事项的问题并编辑成文<br>2. 在小范围内对问卷进行模拟测试，并对结果进行评估<br>3. 对问卷进行必要的修订<br>4. 实施调查 | 1. 在问卷设计时，应考虑数据统计和分析是否易于操作<br>2. 调查中要取得被调查者的信赖，避免被调查者对调查产生顾虑，或填写虚假信息 |

**3. 问卷形式分类**

问卷形式包括开放式、探究式和封闭式三种，具体如表 2-13 所示。

表 2-13 调查问卷形式分类

| 类 型 | 特 征 | 作 用 |
|---|---|---|
| 开放式 | 采用“什么”“如何”“为什么”和“请”等提问，回答时不能用“是”或“否”来简单应对。例如，“你为什么参加此类培训” | 发掘对方的想法和观点 |
| 探究式 | 更加具体化，采用“多少”“多久”“谁”“哪里”“何时”等提问。例如，“你希望这样的培训多久举行一次” | 缩小所收集的信息范围 |
| 封闭式 | 只能用“是”或“否”来回答的提问方式 | 限制所能收集信息的范围 |

最后，运用这些方法分析培训需求时，你需要慎重考虑每一种被使用的方法的具体使用效果，可以两种以上结合起来使用，具体选择如表 2-14 所示。

表 2-14 培训需求信息调查方法选择表

| 项 目 | 需求信息的要求精度较低 | 需求信息的要求精度较高 |
|---|---|---|
| 一般需求 | 观察法、文件资料法、研讨法、趋势研究法、经验判断法等 | 胜任能力分析法、绩效考核法、关键事件法、自我申报法等 |
| 特殊需求 | 面谈法、集体（小组）讨论法、客户调查法、关键人物调查法等 | 自我申报法、问卷调查法、项目评估法、测验（试）法等 |

# 2.4 培训需求的评估和确认

培训部门对通过各种信息收集方法所获得的培训需求信息进行汇总、分类和评估，包括整体性培训需求评估和前瞻性培训需求评估两种模式。

## 2.4.1 培训需求的评估

- 整体性培训需求评估模式，如图 2-1 所示。

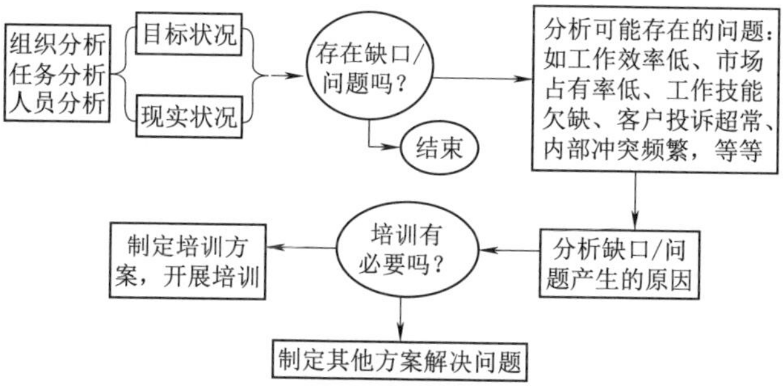


图 2-1 整体性培训需求评估模式

- 前瞻性培训需求评估模式，如图 2-2 所示。

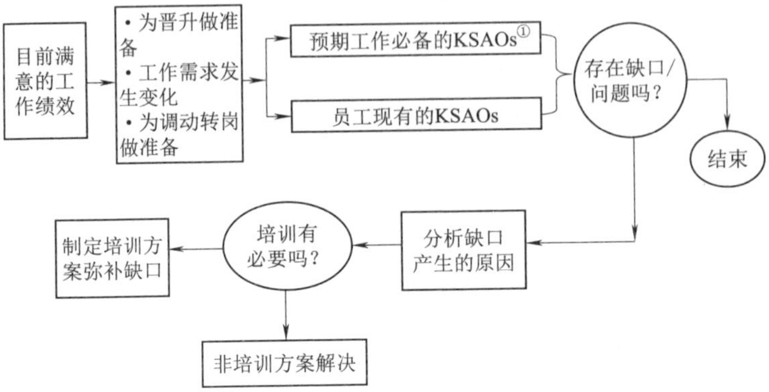


图 2-2　前瞻性培训需求评估模式

评估培训需求应关注受训员工的现状、受训员工存在的问题和受训员工的期望和真实想法，再制订培训方案，开展培训。

## 2.4.2　培训需求的确认

培训部门汇总培训需求评估意见，形成企业或员工的初步培训需求。为了使初步确认的培训需求切合企业或员工的实际培训需求，需要进行培训需求的确认。

**1. 访谈确认**

访谈确认是针对某一个别培训需求，同培训对象面对面进行交流，听取培训对象对于培训需求的意见和态度，在此基础上对培训需求进行确定的一种方法。

**2. 主题会议确认**

主题会议确认往往针对某一普遍培训需求而实施。它通过就某一培训需求主题进行会议讨论，了解参会人员的意见和看法，进行培训需求纠偏，确保培训需求的普遍性和真实性，为培训决策和培训计划的制定提供信息支持。

**3. 正式文件确认**

在对培训需求达成共识后，为了便于以后各部门培训的组织实施，减少推诿或扯皮，需要用一份正式文件对培训需求进行确认。

---

① KSAOs：是在人力资源管理岗位描述中经常用到基于员工胜任力特征模型，它是基于个体的知识（Knowledge）、技能（Skill）、能力（Ability）和其他性格特点（Other Characteristics）的研究。

## 2.5　培训需求的分析报告

在完成了员工培训需求的调查、评估和确认后，输出培训需求结果，对培训需求调查信息进行归类整理，对培训需求进行分析总结，撰写培训需求分析报告。培训需求分析报告包括以下主要内容。

①需求分析实施的背景，即产生培训需求的原因或培训动议。

②开展需求分析的目的和性质。撰写者需说明此活动实施以前是否有过类似的分析，如果有的话，评估者能从以前的分析中发现有哪些缺陷与失误。

③概述需求分析的方法和过程。说明分析方法和实施过程可使培训组织者对整个评估活动有一个大概的了解，从而为培训组织者对分析结论的判断提供一个依据。

④阐明分析结果。

⑤解释、评论分析结果和提供参考意见。

⑥附录。包括收集和分析资料用的图表、问卷、部分原始资料等。加附录的目的是让别人可以鉴定研究者收集和分析资料的方法是否科学，结论是否合理。

⑦报告提要。提要是对报告要点的概括，是为了帮助读者迅速掌握报告要点而写的，要求简明扼要。

需求分析结果是确定培训目标、设计培训课程计划的依据和前提，培训需求分析报告可以体现人力资源部提供关于培训的有关情况、评估结论及其建议。下面是宁波某电器公司培训需求分析报告的实例，如表 2-15 所示。

**表 2-15　宁波某电器公司年度培训需求分析报告**

<table>
<tr><td rowspan="2">报告名称</td><td rowspan="2">宁波某电器公司年度培训需求分析报告</td><td>编号</td><td>NO：202006</td></tr>
<tr><td>编制部门</td><td>人力资源部</td></tr>
<tr><td colspan="4">一、培训需求分析实施背景<br>2019 年 12 月，人力资源部对公司中高层管理人员进行年度培训需求调查，公司中高层员工为部门科级以上管理人员，调查是在公司年度战略研讨会之后进行，主要是通过培训帮助中高管理层掌握落实战略规划、经营目标及部门管理目标的方法和措施，同时结合公司日常运营管理的需要展开。<br>二、调查对象<br>调查对象：企业各职能部门主要管理人员，共计 66 人。<br>三、调查方式及主要内容<br>1. 调查方式<br>（1）访谈方式<br>人力资源部经理作为培训需求分析的主要负责人，分别与公司总经理、各部门负责人、各部门主要管理人员代表进行面谈沟通，从公司高层和各部门负责人方面了解对培训的期望，从主要管理人员方面了解管理和专业方面的需求，分析到中高层管理人员对落实公司战略规划、管理目标及行动计划感到有压力，缺乏有效的管理方法，另外，对管理技能和团队建设也提出需求。</td></tr>
</table>

（2）问卷调查方式

问卷调查共发出66份，回收问卷66份，问卷回收有效率100%。

2. 调查主要内容及其分析

（1）管理岗位任职年限

调查表从管理岗位任职年限中可以看出，有30%以上人员年龄小于30周岁，说明其管理经验有所不足，管理岗位任职年限较短，需要加强管理技能这方面的培训。

**管理岗位任职年限调查表**

| 任职年限 | 2年以内 | 2－5年 | 5－10年 | 10年及以上 |
|---|---|---|---|---|
| 中高层管理人员数量 | 20 | 6 | 18 | 22 |
| 所占比例 | 11% | 9% | 28% | 32% |

（2）管理幅度

调查表从管理幅度中可以看出，32%的中高层管理人员直接管理人数在10人及以上，30%的中高层管理人员直接管理人数量在4～6人。还有12%的中高层管理者直接管理人数在3人以内，因此，管理者角色认知是这些中高层管理人员必备的管理知识之一。

**管理幅度调查表**

| 管理幅度 | 0～3人 | 4～6人 | 7～10人 | 10人以上 |
|---|---|---|---|---|
| 中高层管理人员数量 | 8 | 20 | 17 | 21 |
| 所占比例 | 12% | 30% | 26% | 32% |

（3）制订工作计划

制订部门工作计划是部门重要管理工作，从培训需求调查的结果来看，大多数中高层管理人员以每周或者月度作为制订计划的单位，很少有制订长期规划。在制订计划的过程中，在如何围绕总目标制订具体的行动计划、如何达成目标和行动计划等问题上，中高层管理人员存在诸多不足之处。

（4）有效授权与激励

授权和激励是管理者的重要管理技能之一，从培训需求调查的结果来看，61人都表示自己愿意给下属授予一定权限并激励下属，但在工作中具体该如何操作，53%的中高层管理人员都很迷茫，希望得到这方面的培训。

（5）高效团队建设

在带领及组建一支高效的团队方面，68%的中高层管理人员表示缺乏相应的技巧，对组织中高层拓展训练缺乏实际操作经验。

（6）员工培训

本次调查中，涉及所有中高层管理人员都有对员工安排培训的任务，但只有10%的人员制订员工培训计划且已认真执行，27%的人员制订了员工培训计划但没有落到实处，48%的人员对待员工培训工作很随意，25%的人员认为没有时间对下属进行培训。由此可以看出，大部分中高层管理人员需要接受员工培训管理方面的培训。

四、培训计划建议

1. 时间安排

人力资源部建议在3月上旬至10月下旬，组织安排公司中高层参加管理系列课程的培训。

2. 培训课程的设置和具体的时间安排如下表所示。

公司中高层管理系列培训课程计划一览表

| 培训课程 | | | 培训课时 | | |
|---|---|---|---|---|---|
| 企业经营战略观念/操作/应用 | | | 12 | | |
| 从战略到执行 | | | 12 | | |
| OKR-目标管理 | | | 4 | | |
| 如何制订行动计划 | | | 4 | | |
| 管理者的角色定位 | | | 4 | | |
| 带人的技术 | | | 4 | | |
| 有效授权和职场沟通 | | | 4 | | |
| 员工培训管理实务 | | | 4 | | |
| 编制/日期 | | 审核/日期 | | 批准/日期 | |

## 2.6 【疑难解答】如何分析培训需求

培训的成功与否很大程度上取决于需求分析的充分性和有效性，培训需求分析从整体性层面上来划分，可以分为三种：组织层面、工作任务层面及个人层面。表 2-16 所示对这三个层面的内容进行了简单阐述。

表 2-16 整体性培训需求分析的三个层面

| 组织层面培训需求分析 | 工作任务层面培训需求分析 | 个人层面培训需求分析 |
|---|---|---|
| 组织目标分析<br>组织资源分析<br>组织特征分析<br>组织环境分析 | 工作规范分析<br>工作复杂程度<br>工作环境分析<br>任职条件分析 | 员工知识结构<br>员工能力分析<br>员工个性分析<br>员工工作态度 |

### 1. 组织层面培训需求分析

组织层面培训需求分析主要指通过对组织的目标、资源、特征、环境等进行分析，找到组织中存在的问题及根源，以确定是否可以通过培训有效地解决这些问题。

组织层面培训需求分析主要包括组织目标分析、组织资源分析、组织特征分析、组织环境分析四大块，如图 2-3 所示。

对组织层面培训需求的分析将有助于企业管理者及人力资源部全面真实地了解组织情况，表 2-17 所示是宁波某电器公司用于组织自查的工具表。

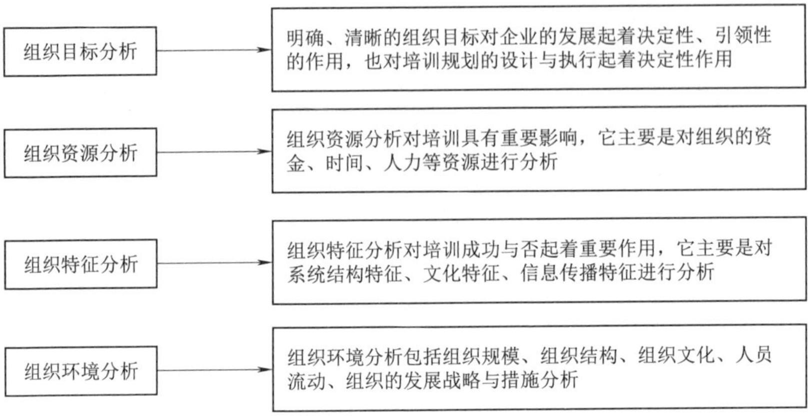


图 2-3　组织层面培训需求分析

**表 2-17　组织自查表**

| 自查项目 | 项目内容 | 评价标准 | | | | |
|---|---|---|---|---|---|---|
| | | 优<br>5 分 | 良<br>4 分 | 中<br>3 分 | 低<br>2 分 | 差<br>1 分 |
| 组织目标 | 组织是否制定了科学的战略规划和发展目标 | | | | | |
| | 员工对组织长、中、短期目标是否都清楚了解 | | | | | |
| | 组织是否根据发展目标制定了相应的发展策略 | | | | | |
| | 组织是否制定了明确的长、中、短期行动计划 | | | | | |
| | 组织是否定期召开经营分析及月度总结会议 | | | | | |
| 组织资源 | 组织能否提供充足的培训经费支持 | | | | | |
| | 组织领导者能否合理地安排工作和培训时间 | | | | | |
| | 组织是否根据发展目标调整人员结构和配置 | | | | | |
| | 组织是否提供足够的内部培训场所和设施 | | | | | |
| | 内部成员是否明确各自职责，并清楚了解工作目标量化标准 | | | | | |
| 组织特征 | 组织是否建立标准化的文件管理体系，如 ISO 9001—2015 标准，运行情况如何 | | | | | |
| | 组织是否建立通畅的信息系统，能够快速传递内外部信息 | | | | | |
| | 组织是否制定了适当的管理机制，并坚决贯彻执行 | | | | | |
| | 组织内部是否具有合理地薪酬体系 | | | | | |
| | 组织是否制定了明确的绩效管理制度，并具有详细的执行标准和有效执行 | | | | | |
| | 组织是否重视企业文化，日常宣贯企业文化 | | | | | |

续表

| 自查项目 | 项目内容 | 评价标准 | | | | |
|---|---|---|---|---|---|---|
| | | 优 5分 | 良 4分 | 中 3分 | 低 2分 | 差 1分 |
| 组织环境 | 组织能够根据环境的变化及时调整公司业务经营范围 | | | | | |
| | 组织能够根据市场需求变动提供新产品、新服务 | | | | | |
| | 组织的风险管控和内部控制体系是否健全 | | | | | |
| | 组织的员工之间的关系是否和谐 | | | | | |
| | 组织能够保证员工对于新的法律、制度、规范进行认知培训 | | | | | |

**2. 工作任务层面培训需求分析**

工作任务层面培训需求分析主要是根据岗位说明书所制定的岗位职责描述、任职资格条件和能力素质的规定标准，来寻找员工实际的专业技能、业务知识及能力素质等任职资格条件之间存在的差距，从而确定培训需求。工作任务层面培训需求分析的内容如图 2-4 所示。

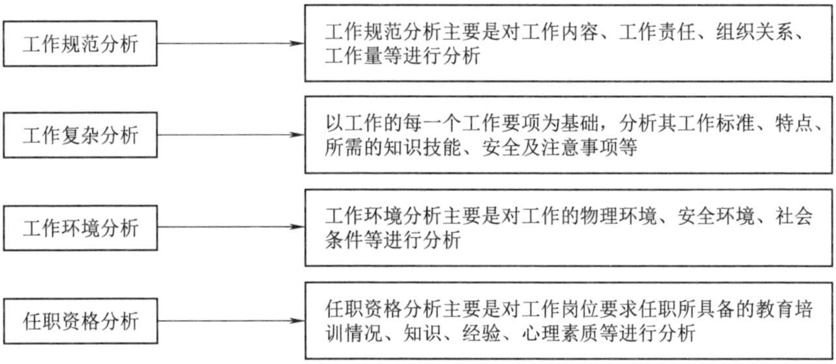


图 2-4　工作任务层面培训需求分析的内容

**3. 个人层面培训需求分析**

个人层面培训需求分析主要是对员工的年龄、性格、专业知识、工作技能、能力素质、工作背景等进行分析，找出员工现状与标准之间的差距，以确定培训对象、培训内容及培训后应达到的效果。个人层次培训需求分析内容主要从以下四个方面进行分析，如图 2-5 所示。

员工培训是针对具体的员工和具体的岗位进行的，因此，在公司整体员工素质结构分析的基础之上，整合组织培训需求与个人培训需求，并展开分析，这是整个员工培训需求分析的核心，对培训效果起着决定性的作用。

图 2-5　个人层面培训需求分析

## 2.7　【案例分析】员工培训需求的分类

员工培训需求可以按不同的角度进行分类，按培训对象的范围不同可分为普通培训需求和个别培训需求，按培训时间的长短不同可以分为短期培训需求和长期培训需求。培训需求分类如图 2-6 所示。

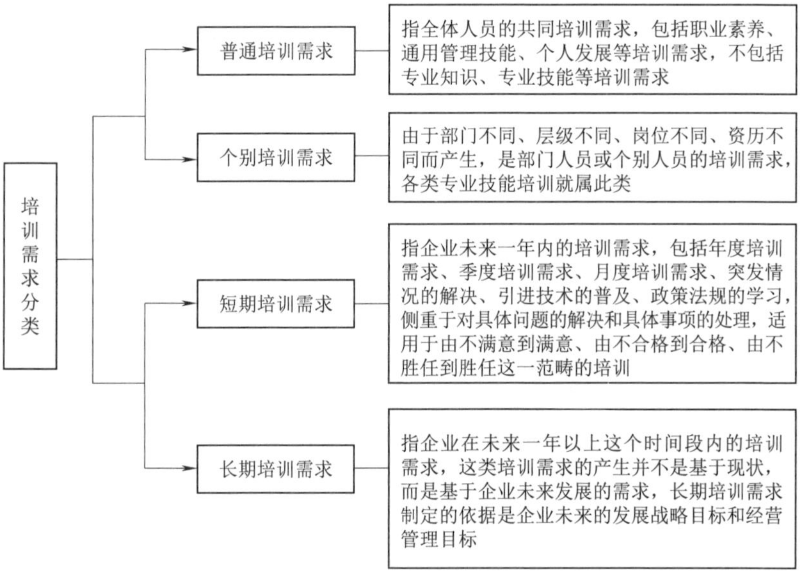


图 2-6　培训需求分类

根据员工培训需求的分类规则，列出宁波某服装公司的 2020 年度普通培训需求和个别培训需求的培训课程。

● 普通培训需求的具体内容如表 2-18 所示。

表 2-18　普通培训需求的具体内容

| 普通培训需求分类 | 具体内容 |
| --- | --- |
| 增强企业认同的培训需求 | 企业文化、企业发展历程、企业关键事件、员工手册、企业日常管理规章制度等培训需求 |
| 提升员工素质的培训需求 | 员工工作态度、工作方法、人际关系管理、职业生涯管理、高效沟通与商务礼仪、高效团队建设等培训需求 |
| 提升员工技能的培训需求 | 编写工作报告、工作计划管理、时间管理、5S 管理、计算机操作、商务英语等培训需求 |

● 个别培训需求的具体内容如表 2-19 所示。

表 2-19　个别培训需求的具体内容

| 个别培训需求分类 | 具体内容 |
| --- | --- |
| 不同类别人员的培训需求 | 新员工入职培训、新任管理人员、专职安全员等的培训需求 |
| 不同工作部门的培训需求 | 战略管理、员工培训管理实务、成本控制、品牌营销、设备维护与保养、质量管理体系理解与运作、工业智能化等专业的培训需求 |
| 不同工作团队的培训需求 | QCC 小组、成本管理小组、智能制造小组等的培训需求 |

## 2.8　【HR 应知】整体性培训需求分析的三个层次

整体性培训需求分析的三个层次包括个人分析、企业分析和业务分析，如图 2-7 所示。

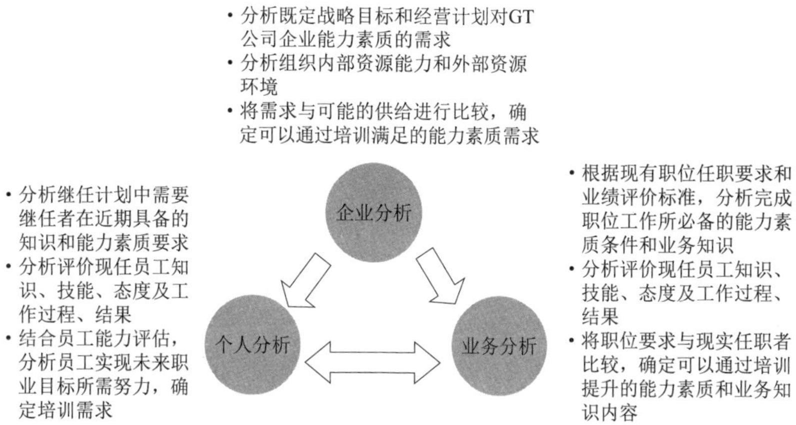


图 2-7　整体性培训需求分析的三个层次

3

# 培训计划的制订与实施

培训计划制订（Training Plans Formulate）指按照一定的逻辑顺序排列的记录，它是从组织的战略出发，在全面、客观的培训需求分析基础上做出的对培训内容、培训时间、培训地点、培训者、培训对象、培训方式和培训费用等的预先系统设定。

培训计划在结合企业的战略规划与经营目标的基础上，确定培训目标和方案，并制订培训计划。培训目标的确定为培训提供了方向和框架，一个很好的培训计划应是培训部门支持企业业务发展、员工能力发展的具体体现，上要衔接企业战略、下要照应员工绩效。

## 3.1　培训计划的制订

培训计划的制订是培训实施的前提条件，其质量直接决定了培训绩效，培训计划管理从纵向、横向来讲，都是一个系统运作的过程。有些企业，没有系统的培训管理，谈不上培训规划。因此，要知晓培训职能的价值定位，理解培训计划的制定内容，需要系统地掌握培训计划的管理。

### 3.1.1　培训计划的管理框架

理解培训计划的基本概念之后，掌握培训计划的管理框架，通常把培训计划的管理分为长期（或上级部门）和短期（或下级部门）两层来进行。企业年度培训计划的制订一般由培训部门主导，主要责任人必须了解整个流程，了解企业的发展历程和发展战略，了解企业文化和员工状况；掌握培训预算管理和培训实施管理，掌握培训评估的主要方法和手段等。因为年度培训计划是在充分调研的基础上，结合人力资源管理的策略，集体讨论，对两年或三年培训发展规划进行制订的结果。

**1. 长期培训计划**

（1）确立培训目标

通过对培训需求的调查分析，将培训的一般需求转变为企业培训的总体目标，如通过培训来达到的各项生产经营目标和提高企业的管理水平。通过对上年度培训计划的总结及分析培训的特殊需要，可以确立需要通过培训而改善现状的特别目标，成为本年度培训的重点项目。

（2）研究企业发展动态

企业培训管理部门会同主要管理人员研究企业的经营计划，以确定如何通过培训来完成企业的年度生产经营指标。一项生产经营目标的达成往往取决于一个或几个员工正确地完成任务；而要正确地完成任务，又取决于员工具备完成任务所需的知识、技能和态度。通过检查每一项业务目标，确定要在哪些方面进行培训。企业培训部还要与有关人员共同研究企业的生产经营状况，找到需要改进的不足之处，寻求通过何种培训可以改善现状、实现培训的特别目标。

（3）根据培训的目标分类

围绕企业生产经营目标的培训应列入业务培训方案，围绕提高企业管理水平的培训活动则应列入管理培训方案。因此，培训方案的制订是针对培训目标，具体设计各项培训活动的安排过程。企业的业务培训活动可分为素质训练、语言训练及专门业务训练。企业的管理培训活动主要是班组长以上管理人员的培训，内容包括系统的督导管理训练及培训员专门训练等。

（4）决定培训课程

培训课程是培训的主题，要求参加培训的员工，经过对某些主题的研究讨论后，达到对该训练项目内容的掌握与运用。年度培训计划中，要对各类培训活动的课程进行安排，主要是列出训练活动的明细，通常包括培训课程、培训时间、培训地点、培训方法等。注意培训课程的范围不宜过大，以免在各项目的培训课程之间发生过多的重叠现象，但范围也不宜过窄，以免无法真正了解该项目的学识技能，应注意以熟悉该训练项目所必需的课程为限。培训课程决定后，需要选编课程教材，教材应包括培训教材目的的简要说明、列出有关教材的图表、说明表达教材内容的方法。依照下列顺序编写教材：教材题目、教材大纲及时间计划、主要内容及实施方式和方法，讨论题及复习的方法和使用的资料。

（5）培训预算规划

培训预算是企业培训部在制订年度培训计划时，对各项培训方案和管理培训方案总费用的估算。预算是根据方案中各项培训活动所需的经费、器材和设备的成本以及教材、教具、外出活动和专业活动的费用等估算出来的。

**2. 短期培训计划**

短期计划指针对每项不同科目、内容的培训活动或课程的具体计划。制订培训活动详细计划的步骤如下。

（1）确立培训目的

阐明培训计划完成后，受训人应有的收效。

（2）设计培训计划的大纲及期限

为培训计划提供基本结构和时间阶段的安排。

（3）草拟培训课程表

为受训人提供具体的日程安排，落实到详细的时间安排，即训练周数、日数及时数。

（4）设计学习形式

为受训人完成整个学习计划提供有效的途径，在不同学习阶段采用观察、实习、开会、报告、作业、测验等不同学习形式。

（5）制订控制措施

采用登记、例会汇报、流动检查等控制手段，监督培训计划的进展。

（6）确定评估方法

根据对受训人员的工作表现以及命题作业、书面测验、受训人员的培训报告等各方面来综合评价受训人员的培训效果。

在大型企业的员工培训管理实践中，由于管理层级比较多，培训计划的管理更为重要。表 3-1 所示为加强培训计划管理的六个方面。

**表 3-1 加强培训计划管理的六个方面**

| 培训计划的管理框架 | 实施要点 |
|---|---|
| 自下而上制订全公司年度培训计划 | 总部在制订年度培训计划时可以先收集各子公司的年度培训计划草案，综合考虑子公司的实际。这里的年度培训计划草案本质上是起到调研功能。但必须重视培训规划，子公司也必须认真思考，不要抱着任务思想 |
| 分（子）公司年度培训计划必须充分考虑公司年度培训计划 | 对于大规模、具有全国区域子公司的集团公司，总部培训部门不能一手遮天替代子公司制订年度培训计划。子公司必须根据总部培训部的年度培训规划、结合总部培训部的年度培训计划（终审稿）来最终形成自身的年度培训计划 |
| 分（子）公司必须充分学习领会总公司年度培训计划 | 分（子）公司（或下属机构、单位）如果特别小，业务变化快，实际运作起来比较简单，尤其是费用由总部来管理，则可考虑不制订年度培训计划。无论如何，对于大规模、具有全国区域子公司的集团公司，总部培训部门制订的年度培训规划对于下属子公司的意义非凡 |
| 分（子）公司的季度（月度）培训计划的制订 | 总部培训部要求下属机构制订月度培训计划，因为利于下属机构规划工作、项目策划、培训项目管理等工作，子公司主要负责人能够清晰当月的培训项目组，子公司所有培训学员有被明确告知的权力，以便提前做好准备、工作安排，所有授课人员也必须被明确通知，以做好课程开发、授课安排等；培训管理人员也必须保持行动一致性、质量可控性 |
| 分（子）公司必须提交季度（月度）培训计划 | 总部培训部要求下属机构提交月度培训计划，因为方便总部培训部跟踪下属机构培训进展，利于总部进行资源调配等宏观管理，如资金流向等，利于总部进行培训检查，即是否与公司培训规划保持一致，利于总部制订对下属机构培训工作的资源、技术支持如课程开发、讲师调度，利于总部进行培训基础工作建设，如课程开发进度推动、讲师队伍培养等，利于总部进行培训资源开发等培训基础工作的定位、定向和调整等 |

续表

| 培训计划的管理框架 | 实施要点 |
| --- | --- |
| 总部可以进行项目计划书抽查 | 实践中，尤其大型集团公司，为了加强计划管理，通常要加强总部职能管理和下属机构的作业管理。主要手段如要求下属机构提交季度计划、月度计划，甚至项目计划书（但不做教学计划提交要求） |

各级机构的培训主管必须自我检讨，是否清楚月度培训计划的关键点或难点？在计划审批时，是否有清晰的标准？例如计划是否遵循公司整体培训策略？如何切实地满足公司内部员工的需求，而不是僵化执行培训计划？如何使公司培训工作得到高层领导、各级员工的重视与支持？等等。

总之，培训计划的管理框架正确与否，直接影响到员工培训管理的绩效。培训计划的制订是否成功，直接关系到培训能否为公司经营目标的实现提供强大的人力资源管理支持。

## 3.1.2　培训计划的分类

培训计划指对未来一定时间内将要进行的培训工作所做的事先安排，它是做好培训工作的前提条件。

培训计划按照不同的划分标准，有不同的分类方式，常见的分类如图 3-1 所示。

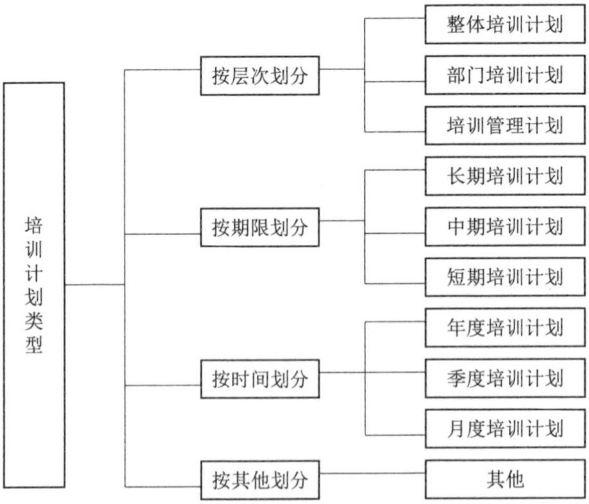


图 3-1　培训计划类型

我们可以按照不同的培训项目，归纳不同的培训计划类型，这样有利于对培训进行统筹安排，整合企业的资源，提高培训计划的管理效率。

### 3.1.3 培训计划的制订流程

在制订培训计划时，可以先制订公司级培训计划，然后再制订部门级培训计划。公司级培训计划主要包括入职培训、上岗培训、目标管理培训、质量管理培训、现场管理培训等。部门级培训计划根据部门的培训需求制订，如技术部门包括技术管理培训、应用技术培训等；销售部门包括公司产品知识培训、销售策略培训、商务知识培训等；生产部门包括精益生产培训、智能制造培训、工业工程合理化培训等。

通过公司级培训计划将具有共性的培训组织到一起来进行，可以有效地降低培训成本。再制订部门级培训计划时，要结合部门员工与岗位知识和技能要求的差距来进行。公司级培训计划制订完毕后，再根据公司级计划制订部门级计划就会更加有的放矢。

制订部门级的培训计划，要与各部门经理进行讨论。在讨论中，各部门经理可能会提出增加培训内容和培训预算。培训预算要严格控制，但培训内容可以增加，当然主要通过内训的方式解决，通过讨论可以完善培训计划，更好地识别培训的需求，尽可能地满足部门的培训需求，让培训能发挥充分的效果，同时，增强各部门对培训管理的参与感。

培训计划制订的好坏直接影响着培训的效果，培训计划制订一般包括以下流程，如图 3-2 所示。

### 3.1.4 培训经费的预算

培训作为一种投资行为，必须要有一定的经费保障，这是培训活动得以顺利开展的物质基础。因此，在编制培训计划时，培训经费预算是培训管理部门需要重点考虑的因素之一。

在员工培训管理的实际工作中，很难将培训效果与利润增长准确地关联。在制订培训计划时，如何准确地确定培训经费预算呢？根据培训管理经验，简单介绍了几种常见的培训经费预算方法以供参考，如图 3-3 所示。

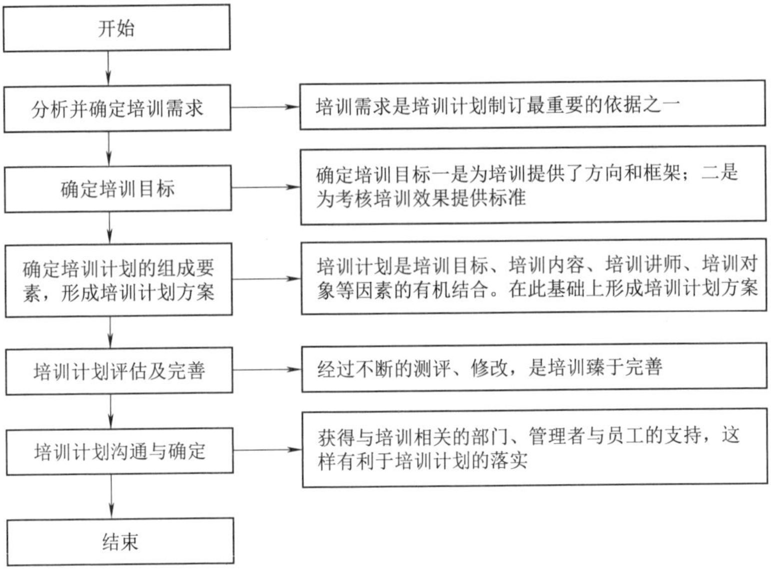


图 3-2　培训计划的制订流程

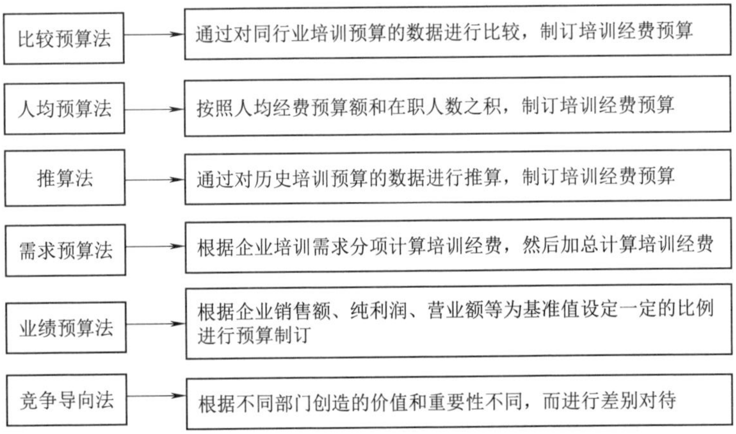


图 3-3　培训经费预算方法

培训经费预算的确定在制订培训计划时，首先要考虑预算问题。预算的分配虽然在确定培训预算时，可能会采用人均培训预算的方式，但是在落实预算的分配时，往往不会均摊。培训预算往往会与培训计划产生冲突，最主要的冲突是培训预算无法完成培训计划所涉及的培训，当然也会有培训预算费用花不完的情况。

## 3.1.5 培训计划的体系

培训计划的体系越来越受到企业的重视，在实际工作中我们发现，众多培训管理者无法正确地认识培训计划工作。在此，结合培训计划体系来重点谈谈年度培训计划工作的定义定位、制订基本策略、制订基本流程以及基本任务等。

**1. 年度培训计划定义及其定位**

年度培训计划就是根据培训规划制订的全年运作计划，本质上属于作业计划。执行主体应该是公司各个责任部门，目的是保证全年培训管理工作及业务工作的质量。它回答的是公司培训什么、怎么培训、需要多少资源、会得到什么收益等基本问题。

年度培训计划的内容是各类作业计划组合，包括培训组织建设、项目运作计划、资源管理计划、年度预算、机制建设等，它的任务是培训规划的二级展开，并保证年度培训规划的实现。

其中项目运作计划非常关键，必须考虑组织和员工两方面的要求，考虑企业资源条件与员工素质基础，考虑人才培养的超前性及培训效果的不确定性，确定项目培训的目标，选择培训内容及培训方式。

**2. 年度培训计划的制订基本策略**

年度培训计划整体上来说是先自上而下、再自下而上、最后自上而下的形成过程。

年度培训计划的制订，其启动必然是自上而下来的，企业培训管理部门必须承担这个职责。

首先，各部门或下属机构根据自身需求情况制订初步的部门级年度培训计划，这个计划体现员工需求和部门需求两个层次。主要手段有员工访谈调查、直线经理考核及改进意见采集等。

其次，公司培训部门必须明确分析研究组织层面的需求，作为年度培训计划的方向。具体手段是根据人力资源管理策略衍生出的培训规划，进行培训运作计划分解，此时注意排除个人意见干扰。

再次，公司培训部门综合所有年度培训计划，并对各部分进行评价论证与协调，最后得出公司年度培训计划。

最后，各个部门或机构根据公司通过的年度培训计划，对本部门或机构的年度培训计划做修改，并提交企业培训管理部门进行备案。

**3. 年度培训计划的制订步骤**

年度培训计划的制订步骤，可以根据公司具体情况进行具体界定，如果试图局限于几个步骤的描述则不科学也不合理。大体上由下面四个任务组成。

（1）前期准备

在落实年度培训总结、年度培训规划的基础上，召开培训年度计划制订动员会，宣传年度计划项目进程，面对各机构或部门的策略宣传等。这部分自上而下启动。

（2）培训需要调查研究

内部访谈与收集信息，现况分析与策略思考，机制评价，资源评估，培训规划分解，公司高层培训工作意见等。甚至要统一召开培训系统会议来推动，来展开培训需求调查。

（3）年度培训计划主体内容

年度培训计划主体内容包括培训组织建设、项目运作计划、资源管理计划、年度预算、机制建设等方面的内容，需要有量化目标、具体行动方式、保证机制等。这由部门自下而上形成。培训部门必须重新排列项目组合，平衡内外训练资源，编拟培训经费预算，并最后进行效益预估与潜在问题分析。

（4）年度培训计划的审批以及宣导

公司培训管理部门整合年度培训计划，按照规定流程获得审批后，下发各部门或机构进行宣导，并督促其完成年度培训计划的二次修订。

**4. 年度培训计划的制订基本任务**

年度培训计划的制订责任者是公司整个培训系统，其中培训部门担负主要责任。它的主要工作内容有如下五个方面。

（1）培训组织建设

培训部门依据组织发展规划，进行培训组织研究，并提出组织改善建议，包括培训部门结构调整、人员配备、培训考核管理体系完善计划等。

（2）培训项目运作计划

培训项目组合是培训项目运作计划的基本表现形式，培训部门必须清晰地回答本年度都将举办什么培训项目，都有哪些类别，什么时间进行，谁主办，费用等资源要求，也包括课程子方向分解或细化等。这个必须通过深度或专业调研来完成，一般必须根据年度需求调查来进行调整决策。

（3）资源管理计划

无论是培训项目，还是培训组织建设，都需要一定的资源保证，培训部门必须充分地考虑费用等资源，如课程体系、讲师队伍、外部顾问和资金保障等。并对课程体系、讲师队伍、教材开发、设施筹建、费用投入预算等工作提出明确方向。

（4）年度预算

培训经费不仅是费用数量要求，还是费用管理的执行策略。甚至包括费用管理制度的修订。年度预算要进行分解提报，例如授课费用、差旅费用，教材费用、场地费用、培训器材费用等。

（5）机制建设

培训机制的建设，围绕过程到结果，来管理培训工作。必须考虑如何推动组织建设？如何调动讲师积极性？如何激发学员的参训热情，如何保证教学质量？如何降低教学及培训组织成本？如何评价培训效果？机制建设实际上是属于管理规划，是年度培训计划实施的制度保障。

## 3.1.6　培训计划的案例

培训计划的好坏决定了培训的成败。在此，以宁波某新三板上市公司为例，阐述年度培训计划的制订步骤，起到抛砖引玉的作用，提供一些培训计划制订的管理思路。

随着该公司在新三板上市，产业结构需要进行调整，对员工队伍的专业技能和职业素质提出更高的要求，不能由此制约公司的快速发展。根据公司战略发展规划，培训管理部门采取培训措施，逐步提高员工专业技能，提高公司综合管理能力和员工综合职业素养，这是本年度确定的培训目标。

培训管理部门依据公司2021年度战略发展规划，人力资源管理规划及公司本年度培训确定的目标，制订2021年度培训计划。

**1. 确定培训预算**

制订培训计划的起点是确认公司能拨多少款项用于培训发展。通常培训预算都是由公司决策层决定的，培训管理部门通过向决策层递交培训方案，说明本年度的培训项目，公司将得到什么回报。在2020年度培训预算销售额的0.5%，建议2021年度培训预算为销售额的0.6%，原因是公司新三板上市以来，要满足快速发展的需要，必须加大培训的力度，培训预算要有效地使用，并给公司带来更多的投资效益。

**2. 分析培训需求**

培训管理部门根据各岗位所承担的职责（Key Responsibilities）、主要工作成果（KRA，Key Results Area）、所需工作技能（Skill-Required）及绩效（Performance），与各部门访谈确认各岗位在职期间的培训需求，逐步设计岗位培训课程，同时应考虑企业管理系统或特定客户要求。协助相关部门开发内部培训课程，确定培训课程内容，并培养内部讲师。各部门依据完成本部门目标任务，绩效考核和部门职能管理规划等，制订本部门的培训计划。部门培训计划如表3-2所示。

表3-2　部门培训计划表

部门：　　　　　　　　　　编号：

| 月份 | 培训内容 | 培训对象 | 培训课时 | 培训地点 | 培训讲师 | 培训资源 | 协助部门 | 备注 |
|---|---|---|---|---|---|---|---|---|
| 1 | | | | | | | | |
| 2 | | | | | | | | |
| 3 | | | | | | | | |
| 4 | | | | | | | | |
| 5 | | | | | | | | |
| 6 | | | | | | | | |
| 7 | | | | | | | | |
| 8 | | | | | | | | |
| 9 | | | | | | | | |
| 10 | | | | | | | | |
| 11 | | | | | | | | |
| 12 | | | | | | | | |

编制：　　　　　　审核：　　　　　　批准：

培训管理部门还要协同各部门从员工所在岗位职能的培训需求出发，根据员工的个人能力特点及绩效表现，为员工设定个人培训发展计划，形成员工的个人培训计划，包含员工培训课程，研修方式（必修/必选/选修/免修）及课程培训时间。

员工可以根据个人本年度的岗位绩效目标，以及自身岗位胜任能力状况，进行个人培训需求的申请，部门负责人根据员工的培训需求反馈，完善本部门的培训计划。

另外，为了实施质量管理与提升项目，企业文化建设、职业素质培养等培训，培训管理部门要负责收集所有相关的培训需求，必要时组织部门经理要提供建议，指出有什么类型的培训是最适合部门经理和下属员工。

为了使培训计划具有针对性和可操作性，培训管理部门进行培训需求调查，共发放调查问卷200份，收回有效问卷186份，有效率为93%，调查结果如下。

（1）对公司企业文化培训的意见

| 培训内容 | 希望培训 | 培训方式 | | |
|---|---|---|---|---|
| | | 公司领导授课 | 学习教材 | 座谈交流 |
| 1. 公司发展战略 | 95% | 87% | 5% | 8% |
| 2. 企业文化 | 90% | 75% | 15% | 10% |
| 3. 规章制度学习 | 87% | 28% | 56% | 16% |

（2）对岗位专业技能培训的意见

| 培训内容 | 希望培训 | 培训方式 | | |
|---|---|---|---|---|
| | | 参加公开课 | 内训 | 自学教材 |
| 1. 业务技能 | 75% | 60% | 22% | 18% |
| 2. 管理技巧 | 14% | 76% | 24% | 0 |
| 3. 两者都培训 | 11% | 50% | 40% | 10% |

（3）对提高职业素养培训的意见

| 培训内容 | 希望培训比率 | 培训内容 | 希望培训比率 |
|---|---|---|---|
| 1. 提升管理能力 | 57% | 6. 市场营销技巧 | 18% |
| 2. 专业前沿资讯 | 45% | 7. 心理学 | 12% |
| 3. 人力资源管理 | 32% | 8. 英语、计算机 | 8% |
| 4. 沟通、商务礼仪 | 28% | 9. 法律 | 5% |
| 5. 财务管理 | 20% | 10. MBA课程 | 1% |

通过培训需求调查，了解到员工对企业文化、专业技能及管理能力的培训较为关注，本着“干什么学什么，缺什么补什么”的原则，制订本年度培训方案。

**3. 列出培训课程清单**

根据培训需求，列出用来匹配培训需求的所有种类的培训课程，这可能是一个很长的清单，包括针对少数员工的个性化的培训需求，当然也包括许多人都想参加的共性化的培训需求。

根据参加培训人员不同，分为高层管理人员培训、中层管理人员培训、普通员工培训和新员工岗前培训。

（1）高层管理人员培训

高层管理人员应具备广阔的视野，正确把握社会、经济形势，熟悉企业内外部各种影响因素。因此高层管理人员培训重点是提高从全局进行评价、决策的能力以及组织、驾驭和培养后续人才的能力。表 3-3 所示为企业各级员工培训内容。

**表 3-3　企业各级员工培训内容**

| 序号 | 高级管理人员 | 中层管理人员 | 普通员工 | 新员工 |
|---|---|---|---|---|
| 1 | 企业经营环境、经营思路、行业发展等的研究 | 非人力资源经理的人力资源管理 | 企业文化培训 | 企业发展史(1 天) |
| 2 | 上市企业法律法规学习 | 职业经理技能提升 | 现代企业员工职业化训练：时间管理、沟通技巧、商务礼仪、职业生涯规划 | 企业文化和经营理念（1 天） |
| 3 | 创新能力、战略管理及领导力提升 | 行业前沿信息 | 职位说明书、任职标准学习 | 企业战略规划和规章制度（2） |
| 4 | 读书活动、热点案例讨论 | 读书活动《寓言中的经济学》 | 读书活动《与公司共命运》 | 拓展训练（2 天） |
| 5 | 考察、学习 | 对直接下属的辅导 | 自主学习 | 入职训练（1 天） |

（2）中层管理人员培训

中层管理人员的培训重点在于管理者能力的开发，通过培训，激发经理级员工的个人潜能，增强团队活力、凝聚力和创造力，使中层管理者加深对现代企业经营管理的理解，了解企业内外部的形势，树立长远发展的观点，提高中层管理者的计划和执行能力。

（3）普通员工培训

员工培训重点在提高专业技能，领悟公司经营管理理念，提高工作的主动性和积极性。员工技能培训由所在部门经理制订计划，并负责组织实施，培训部备案。

（4）新员工岗前培训

新员工岗前培训主要针对公司新接收的大中专毕业生、社会招聘人员；另外，还可能存在实习生、临时工和劳务工等。培训内容为公司级培训，包括公司简介、员工手册、企业文化、安全生产、现场管理等内容，之后由所在各部门进行二级培训，如部门管理制度培训等，所在部门或生产车间进行三级培训，如上岗技能培训等。表3-4所示为培训形式的分类。

**表3-4 培训形式的分类**

| 职位级别 | 培训形式 |
| --- | --- |
| 新入职员工 | 对新招聘员工的培训，采用课堂学习（5天）与户外体验式培训（2天）相结合的方式，使新员工逐步认识公司，加深对公司企业文化的理解，获得新感觉、新动力 |
| 基层员工 | 1. 全体员工参加公司企业文化培训<br>2. 采用内训与光盘结合的形式，每个系列安排两期，员工可根据工作安排，自行选择观看时间，培训部组织和跟踪考核<br>3. 充分利用公司期刊室，员工自主学习，在规定的时间内，员工自己安排学习进度，每人每年必读两本以上与工作相关的书籍或杂志，写两篇读书心得 |
| 中层管理人员 | 1. 选择内训或外出参加公开课方式<br>2. 通过集中讨论与自学相结合的方式，掌握新资讯，了解行业动态<br>3. 部门经理负责对下属提供学习和管理的机会，有助于在职位出现空缺时，能有训练有素、熟悉业务的人员顶替，避免产生人才短缺问题 |
| 高层管理人员 | 1. 参加各种高级研修班、研讨会，由培训部提供相关资讯，或由高级管理人员提出，培训部组织<br>2. 通过读书与专题案例讨论相结合的方式，了解行业动态，及时沟通信息，提高分析问题、解决问题的能力<br>3. 根据工作需要，进行企业间高层互访<br>4. 赴美国、加拿大、印度考察同类企业 |

**4. 修订符合预算的课程**

通常是培训需求总量超出培训预算，在这种情况下，我们需要进行先后排序，并决定哪些课程将会继续进行和哪些课程停止。最好的办法是通过咨询部门经理，给他们一个机会说哪些培训是最重要的，让培训投入为公司达到最佳绩效产出。哪些课程可能对参训员工绩效产生最积极的影响，进而提升公司的总体绩。如果某些有需求的培训无法安排，提出该需求的员工应该得到回应，培训管理部门应考虑是否有其他方式来满足需求，例如通过岗位传帮带或者轮岗去完成知识传递。

**5. 确定培训的供应方**

当我们已经确定课程清单，接下来我们需要决定如何去寻找培训机构。首先是决定使用内部讲师还是聘请外部讲师。内部讲师的好处是成本较低，而且有时比外部讲师优秀，因为内部讲师更了解组织现状和流程，然而，有时内部无法找到讲授某个课程的专家，这时就必须寻找外部讲师。

**6. 制订年度培训计划**

培训管理部门应该制订一份包含所有计划运营培训的开课时间表，包括培训课程、确定培训对象、受训人数、培训时间、培训方式、培训机构、培训讲师、培训地点、培训资源和培训预算等，并制订公司年度培训计划表。年度培训计划样表如表3-5所示。

**表3-5　年度培训计划表**

编号：　　　　　　　　　　　　制表时间：

| 预计日期 | 培训部门 | 培训课程 | 培训对象 | 受训人数 | 培训方式 | 培训机构 | 培训讲师 | 培训地点 | 所需资源 | 费用预算 |
|---|---|---|---|---|---|---|---|---|---|---|
| | | | | | | | | | | |
| | | | | | | | | | | |
| | | | | | | | | | | |
| | | | | | | | | | | |
| | | | | | | | | | | |
| | | | | | | | | | | |
| | | | | | | | | | | |

编制：　　　　　　　审核：　　　　　　　批准：

**7. 为培训安排后勤保障**

培训管理部门组织培训的后勤保障，需要确保我们有地方运营该课程，不管在内部或外部，所有的设备和设施，如投影机、活动挂图、培训教材、记号笔等。我们还要确保教材的复印件可供给每个参训者。这看起来很简单，但经常出错的往往就是这些方面。最好的做法是假定会出差错，二次确认我们的后勤安排，特别是如果我们使用酒店或其他一些外部的地点进行培训时要特别注意。

**8. 安排课程对应的参训人员**

即使这看起来像一个简单的任务，安排课程对应的参训人员有时也可能会有困难。我们要告知的参训人员预订的培训地点，送他们参加培训，告诉他们去哪儿，什么时候到，甚至还要建议他们带计算器或在培训前完成一份问卷。公司通常提前两或三个月通知培训报名，以便参训人员可以安排好他们的时间表，在培训时有时间参加。很常见的情况是，由于工作的压力，一些参训人员在最后一刻取消报名，所以要有备选学员可以候补空余的培训名额。

**9. 培训效果评估和改进**

我们希望培训投资尽可能有效，就像任何其他的投资，所以评估结果最明了的方式是让参训者上完每门课程后都填写课程评估表格，如培训反馈表。评估表作为对讲师的授课质量检查，有持续好评，代表这门课程取得了成果。如果有持续劣评的课程，就要利用这些数据来决定需要改进的项目，采取措施以得到优化提升的效果。其他的评价课程方法，可通过要求部门经理让参训人员在培训之后召开培训分享会。参训人员在课后反馈他们将如何运用所学，体现在他们工作中的效果。这是非常有效的方法之一。

综上所述，工作即培训，通过培训与工作相结合，使员工提高工作能力，改善工作态度，提升工作绩效。因此，培训主要在工作过程中开展。一要满足各级管理者的需要，管理者的专业技能、态度和综合素质的提升，有利于达成工作任务目标。二要满足员工的需要，通过提高员工的岗位技能，加强员工的胜任能力，从而促进部门目标的完成。三要建立学习型组织，营造学习氛围，能够保持可持续性发展。

## 3.2 培训计划的实施

培训计划制订得再好，都比不上实施重要。培训计划的实施包括课程安排、讲师确定、方法选择、时间安排、场所确定、实施细节。

### 3.2.1 培训课程的安排

培训课程的安排过程是一个全员参与的过程。培训课程要求精炼、层次分明、通俗易懂，且能充分利用视听、语音、动画等工具，做到图文并茂、生动有趣。具体培训课程的安排如下。

**1. 明确培训目标**

安排培训课程前应明确通过培训要解决的问题或要达到的效果。

**2. 明确课程要求**

①运用培训需求调查方法，从领导者、培训对象主管以及学员处获得课程的

相关要求。

②对所有培训学员的培训需求进行分析，把他们的培训需求用逻辑树的形式进行分解，直到需求不能再分解为止，从而对培训需求进行归类、整理。

③将分解后的最终培训需求制成表格，分发给高层领导、培训对象主管以及培训对象本人，让其按重要程度给每一个事项打分，从而确定培训的重点，并据此安排培训课程。

**3. 确定培训课程**

按培训目标和培训要求制作培训教材、一般由培训师确定教材，教材来源主要有四种：外面公开出售的教材、企业内部的教材、培训公司开发的教材和培训师编写的教材。一套好的教材应该是围绕目标，简明扼要，图文并茂，引人入胜。

**4. 完善培训课程**

设计好的课程要经过多次内部试讲，并不断地修改和完善，才能最终形成正式的培训课程，外部课程也要充分认证，持续完善后使用。

## 3.2.2 培训讲师的确定

培训讲师是开展培训的授课主体，一位优秀的培训师既要有广博的理论知识，又要有丰富的实践经验；既要有扎实的培训技能，又要有吸引人的高尚人格。其知识丰富程度、授课方式等均会影响到培训的效果。培训管理部门应根据每个培训项目的目的、要求、内容等选择既有某方面对口专业知识、又具有丰富实践经验的培训讲师。

培训讲师主要有两大来源：企业外聘和企业内部开发。培训管理人员应根据企业实际情况，确定适当的内部和外部培训讲师的比例，尽量做到内外搭配、相互学习、相互促进。无论培训讲师来自企业内部或是外部，培训组织者对于培训讲师的备课、培训内容的讲授等方面都要进行适时监督，并制定相应的规范对培训讲师实行科学、严谨的管理。

## 3.2.3 培训方法的选择

培训方法种类繁多，在培训过程中，选择一种适宜的培训方法至关重要。每种培训方法都有不同的侧重点，因此必须根据培训目的、对象等不同，选择适当的培训方法。方法的选择除了要考虑人员特点外，还要看企业的客观条件。需要说明的是，互联网的应用与智能手机的结合，给培训创造了更多的方法，如手机音频播放，在小鹅通建立企业的知识商店等。下面就企业常用的八种培训方法进行介绍，如表 3-6 所示。

**表 3-6 常用培训方法介绍及优缺点**

| 培训方法 | 简单说明 | 优点 | 缺点 |
| --- | --- | --- | --- |
| 课堂讲授法 | 课堂讲授法是最基本、最常见的培训方法，这种方法下，讲师讲课，学员被动地接受 | 讲师能有效控制课堂时间 | 讲师与学员之间缺乏沟通；无法及时评估培训效果；授课人数不宜超过 25 人 |
| 演示操作法 | 演示是把培训任务分拆成几个小任务，帮助学员观察和体会讲座的内容；实际操作是让学员亲自动手，实践所学的知识和技能 | 能够加深学员的第一印象，增强他们的动手能力 | 易受周围环境限制，尤其涉及动作时；费时，要确保留有足够的时间让学员实践 |
| 多媒体教学法 | 利用现代化多媒体设备，如投影仪以及各类视频播放器等进行辅助教学 | 吸引学员的注意力，提高学员的记忆力和理解能力，促进学员对课程的思考 | 多媒体是为培训服务的，若把握不好，容易造成本末倒置 |
| 小组讨论法 | 分组或全体学员围绕某个主题展开讨论 | 促进学员的学习，加深学员的心得体会 | 需要留出宽裕的时间；参与讨论者必须事先准备相关资料 |
| 案例分析法 | 让学员分析和研究案例，提出解决问题的建议和方案 | 能够训练学员良好的决策能力，帮助他们学习如何在紧急情况下处理问题 | 案例应具有真实性，不能随意杜撰；案例要和培训内容相一致 |
| 角色扮演法 | 由学员自己想象角色的场景，并加以描述和表演；可由多个学员扮演同一角色。在练习结束时，讲师听取学员的体会并总结 | 让学员成为参与者，主动发现结果的效果要比被动接受好 | 需要事先准备好材料和道具；费时 |
| 游戏互动法 | 该方法贯彻“寓教于乐”的精神，可以是简单的（例如，谁能在白板上画一个圆圈），也可以是复杂的；这种方法可以帮助讲师与学员拉近距离 | 通过游戏的竞争性，鼓励学员积极参与，可以活跃课堂气氛 | 根据培训的主题，应设计难易程度不同的游戏，难度较高的游戏操作起来较费时间，成本也相应较高 |
| 户外培训 | 在教室环境以外进行的学习、练习和模拟活动 | 要求学员全身心投入到培训中；能使学员形成长久的记忆并影响其未来的行为；培训效果迅速、显著 | 存在危险因素；培训成本很高，所需的时间较长 |

## 3.2.4 培训时间的安排

培训时间的安排主要依据年度培训计划预计时间进行，在生产经营繁忙的情况下，可以适当调整时间，把握管理事务的轻重缓急。另外，企业一般会在新员工入职、企业技术革新、销售业绩下滑、岗位异动、引进新技术、开发新项目、推出新产品时对员工进行培训。

在具体培训日期的确定上，还要考虑企业销售淡季或生产淡季，总之以不影响正常的业务开展为前提。对于新员工，可选择在上岗前进行集中培训。

## 3.2.5 培训场所的确定

培训地点的优劣也会影响到培训的效果。培训场所一般有以下几种：企业内部的会议室、企业外部的会议室、宾馆内的会议室、学校培训中心教室等。要根据培训的内容来布置培训场所。培训场所的选择要遵循一个原则，即保证培训实施的过程不受任何干扰。具体选择培训场所时应考虑以下三个方面的因素。

**1. 培训场所的空间**

空间要足够大，能够容纳全部新进员工并配有相关设施，并且保证每个学员有足够的活动空间。

**2. 培训场所的配套设施**

培训场所的电子设备、音响、书写白板等条件应当符合培训的要求。

**3. 培训场所的整体环境**

培训场所的室内环境和气氛会影响员工的情绪，继而影响培训效果。因此，在布置培训场所时，应尽量采用明亮的颜色。培训场所的温度、噪声、通风、光线等条件也应良好。

培训场所是影响培训实施的一个重要因素，培训负责人应选择好培训场所，并对其进行适当的布置，尽量创造一个愉快、舒适、有利于展开培训活动的场所。

## 3.2.6 培训实施的细节

培训实施是一系列的教与学的互动过程，讲师与学员相互沟通的过程，为了营造良好的互动气氛，就需要注意一些实施细节。例如，强调培训纪律，培训期间手机保持静音，不但可以保证讲师的授课效率，还可以提高所有学员的学习效率；再如，学员分组要考虑小组的互补性，男女搭配要均衡；再如，发通知，要确保每一个应该来的人都收到通知，因此最后有一次追踪，使每一个人都确知时间、地点与培训基本内容。培训过程中要注意的细节很多，培训管理人员要细心观察，及时采取措施。

## 3.3 培训存在的问题及对策

培训过程中难免发现问题，但只要有对策，就不怕没有完美的培训。

### 3.3.1 培训计划制订的误区

在培训计划的制订过程中，通常会存在六大误区：一是错误认为新进员工自然而然能胜任工作，没有安排入职培训和上岗培训；二是培训市场流行什么就跟随培训什么，没有结合企业的实际情况；三是企业高层管理人员没有列入培训计划，认为高层不需要进行培训；四是培训计划重知识、轻技能，忽视态度方面的培训；五是培训计划没有与企业的总战略规划与经营目标相结合；六是培训管理部门仅强调培训计划的完成，不重视培训效果的改善等。

针对培训计划存在的误区，培训管理部门要在培训计划的制订环节引起重视，确保培训计划的全面性、针对性和优先性。优先考虑的标准有对实现业务目标的贡献、与能力发展的长远计划一致、有足够的资源支持、支持人（Sponsor）的力度。采用分析工具：优先矩阵、培训需求九宫格等。

### 3.3.2 培训师的选择与培养

在培训计划的实施过程中，通常找不到适合的培训师进行培训，导致培训的实施效果不理想。企业没有优秀的培训师，外部找不到适合的培训师，造成培训计划的实施困扰，要开展好培训工作，企业不仅要培养内训师，还要建立外部培训师资源库，选择适合企业的外部培训师。

培训师水平高低有三个评价维度：知识和经验、培训技能、个人魅力。根据三个维度，培训师可以分为八种类型，分别为卓越型、职业型、技能型、演讲型、肤浅型、讲师型、敏感型、低效型。培训管理部门优先聘请卓越型和职业型的培训师，其次是技能型和演讲型的培训师。防止聘请肤浅型、讲师型和敏感型的培训师。千万不要聘请低效型培训师。

培训管理部门选择外部培训师的途径很多，通常联系知名的培训机构推荐、在培训师网站查找、培训管理部门的同行推荐、参加各种培训班、专业协会介绍、与培训公司保持接触等方式，取得与外部培训师的联系。同时，采取查阅培训师简历、试听培训课程、与培训师交流、分析培训师的培训大纲来选择。

培训管理部门培养内部培训师，首先确定内部培训师候选人应该具备的基本条件，如喜欢培训工作、有一定的相关知识、有一定的实践经验、善于进行信息沟通、心态较积极、善于学习和善于语言表达等。培养内部培训师的方法有组织参加"培训培训师"训练班，请企业内部已有的培训师辅导，让培训师候选人在适当场合实践等，同时，给予内部培训师的讲课补助，调动内部培训师的积极性。

## 3.4 【疑难解答】如何让培训计划得到认可

有些企业的培训计划看上去非常细致，从时间上分解到各月，从职能上落实到部门，但是培训计划得不到高层的认同，经理们也不满意，员工们倍感失望，这到底为什么呢？

因此，培训管理部门有必要在制订培训计划之前，检讨以下三个方面的问题是否得到妥善解决。

**1. 企业高层考虑的问题**

培训计划是否围绕着企业战略和下一年度的工作重点展开？目前存在的问题如何通过培训来解决？执行力是否能得到提高？需要花费多大的投入才能满足工作需求？培训费用花在刀刃上了吗？哪个部门哪些岗位应当重点培训？

**2. 中层干部考虑的问题**

怎样为本部门争得更大的利益来满足本部门员工的要求？能否有外出培训和出国培训的机会？

**3. 基层员工考虑的问题**

我能够得到什么培训？培训有针对性和可操作性吗？能力能得到提高吗？培训后可以使工作效率提高吗？

培训管理部门针对以上问题要进行探索和研究，采用科学的方法弄清谁最需要培训、为什么要培训、培训什么和培训效果等问题，这就是识别员工培训的需求，也是培训活动的首要环节。

首先，识别培训需求应了解组织绩效期望和公司战略与目标，获知业务部门的计划与目标。通过与业务部门会谈，列出问题清单。

其次，还要知晓员工绩效现状。通过现场观察，与主管面谈，与优秀员工面谈，必要时采取书面调查问卷法，了解员工绩效现状，从绩效问题的原因分析培训需求。

最后，利用公司的各种测评结果，汇总个人绩效评估、发展计划、其他培训需求、培训的长期计划，盘点现有的课程及政府和法律法规要求的培训，这些都是识别培训需求的方法。

对于各层人员的不同想法，在培训计划制订之前需要认真识别，能让培训计划得到大部分员工的认可，确保培训计划能顺利开展并发挥效果。

## 3.5 【案例分析】培训计划实施的困境与对策

随着全球性市场竞争的加剧，顾客对产品与服务的要求较高，为此，某大中型家电制造企业高层越来越重视员工的培训工作，通过投入培训来提高管理效率，提升产品质量和服务水平。然而，在越来越多的金钱投入之后，企业老板的疑惑也越来越大，做了大量的培训，却没有见到效果，花了大价钱组织参加名师培训，课堂氛围也很热烈，可就是所学和实际工作联系不上，另外，员工经常学了就忘，不出两个月，一切又照旧，基层员工则埋怨，上面思路不明，他们生病，却让我们吃药，连节假日都不能休息。企业培训管理部门用心良苦，培训计划的实施就是事倍功半。

这种现象对于私营中小型企业尤为明显，实施培训计划后，却发现不能解决企业的实际问题。如何制订最优的培训计划方案，在降低企业培训成本的同时，体现培训后的效果，成为员工培训迫切需要解决的问题。

从案例中可以发现，培训计划的实施困境与培训计划有关。在制订培训计划时，培训管理部门必须考虑以下的因素。

- 组织员工参与设计和决定培训计划，这样不仅能加深员工对培训的了解外，还能增加他们对培训计划的兴趣和承诺。此外，员工的参与可使课程设计更切合员工的真实需要。
- 协同各部门主管分析部门内员工的能力及所需何种培训，通过相关部门主管的参与、支持及协助，对培训计划的实施成功有很大的帮助。

- 在制订培训计划时，要准确预测培训所需时间及该段时间内人手调动是否有可能影响公司的运作。
- 培训计划的实施时，编排课程及培训方法要严格依照预先拟定的时间表执行，让员工能安排好工作，投入到培训过程中。
- 培训计划必须符合公司资源提供的限制。有些计划可能很理想，但如果需要庞大的培训经费，就会在培训过程中出现问题，不仅直接关系到培训的效果，而且也关系到培训者与学员能否有好的心态来对待培训。
- 外聘名师来公司进行内部培训，要针对影响公司绩效的迫切问题量身定做，给公司带来解决问题的新思维和新方法。而且公司内训的形式可以讨论公司的保密性敏感问题，互动性强、训练强度高、技能提升快。
- 培训管理部门可以组织有自觉性、自制力、理解力的员工在网上学习课程包，价格也相对便宜，如专业技术人员继续教育网。
- 培训管理部门在小鹅通搭建公司的教育管理平台，通过小鹅通提供培训课程，以及管理员工的培训情况，既经济实惠，又有效率。
- 培训管理部门倡导在工作中学习（On Job Training），这是所有人取得事业成功的必由之路。对任何理论学习、课堂教学，只有在实践中应用才会有切身体会，深入骨髓，转化为自觉的习惯。

一个有目标的员工会充分利用各种培训机会去充实自己，一个学习型的企业要因材施教，制订适合的培训计划，降低培训成本，增加培训实效。

## 3.6 【HR应知】培训计划制订的原则

培训计划必须满足组织和员工两方面的需求，兼顾组织资源条件及员工素质基础，并充分考虑人才培养的超前性及培训结果的不确定性。可以借助5W1H的原理，来阐述企业培训计划制订的原则。

所谓5W1H，指Why（为什么，组织培训的目的是什么?）、Who（谁，培训的对象是谁？并由谁负责？授课讲师是谁?）、What（什么，培训的内容是什么？培训的内容如何确定?）、When（时间，什么时间培训？期限有多长?）、Where（在哪里，培训的场地在哪里?）、How（如何，如何进行正常的培训?）。这六个要素所构成的内容就是组织企业培训的主要依据。

**1. 培训的目的（Why）**

培训计划必须首先从公司经营出发，培训管理部门组织培训前，一定要明确培训的真正目的，并且要将培训的目的与公司的发展、组织目标的实现和员工的职业生涯紧密地结合起来。这样，可以使培训效果更有效，针对性也更强。

**2. 培训的负责人（Who）**

负责培训的管理人员，对提高培训效率要采取一些积极性的措施。虽然依企业的规模、行业及经营者的经营方针、策略不同而归属的部门各有不同，但规模较大的企业，一般都设有负责培训的专职部门，如培训中心等，对企业的全体员工进行有组织、有系统的持续性训练。因此，当设立某一培训项目时，就一定要明确具体的培训负责人，使之全身心地投入到培训的策划和运作中去，避免出现培训组织的失误。另外，在遴选培训讲师时，如企业内部有适当人选时要优先聘请，如内部无适当人选时，再考虑聘请外部讲师。受聘的讲师必须具有广泛的知识、丰富的经验及专业的技术，才能受到受训者的信赖与尊敬；同时，还要有卓越的训练技巧和对教育的执着、耐心与热心。

**3. 培训的对象（Who）**

人力资源开发的培训对象，可依照阶层类别（垂直的）及职能类别（水平的）加以区分。阶层类别大致可分为普通操作员级、主管级及中高层管理级；而职能类别的培训又可以分为营销系统、技术系统、生产系统、质量管理系统、财务系统、行政人事系统等项目。我们在组织培训项目时，首先应该决定培训对象，然后再决定培训内容、时间期限、培训场地以及授课讲师。培训学员的选定可由各部门推荐，或自行报名再经甄选程序而决定。尽可能多地得到公司最高管理层、各部门主管承诺和足够的资源来支持各项具体培训计划，尤其是学员培训时间上的承诺。

**4. 培训的内容（What）**

培训计划要注重培训内容，培训的内容包括培养员工的专门技术、技能或知识，改变工作态度的企业文化教育等，可依照培训对象的不同而分别确定。培训计划的制订必须要进行培训需求调查，应考虑设计不同的培训方法来适应员工的需要和个体差异，然后研究员工所担任职责，明确每项职责所应达到的任职资格，再考察员工个人的工作实绩、能力、态度等，并与岗位任职资格相互比较。如果某员工尚未达到该职位规定的任职标准时，其不足部分的知识或技能，便是培训内容，需要通过企业的内部培训，给予迅速的补足。

**5. 培训的时间、期限（When）**

培训项目的时间和期限，一般而言，可以根据培训的目的、培训的场地、讲师及受训者的能力、上班时间等决定。一般新进人员的培训（不管是操作员还是管理人员），可在实际从事工作前实施，培训时间可以是一周或十天，甚至一个月；而在职员工的培训，则可以根据培训者的工作能力、经验为标准来决定培训期限的长短。培训时间的选定以尽可能不过多影响工作为宜。

**6. 培训的场地（Where）**

选用培训场地要注重培训细节，培训场地的选用可以因培训内容和方式的不同而有区别，一般可分为内部培训场地及专业培训机构和场地等两种。内部培训场地的训练项目主要有工作现场的培训（即工作中培训）和部分技术、技能或知识、态度等方面的培训，主要是利用公司内部现有的培训场地实施其培训，其优点是组织方便、节省费用，缺点是培训形式较为单一、受外来环境影响较大。专业培训机构和场地的培训项目主要是一些需要借助专业培训工具和培训设施的培训项目，或是利用其优美安静的环境实施一些重要的专题研修等的培训。其优点是可利用特定的设施，并离开工作岗位而专心接受训练，且应用的培训技巧亦较内部培训多样化；缺点是组织较为困难，且费用较大。

**7. 培训的方法（How）**

在各种教育训练方法中，注重培训实效性，选择恰当的方法来实施教育训练，是培训计划的主要内容之一，也是培训成败的关键因素之一。根据培训的项目、内容、方式的不同，所采取的培训技巧也有区别。从培训技巧的种类来说，可以划分为讲课类、学习类、研讨类、演练类和综合类。而每一类培训技巧中所包含的内容又各有不同，如讲课类中可以分为自我管理架构、监督能力提高法、讲课法等；学习类技巧中可以分为软件架构分析法、博览式学习法、读书法等；研讨类技巧中可以分为个人心理疗法、案例分析法、管理原则贯彻法等；演练类技巧中可以分为现场感受性训练法、沟通能力分析训练法、冲突化解法等；综合类技巧中可以分为函授教育法、科学决策法、离职外派教育法、面谈沟通法、视听教育法等。不同的技巧与方法所产生的培训效果是不同的。在制订培训计划时，要结合企业实际情况，与授课讲师共同研讨并确定最恰当的方法，以达到培训效果的最大化。

4

# 培训效果的评估与改进

## 4.1 培训评估的作用

培训评估（Training Evaluation）是一个运用科学的理论、方法和程序，从培训项目中收集数据，并将其与整个组织的需求和目标联系起来，以确定培训项目的价值和质量的过程。建立培训评估体系的目的，既是检验培训的最终效果，同时也是规范培训相关人员行为的重要途径。

科学的培训评估对于了解投资的效果、界定培训对组织的贡献、证明员工培训所做出的成绩都非常重要。目前企业培训存在的最大问题在于无法保证有限的培训投入产出理想的培训效果，培训的效果难以评估。同时，还有很多企业重视培训评估，但是其评估与实际工作脱节。培训效果的检验仅仅局限于培训过程中，没有在实际的工作中进行，造成了培训与实际生产服务脱节。

培训评估是为了提高培训质量、增强培训效果、降低培训成本。针对评估结果，重要的是要采取相应的纠偏措施并不断跟踪，促使培训效果得到持续的改进。

### 4.1.1 培训评估的种类

广义的培训评估，指对培训项目、培训过程和效果进行评价。培训前评估是在培训前对受训者的知识、能力和工作态度进行考察，作为培训管理部门编排培训计划的依据。

**1. 培训前评估**

培训前评估能够保证培训项目组织合理、运行顺利，保证受训者对培训项目的满意度，保证培训需求确认的科学性，确保培训计划与实际需求的合理衔接，帮助实现培训资源的合理配置，保证培训效果测定的科学性。

**2. 培训中评估**

培训中评估指在培训实施过程中进行的评估，培训中评估能够控制培训实施的有效程度，保证培训活动按照计划进行，及时反馈培训执行情况和调整培训计划，过程检测和评估有助于科学解释培训的实际效果。

**3. 培训后评估**

培训后评估是对培训的最终效果进行评价，是培训评估中最为重要的部分，有助于树立结果导向的意识，扭转目标错位的现象，是提高培训质量的有效途径。

培训效果评估的目的在于使企业管理者能够明确培训项目选择的优劣，了解培训预期目标的实现程度，为后期培训计划的制订、培训项目的实施等提供有益的帮助。其最终目的就是为企业创造价值。由于培训的需求呈增长的趋势，实施培训的直接费用和间接费用也在持续攀升，因此不一定在所有的培训结束后，都要进行评估。应主要针对下列情况进行评估。

- 培训需求及时性。
- 培训计划合理性。
- 培训课程适合性。
- 教师选定适合性。
- 受训群体特定性。
- 培训形式符合性。
- 培训实施高效性。
- 培训效果显著性。

确定评估对象之后，我们才能有效地针对这些具体的评估对象，开发有效的问卷、考试题、访谈提纲等。常用的评估方法有笔试测验法、实操测验法、观察法、提问法（面试法）、案例测验法。

## 4.1.2 培训评估的步骤

通过对培训者、被培训者及人力资源管理人员等进行调查、分析培训后，就要考虑被培训者的工作效率是否得到了提升，自身是否得到了完善。遵循良好的培训评估流程是顺利进行培训评估活动的关键。一般说来，培训评估包括以下六个步骤。

**1. 分析培训需求**

进行培训需求分析是培训项目设计的第一步，也是培训评估的第一步。不管一个培训项目是由什么原因引起的，人力资源开发人员都应该通过培训需求分析来决定具体的知识、技能、态度的缺陷。培训需求分析中所使用的最典型的方法有访谈法、调研法和问卷调查法。调查的对象主要集中在未来的受训人员和他们的领导，同时，还要对工作效率低的管理机构及员工所在的环境实施调查，从而确定环境是否也对工作效率有所影响。

**2. 确定评估的目的**

在培训项目实施之前，培训管理部门必须明确培训评估的目的。多数情况下，培训评估的实施有助于对培训项目的前景做出决定，对培训系统的某些部分进行修订，或是对培训项目进行整体修改，以使其更加符合企业的需要。例如，培训课程是否体现企业的价值观念，培训师能否完整地将知识和信息传递给受训人员等。重要的是，培训评估的目的将影响数据收集的方法和所要收集的数据类型。

**3. 建立培训评估数据库**

进行培训评估之前，企业必须将培训前后发生的数据收集齐备，因为培训数据是培训评估的对象。培训的数据按照能否用数字衡量的标准可以分为两类：硬数据和软数据。硬数据是对改进情况的主要衡量标准，以比例的形式出现，是一些易于收集的无可争辩的事实。这是最需要收集的理想数据。硬数据可以分为四大类：产出、质量、成本和时间，几乎在所有组织机构中这四类都是具有代表性的业绩衡量标准。有时候很难找到硬数据，这时，软数据在评估人力资源开发培训项目时就很有意义。常用的软数据类型可以归纳为六个部分：工作习惯、氛围、新技能、发展、满意度和主动性。

培训数据收集的关键是人力资源开发人员与直线部门人员良好的配合。例如，培训需求来自直线部门，他们知道员工技能的差距，便能够指出员工技能改善的方向和预期改善目标。培训管理部门只有与直线部门人员配合，才能更好地把握培训方向。收集的数据最好是在一个时段内的，以便进行实际分析比较。例如，前六个月的不满意数量，去年处理的失误次数，上一个季度事故发生的次数，或过去年份平均每月的销售成本等。

**4. 确定培训评估的层次**

有关培训评估的最著名的模型是由唐纳德·L·柯克帕特里克（Donald. L. Kirkpatrick）提出的。从评估的深度和难度看，唐纳德·L·柯克帕特里克的模型包括反应层、学习层、行为层和结果层四个层次。培训管理部门要确定最终的培训评估层次，因为这将决定要收集的数据种类。

**5. 调整培训项目**

基于对收集到的信息进行认真分析，人力资源开发部门就可以有针对性地调整培训项目。如果培训项目没有什么效果或是存在问题，人力资源开发人员就要对该项目进行调整或考虑取消。如果评估结果表明，培训项目的某些部分不够有效，例如，内容不适当、授课方式不适当、对工作没有足够的影响或受训人员本身缺乏积极性等，人力资源开发人员就可以有针对性地考虑对这些部分进行重新设计或调整。

**6. 沟通培训项目结果**

在培训评估过程中，人们往往忽视对培训评估结果的沟通。尽管经过分析和解释后的评估数据将转给某个人，但是，当应该得到这些信息的人没有得到时，就会出现问题。在沟通有关培训评估信息时，培训部门一定要做到不存偏见和有效率。

## 4.1.3 培训效果评估的定义

培训效果评估（Training Effect Evaluation）是在受训者完成培训任务后，对培训计划是否完成或达到效果进行的评价、衡量。内容包括对培训设计、培训内容以及培训效果的评价。通常采用对受训者反应、学习、行为、结果四类基本培训成果或效益的衡量来测定。

培训效果评估是对培训项目、培训过程和效果进行评价，为后期培训计划、培训项目的制订和调整提供依据，是提高培训质量的有效途径，是对培训的认知成果、技能成果、情感成果、绩效成果及投资回报率所进行的定性和定量的评价。

**1. 认知成果**

可用来衡量受训者对培训项目中强调的原理、事实、技术、程序或过程的熟悉程度。认知成果用于衡量受训者从培训中学到了什么，一般应用于笔试来评估认知成果。

**2. 技能成果**

用来评估技术或运动技能，以及行为方式的水平，它包括技能的获得与学习及技能在工作中的应用两个方面。

**3. 情感成果**

情感成果是指包括态度和动机在内的成果。

**4. 绩效成果**

用来决策公司为培训计划所支付的费用。

### 5. 投资回报率

培训投资回报率指培训的货币收益和培训成本的比较。培训成本包括直接和间接成本，收益指公司从培训计划中获得的价值。

## 4.2 培训效果的评估

培训效果的评估很难做到四层次的评估，特别针对企业外部培训，很难去实施行为层、结果层的评估，更多地仅限于培训的反馈层评估。其实，系统的培训评估应由五方全部介入，培训评估的效果才会更好。

领导方：企业高层。不直接介入培训评估，但通过一些途径来对培训评估产生重大影响。如批准培训评估可用的资源；要求相关人员参与培训评估；明确表示对培训评估感兴趣，调动企业员工参与培训评估的积极性。

参与方：培训经理。设计培训评估方案，与培训师共同实施不同层次的培训评估，是企业高层、受训者、培训师之间的纽带。

执行方：培训师。与培训经理共同设计培训评估方案，根据培训评估方案实施培训评估。帮助受训者的直接上级召开培训前的动员会和培训总结会。

关联方：受训者的直接上级。受训者的直接上级在培训评估过程中负责为员工选择最恰当的培训课程，召开学员培训动员会。培训结束后，组织学员召开总结会，布置学员学以致用的行动计划，并给予适当的帮助。

受训方：接受培训的学员。正确认识培训评估的作用，在培训评估中应当把真实的想法写出来，认真地接受评估调查。

关于培训效果的评估，最著名的模型是由唐纳德·L·柯克帕特里克于1959年提出的。柯氏四级评估模型是目前应用最为广泛的培训效果评估模型，具有简单全面、系统性和可操作性的特点。柯氏四级评估模型如表4-1所示。

表4-1 柯氏四级评估模型

| 评估层次 | 评估内容 |
|---|---|
| 反应评估 | 学员对培训组织、培训讲师、培训课程的满意度 |
| 学习评估 | 学员在知识、技能、态度、行为方式等方面的学习收获 |
| 行为评估 | 学员在工作过程中态度、行为方式的变化和改进 |
| 结果评估 | 学员在一定时期内取得的生产经营或技术管理方面的业绩 |

从评估的深度和难度看，唐纳德·L·柯克帕特里克的模型包括反应层、学

习层、行为层和结果层四个层次。培训管理部门要确定最终的培训评估层次，因为这将决定要收集的数据种类。

在运用柯氏四级评估模型进行培训效果评估时，针对不同的培训评估层级，可以应用不同的评估方法，具体如表 4-2 所示

**表 4-2 柯氏四级评估方法**

| 评估层次 | 评估内容 | 评估方法 | 评估时间 | 评估单位 | 优缺点 |
|---|---|---|---|---|---|
| 反应评估 | 衡量学员对具体培训课程、讲师于培训组织的满意度 | 1. 面谈观察法<br>2. 问卷调查<br>3. 综合座谈法 | 课程结束后了解学员对培训项目的主观感觉和满意程度 | 培训单位 | 优点：简单易行<br>缺点：主观性较强，容易以偏概全，即很容易因为学员的个人喜恶而影响评估结果 |
| 学习评估 | 衡量学员对于培训内容、技巧、概念的吸收与掌握程度 | 1. 提问法<br>2. 笔试法<br>3. 口试法<br>4. 模拟练习与演示<br>5. 角色扮演<br>6. 演讲<br>7. 心得报告与文章发表 | 课程进行时课程结束时 | 培训单位 | 优点：给学员和讲师一定压力，使之更好地学习和完成培训<br>缺点：依赖于测试方法的可信度和测试难度是否合适 |
| 行为评估 | 衡量学员培训后的行为改变是否因培训导致 | 1. 问卷调查<br>2. 行为观察<br>3. 访谈法<br>4. 绩效评估<br>5. 管理能力评鉴<br>6. 任务项目法<br>7. 360 度评估 | 三个月或半年以后 | 学员的直接上级主管的评价和观察、客户的评价、同事的评价等 | 优点：可直接反映培训的效果，使企业高层和主管看到培训效果后更支持培训<br>缺点：实施有难度，要花费很多时间和精力，难以剔除不相干因素的干扰 |
| 结果评估 | 衡量培训项目引起的业务结果的变化情况及培训给公司的业绩带来的影响。最为重要的评估内容是对投资净收益的确定 | 1. 个人与组织绩效指标<br>2. 生产率<br>3. 缺勤率<br>4. 离职率<br>5. 成本效益分析<br>6. 客户与市场调查<br>7. 360 度满意度调查 | 半年、一年后公司绩效评估 | 学员的单位主管 | 优点：量化翔实、令人信服的数据不仅可以消除企业高层对培训投资的疑虑，而且可以指导培训课程计划，把培训费用用到最能创造经济效益的课程中<br>缺点：耗时长，经验少，目前评估技术不完善，简单的数字对比意义不大 |

## 4.2.1 受训学员效果评估

通常来说，设计得非常优秀的反应量表能够给我们提供一些很有价值的数据或信息。这些数据和信息一方面可以帮助我们改进培训项目，另一方面能够显示初始阶段中培训对企业盈利提升作用的有力证据。但不幸的是，只有较少的反应量表是设计得非常合理的。绝大多数的反应量表都在一个非常奇特的方面犯错误——它们的关注点在培训师，而不是参训的学员。正是由于这个原因，我们必须要考虑改变一级反应量表的设计思路。

一级评估所关注的重心应当是参训学员所得到的收益以及对他们的工作岗位需求的满足。以讲师为中心的反应量表所产生的不良后果是：参训学员通常只愿意花很少的时间和精力去填写它们。原因是参训学员没有发现这些问题对他们有多少价值。思考一下你已经收集到的反应量表的数据——如果你回收了很多表格，这些量表中的所有评分都是“5”分，但没有给出任何评论，你就需要考虑修改你所设计的问题了。这些问题设计的出发点要尽可能展现学员的价值，从而让学员更有兴趣地去填写它们。

表4-3中罗列了如何从以讲师为中心转变为以学员为中心的一级评估的典型实例。这些问题（实例）与四分制的李克特量表（Likert Scale）是兼容的。李克特量表的四分制（1、2、3、4）分别对应“非常反对”“反对”“同意”“极为赞同”四个选项。

**表4-3 以学员为中心的一级评估**

| 评估类别 | 以讲师为中心 | 以学员为中心 |
| --- | --- | --- |
| 培训/学习目标 | 讲师授课覆盖到了所有的学习目标 | 我能够将每一个学习目标与所学习的内容联系起来<br>我从课程教材中得到的挑战是适度的 |
| 课程教材/材料 | 教材的难易程度适合我目前的水平<br>各种课程材料的组织良好<br>课程教材对授课内容是有益的补充 | 我能很容易地找到我所需要的课程教材<br>课程教材对我工作上的成功有很大的帮助 |
| 内容相关性 | 培训内容与我的需求相关 | 我能够将我所学到的内容应用到实际工作中去 |
| 讲师授课 | 讲师能够有效地传授课程内容<br>讲师在建立学员互动方面做得很好<br>讲师授课的进度适中<br>讲师展示出对培训主题的极大激情 | 我能够很投入地参与培训<br>对我来说，积极地参与各项学习活动很容易<br>课程的进度让我感到很舒适<br>为了真正学会，我能够热情投入地参与到课程中去 |

续表

| 评估类别 | 以讲师为中心 | 以学员为中心 |
| --- | --- | --- |
| 讲师风格 | 讲师能很好地组织和管理课堂活动<br>讲师允许在课堂中提问题<br>练习和活动很有用 | 我能够积极地参与到课堂活动中去<br>我得到了充分的机会去提问问题<br>我得到了充分的机会去练习我需要掌握的技能 |
| 休息 | 在课程中，休息的间隔时间是适合的 | 在每次休息之后，我感到我的学习状态得到了恢复 |
| 设施 | 培训教室很舒适 | 我发现培训教室的布置和氛围有利于学习 |

表 4-4 所示是培训 531 行动计划表。

**表 4-4 培训 531 行动计划表**（二级评估表）

| | | |
| --- | --- | --- |
| 填表人： | 部门： | 岗位： |
| 单位： | | 联系电话： |
| 学习课程： | 上课时间： | 讲师： |
| 我所学到的（请列出 10 点以上） | | |
| | | |
| 5 我计划学以致用的<br>（上述中 5 点最重要的，量化执行） | 3 我立即学以致用的<br>（上述中 3 点最重要的，量化执行） | 1 我一定要用好的<br>（上述中 1 点最重要的，量化并详细描述，我发誓做到的） |
| | | |
| | | |
| | | |

表 4-5 所示是一个月内对员工的访谈表。

**表 4-5 一个月内对员工的访谈表**（三级评估表）

- 针对您的行动计划，您有哪些具体实施计划
- 比较您参加培训前后的技能差别，在实施的过程中，您感觉课程中所学的东西对您有多大程度的帮助
- 您有哪些成功的应用案例
- 您希望此门培训有哪些可改进的地方

## 4.2.2 培训组织效果评估

培训组织和管理的有效性是培训得以实施的重要保证，对于培训组织的评估

通常从两个方面开展，一方面是培训部门自我评估，另一方面是培训对象对培训组织工作情况进行评估。

- 培训部门自我评估表，如表 4-6 所示。

表 4-6　培训部门自我评估表

| 指　　标 | | 期望值 | 实际值 | 得　分 | 说　明 |
|---|---|---|---|---|---|
| 培训课程 | 新开培训课程与上年相比增加 | | | | |
| | 培训课时数与上年相比增加 | | | | |
| | 课堂参与率与上年相比增加 | | | | |
| 教材与设施 | 自编教材比例与上年相比增加 | | | | |
| | 添置培训教材与上年相比增加 | | | | |
| | 添置培训设施与上年相比增加 | | | | |
| 人　　员 | 内部讲师数量与上年相比增加 | | | | |
| | 外聘讲师数量与上年相比增加 | | | | |
| | 培训对象数量与上年相比增加 | | | | |
| 培训费用 | 培训费用占营业额比例与上年相比增加 | | | | |
| | 培训费用总额与上年相比增加 | | | | |
| 其　　他 | | | | | |
| 总　　分 | | | | | |

- 培训对象对培训组织的评估表，如表 4-7 所示。

表 4-7　培训组织情况调查表

| 培训项目 | | 评估时间 | |
|---|---|---|---|
| 说明：请在您认为相对应的内容前的方框中打钩。谢谢您的合作<br>1. 您认为培训计划安排对您的意见的关注程度　□很高　□高　□一般　□差<br>2. 参加培训之前您得到的通知及时情况　□及时　□不及时<br>3. 您认为本次培训的后勤辅助工作做得如何　□很好　□好　□一般　□差<br>4. 您认为本次培训的教学设备、培训资料是否齐全　□齐全　□不齐全<br>5. 您认为本次培训的组织总体安排情况　□很好　□好　□一般　□差<br>6. 培训开始前，您对本次培训有怎样的预期　□很高　□高　□一般　□没什么预期<br>7. 培训结束后，您对本次培训整体工作有何评价　□很好　□好　□一般　□差<br>8. 若以后举办类似培训，您是否愿意参加　□愿意　□不愿意　□不确定<br>9. 您认为培训组织安排在哪些方面还需要改进 | | | |

### 4.2.3　培训讲师效果评估

对培训师的评估主要从个人形象、责任心、授课质量等方面开展。对培训讲师的评估有利于改进培训讲师的培训方式，并为下一次培训讲师的选择提供依据。培训讲师评估表如表 4-8 和表 4-9 所示。

**表 4-8　培训讲师评估表**

讲师姓名：　　　　　　　培训课程：　　　　　　　培训时间：

| 项　目 | 指　标 | 评估标准（5→1 代表优到差） |
|---|---|---|
| 个人形象 | 仪容仪表 | □5　□4　□3　□2　□1 |
| | 礼仪风貌 | □5　□4　□3　□2　□1 |
| | 气质修养 | □5　□4　□3　□2　□1 |
| | 个人亲和力 | □5　□4　□3　□2　□1 |
| 责任心 | 课前教学材料准备充分 | □5　□4　□3　□2　□1 |
| | 课前教学辅助设备使用熟练 | □5　□4　□3　□2　□1 |
| | 对授课内容掌握清晰、熟练 | □5　□4　□3　□2　□1 |
| | 授课逻辑安排准确、合理 | □5　□4　□3　□2　□1 |
| | 对培训对象的疑问能否给予积极回应 | □5　□4　□3　□2　□1 |
| 授课质量 | 授课开场能够吸引培训对象的注意力 | □5　□4　□3　□2　□1 |
| | 对培训内容能准确、清晰阐述 | □5　□4　□3　□2　□1 |
| | 培训能够主次分明、重点突出 | □5　□4　□3　□2　□1 |
| | 能够充分利用培训材料 | □5　□4　□3　□2　□1 |
| | 能够合理使用肢体语言和技巧 | □5　□4　□3　□2　□1 |
| | 能够运用多元化的培训方法 | □5　□4　□3　□2　□1 |
| | 课程讲授中富于激情和自信 | □5　□4　□3　□2　□1 |
| | 结尾阐述能为培训对象带来感染和鼓舞 | □5　□4　□3　□2　□1 |
| | 具有处理现场质疑与异议的技巧 | □5　□4　□3　□2　□1 |
| | 能够为培训对象带来启发 | □5　□4　□3　□2　□1 |
| 总分：________分 | | |
| 综合评价： | | |

表 4-9　内部讲师年终评价表

<table>
<tr><td>姓名</td><td></td><td>性别</td><td></td><td colspan="2">公司名称</td><td></td></tr>
<tr><td>职务</td><td></td><td>学历</td><td></td><td colspan="2">担任课程名称</td><td></td></tr>
<tr><td rowspan="3">授课时间（小时）</td><td>额定授课时间</td><td colspan="5"></td></tr>
<tr><td>实际授课时间</td><td colspan="5"></td></tr>
<tr><td>备注</td><td colspan="5"></td></tr>
<tr><td rowspan="3">课程改善</td><td>课程改善目的</td><td colspan="5"></td></tr>
<tr><td>课程改善完成</td><td colspan="5"></td></tr>
<tr><td>课程改善评价</td><td colspan="5"></td></tr>
<tr><td rowspan="2">学员满意度</td><td rowspan="2">参加学员满意度调查问卷</td><td>90 分及以上</td><td>80 ~ 89 分</td><td>70 ~ 79 分</td><td>60 ~ 69 分</td><td>59 分及以下</td></tr>
<tr><td></td><td></td><td></td><td></td><td></td></tr>
<tr><td rowspan="4">培训部门评价</td><td rowspan="2">授课技巧</td><td>90 分及以上</td><td>80 ~ 89 分</td><td>70 ~ 79 分</td><td>60 ~ 69 分</td><td>59 分及以下</td></tr>
<tr><td></td><td></td><td></td><td></td><td></td></tr>
<tr><td rowspan="2">授课态度</td><td>90 分及以上</td><td>80 ~ 89 分</td><td>70 ~ 79 分</td><td>60 ~ 69 分</td><td>59 分及以下</td></tr>
<tr><td></td><td></td><td></td><td></td><td></td></tr>
<tr><td colspan="2">综合评价</td><td colspan="5"></td></tr>
</table>

## 4.2.4　员工培训效果评估

培训效果评估是四级结果层的评估，主要通过收集资料（问卷、操作结果分析），确定培训对公司运作的影响，结果主要用于以下几方面。

- 培训和行为表现与公司目标相连时。
- 第三级的评估结果被跟踪。
- 操作结果分析出于其他商业目的被跟踪。
- 培训费用很高且对组织来说价值很大。

员工培训效果评估的主要指标有 5 项。

- 骨干员工流失率。培训作为满足员工自我发展的重要手段，在维持骨干员工的满意程度上扮演着关键角色。
- 人均产值增长率。人均产值的增长反映了各岗位专业技能的提升和工作效率的提高。人均产值的增加对应着一定的公司收益，这种效应的增加也有一部分来自培训的效果。
- 成本节约。成本的节约反映了管理水平的提高和差错率的降低，这部分的公司收益也得益于培训。

- 客户满意度。客户的满意不仅是公司长期发展的保证，同时也带来直接的经济效益，比如客户投诉的降低、客户订货量的增加等。客户的满意度与公司的效益之间有一定的正相关关系，衡量客户满意度可以折算成公司效益，那么，也可以计算出培训所带来的价值。

- 员工能力的提高。员工对于公司的价值是不言而喻的，员工能力上的提高可以在组织类考核指标上反映出来，这部分价值很难用经济效益来衡量，但是可以定性地说明培训的价值。

培训效果的评估，根据唐纳德·L·柯克帕特里克模型，可以将其划分为四个层面。具体内容如表4-10所示。

**表4-10 四层评估比较表**

| 评估层面 | 名称 | 评估内容 | 实施方法 | 优势 | 劣势 | 改进策略 |
|---|---|---|---|---|---|---|
| 第一层面 | 反应层评估（学员的反应） | 主要是总体的印象，对培训内容、讲师、教学方法、材料、设施、场地、报名程序等的评价 | 问卷调查、小组讨论：常运用四分法（极好、好、一般、差）、五分法（极好、很好、好、一般、差）进行衡量 | 容易开展，是最基本、最普遍的评估方式 | 会出现以偏概全、主观性强、不够理智的现象 | 强调评价的目的；要求大家配合；将课程评价与讲师评价分开；结合使用问卷、面谈、座谈等方式 |
| 第二层面 | 学习层评估（学习的效果） | 学员掌握了多少知识和技能，例如学员吸收或者记住了多少课程内容：是最常见、最常用的一种评价方式 | 在反应层基础上，要求运用所学的知识解答试题；进行现场操作；对于专业性岗位课程，要求学员提出改善方案并执行 | 对学员有压力，使他们更认真地学习；对讲师有压力，使他们更负责、更精心地准备培训课程和培训内容 | 压力大，可能使报名不太踊跃；评估之前可能会让学员知晓一些事情 | 针对不同的培训课程采用不同的评估方法 |
| 第三层面 | 行为层评估（学员行为的改变） | 培训后的跟进过程。学员培训后工作行为和在职表现方面的变化 | 观察，主管、同事、下属、客户的评价，学员自我评价，这些评价需要借助一些评估表 | 可以直接反映培训课程的效果；使高层领导看到培训的效果，支持培训；讲师可以获得学员的支持 | 耗费时间和精力。问卷比较难设计；需要占用相关人员较多的时间，不易得到配合；员工行为易受其他因素的影响 | 选择适合进行行为层评估的课程；选择合适的评估时间；充分利用专业讲师和咨询公司的力量 |

续表

| 评估层面 | 名称 | 评估内容 | 实施方法 | 优　势 | 劣　势 | 改进策略 |
| --- | --- | --- | --- | --- | --- | --- |
| 第四层面 | 绩效层评估（培训产生的效果） | 上述三层变化对组织发展带来的可见的、积极的作用；培训是否对企业的经营结果产生了直接的影响，如次品率下降在多大程度上归功于操作技能的培训 | 通过一些企业组织指标来衡量，如事故率、次品率、生产率、员工流动率以及客户投诉率 | 详细的、令人信服的调查数据，打消高层主管对培训的疑虑，把有限的培训费用投到最能为企业创造经济效益的课程上来 | 需要时间，在短期内很难得出结果；对这个层面的评估，缺乏必要的技术和经验；简单的对比数字意义不大 | 必须取得管理层的合作，拿到培训以前的相关数据；分辨哪些结果与要评估的课程有关系，并分析在多大程度上有关系 |

用来评估培训效果的方法有很多种。总的来说，有定量和定性分析两种。而按具体形式不同，用于定量分析的方法有成本—收益分析法、加权分析法等；用于定性分析的方法有观察评估法、问卷调查法、集体讨论法和工作绩效评价法等。

**1. 定量评估法**

定量评估是以数学、统计学等为基础，用具体数字来反映评估效果的一种评估方法。目前常见的定量评估方法有成本—收益分析法、加权分析法等。

（1）成本—收益分析法

成本—收益分析法是通过成本和培训所带来的各种硬性指标的提高，来计算出培训的投资回报率。它主要涉及两个公式，如表 4-11 所示。

**表 4-11　成本—收益分析法的两个公式**

| | |
| --- | --- |
| 公式 1 | TE =（$E_2 - E_1$）× TS × $T - C$<br>其中 TE = 培训效益<br>$E_1$ = 培训前每个受训者一年产生的效益<br>$E_2$ = 培训后每个受训者一年产生的效益<br>TS = 培训人数<br>$T$ = 培训效益可持续的年限<br>$C$ = 培训成本 |
| 公式 2 | 投资回报率 =（培训收益 ÷ 培训成本）× 100%<br>若投资回报率小于 1，表明未达到预期效果，或公司的问题无法通过培训解决 |

（2）加权分析法

加权分析法包括建立完整的评估指标体系、确定指标权重、划分指标等级、进行全方位调查和结果统计等内容。表 4-12 所示是运用加权分析法对某位员工接受职业素质培训的效果进行评估的结果。

表 4-12　用加权分析法评估培训效果

| 指标权重 | 指标等级 | | | | | |
|---|---|---|---|---|---|---|
| | 5 分 | 4 分 | 3 分 | 2 分 | 1 分 | 单项得分 |
| 工作能力（30%） | 40% | 25% | 20% | 10% | 5% | 3.85 |
| 知识理论水平（30%） | 30% | 20% | 25% | 15% | 10% | 3.45 |
| 职业道德水平（20%） | 55% | 20% | 10% | 8% | 7% | 4.08 |
| 敬业精神（20%） | 10% | 60% | 20% | 8% | 2% | 3.68 |
| 最终得分 | | | | | | 3.742 |
| 说明：1. 评价结果用百分数表示，如 40% 表示 40% 的人认为该员工应得 5 分。<br>2. 单项指标得分 = Σ（分值 × 百分比值）<br>3. 最终评价结果 = Σ（权重 × 单项指标得分） | | | | | | |

### 2. 定性评估法

目前，培训效果评估大多采用定性评估法进行。常见的定性评估方法主要有观察评估法、问卷调查法、集体讨论法和工作绩效评价法等。

（1）观察评估法

观察评估法主要指培训效果评估者在培训进行过程中和培训结束后，观察培训对象在培训中的反应情况，以及培训后在工作岗位的表现情况，从而对培训效果做出评价的一种评估方法。评估者将观察到的情况记录到培训观察记录表中，如表 4-13 所示，然后通过培训前后比较，衡量培训效果。

表 4-13　培训观察记录表

| | | | | | |
|---|---|---|---|---|---|
| 培训课程 | | 培训时间 | | 培训地点 | |
| 观察对象 | | 职　务 | | 记 录 员 | |
| 观察记录 | | | | | |
| 培训前： | | | 培训后： | | |
| 观察结论 | | | | | |
| | | | | | |
| 特殊情况说明 | | | | | |
| | | | | | |

（2）问卷调查法

问卷调查法是指调查者借助事前设计好的调查问卷，在培训课程结束时向培训对象或讲师了解培训相关信息，从而对培训效果进行评估的一种方法。表4-14所示是某公司的一份对培训对象参训情况所进行的问卷调查表。

**表4-14　培训学员问卷调查表**

| | | | |
|---|---|---|---|
| 项目名称 | | 参训人数 | |
| 参训日期 | | 填表日期 | |
| 学员出勤情况 | | | |
| 课前准备情况 | | | |
| 课中反应情况 | | | |
| 培训游戏参与情况 | | | |
| 对培训内容理解情况 | | | |
| 培训测试情况 | 测试成绩统计： | | |
| | 存在问题说明： | | |

（3）集体讨论法

集体讨论法是将所有学员集中到一起开讨论会，在会议上，每位学员都要陈述通过培训学会了什么，以及如何把这些知识运用到工作中的一种评估方法。这种方法一般在培训结束后举行，有时候以写培训总结或培训感想的形式来进行。

（4）工作绩效评价法

工作绩效评价法是对培训对象参加培训前后，工作绩效水平存在的差异进行评估，从而对培训效果进行评价的一种方法。工作绩效评价表范例，如表4-15所示。

**表4-15　工作绩效评估表**

| 指　标 | | 培 训 前 | 培 训 后 |
|---|---|---|---|
| 工作素质（35%） | 工作责任心 | □优　□良　□一般　□差 | □优　□良　□一般　□差 |
| | 学习主动性和能力 | □优　□良　□一般　□差 | □优　□良　□一般　□差 |
| | 工作创新能力 | □优　□良　□一般　□差 | □优　□良　□一般　□差 |
| | 书面/语言/操作能力 | □优　□良　□一般　□差 | □优　□良　□一般　□差 |
| | 专业知识能力 | □优　□良　□一般　□差 | □优　□良　□一般　□差 |
| 工作量（45%） | 工作任务完成情况 | □优　□良　□一般　□差 | □优　□良　□一般　□差 |
| | 工作完成质量情况 | □优　□良　□一般　□差 | □优　□良　□一般　□差 |
| | 工作效率情况 | □优　□良　□一般　□差 | □优　□良　□一般　□差 |

续表

| 指 标 | | 培训前 | 培训后 |
|---|---|---|---|
| 交往能力（20%） | 人际交往能力 | □优 □良 □一般 □差 | □优 □良 □一般 □差 |
| | 沟通组织能力 | □优 □良 □一般 □差 | □优 □良 □一般 □差 |
| | 协调培训能力 | □优 □良 □一般 □差 | □优 □良 □一般 □差 |
| | 应急处理能力 | □优 □良 □一般 □差 | □优 □良 □一般 □差 |
| 综合评价 | | | |

## 4.2.5 培训效果评估的反馈

良好的培训评估要进行及时反馈，可以进一步提高培训质量、增强培训效果、降低培训成本。

**1. 领导方可以坚定信心**

培训评估拿出详实的、令人信服的调查数据，让企业高层了解培训的成本及带来的收益，打消高层领导投资培训的疑虑，获得更大的资源支持，把有限的培训费用用到最能为企业创造经济效益的课题上来。

**2. 参与方可以完善管理**

培训管理部门向培训项目的各个支持部门反馈结果，沉淀成果、揭露不足，总结经验，使其在今后的台前幕后工作中进一步完善。

**3. 执行方可以精益求精**

培训执行方促使培训师根据培训评估结果，不断升级版本课程，提升培训质量，改善教学效果。

**4. 关联方可以创造环境**

受训者的直接上级了解受训者通过培训在知识、技能方面的变化，为受训者创造学以致用的环境。

**5. 受训方可以反省自我**

培训管理部门把评估结果反馈给受训者，根据结果查找不足，校正行为。

如果一个企业的高层、培训部门、受训者的直接上级、培训师和受训者之间有良好的沟通氛围，培训评估会因各方的努力而更加有效，同时培训部门和人力资源管理部门的工作也很有效，对整个企业都有益。

# 4.3 培训效果的改进

企业发展需要对员工进行培训，加快发展速度，培训的效果要持续地改进，不仅可为企业创造更多的价值，而且可让企业获得更多的竞争优势，更有利企业赢得新的挑战，培训的重要性显而易知。因此，重视培训效果的改进，既要重视培训前的过程，也要重视培训真正的效果和实效性。

## 4.3.1 培训评估存在的问题

绝大多数企业仅仅局限于在培训项目刚结束时进行评估，并没有在后续的实际工作中进行评估，或者仅仅局限于对培训项目本身进行评估，而忽略了将培训项目与企业绩效联系起来进行评估，这就使得评估与企业实际工作脱节，进而造成了培训与实际工作脱节。

在企业培训评估领域中主要存在以下问题。

**1. 培训评估投入不足**

大部分的企业没有意识到培训评估的重要作用，即使已经认识到了培训评估具有一定的作用，对它的投入仍然不足，导致培训整个过程存在问题。

**2. 培训评估不够全面**

大多数培训评估工作仅对培训项目中所授予的知识和技能进行考核，并没有深入到受训者的工作行为及态度的改变、能力的提高、工作绩效的改善和为企业带来的效益等层次上来，即评估工作只停留在初级层次，不够全面。

**3. 培训评估方法单一**

培训评估的方法很多，如事前事后测试法、成本收益法、控制实验法等。但如今企业培训评估中所应用的方法非常单一，如绝大多数企业仅仅是以考试的形式进行培训项目的评估。毋庸置疑，考试固然是一种有效的考核方式，但它在应用上有很大的局限性，并不是所有的评估内容都适合用考试的形式。

**4. 培训评估缺乏记录管理**

每次培训工作的具体评估情况缺乏系统的记录。评估所用的方法、评估的内容、受训者完成情况、测试的结果等记录大多是零散而无序的，并没有建立起一个培训评估信息系统，缺乏系统的管理。而这些都不便于对培训效果进行科学有效的分析，也无助于下一步培训工作的开展。

**5. 培训评估的反馈不到位**

培训评估人员通常忽视对培训评估结果的沟通。尽管经过分析和解释后的评估数据将转给某个人，但是，当应该得到这些信息的人没有得到时，就会出现问题。在沟通有关培训评估信息时，培训部门一定要做到不存偏见和有效率。一般来说，企业中有四种人是必须要得到培训评估结果的，分别是培训主管、管理决策层、受训员工和受训人员的直接经理。

## 4.3.2 培训效果的改进原则

要重视培训效果的改进，我们把注意力放在通过培训帮助员工成长上，只有员工成长了，企业自然也会成长，才会形成企业的竞争力，这才是培训真正的意义。如何做才能改进培训的效果，让尽量多的员工尽快从较低的阶段提升到高一级的水平。建议您遵循以下六条原则。

**1. 针对性原则**

培训一定要针对企业当前发展阶段要解决的问题，千万不要泛泛地学习，不要为培训而培训。

**2. 系统性原则**

企业以要解决的问题为导向，解决问题需要系统的方法，培训一定要有系统性，没有系统的学习，员工不可能变得专业。

**3. 持续性原则**

培训一定要持续性，突击培训无法得到可以期望的长效，而长效的作用，才是培训真正重要的效果。

**4. 特定性原则**

培训一定要针对特定人员给予特定的专业培训，而不是为了省钱让所有人听一样的课，这样的培训效果不好。

**5. 激励性原则**

培训一定要和员工的晋升结合起来，没有经过系统培训的员工不能得到晋升，同时，参加培训的员工，能力和绩效提升后，其收入要有所提高。

**6. 保障性原则**

培训一定要有固定的预算作为保障，每年应提取销售额的0.5~1.0%作为培训资金投入，这样才能落实培训计划，持续地实施培训。

### 4.3.3 培训效果的改进措施

要重视培训效果的改进，既要重视培训前的过程，也要重视培训真正的效果和实效性。培训效果的改进措施如下。

**1. 做到培训事前评估**

事前评估有助于保证培训效果，即改进培训过程的评估，让培训计划更加适合需求，获得定性数据，如对培训计划的看法。确保培训计划组织合理且实施顺利，受训者能够学习并对培训计划满意。

**2. 做到培训过程评估**

过程评估可改进培训计划的制订，识别培训计划的优势和不足，判断计划是否符合培训目的和需求，培训管理日程，场地和培训者使用的材料，明确哪些人在培训中受益较多，哪些人在培训受益较少。

**3. 及时调查和了解培训状况**

及时调查和了解培训状况，可得知学员吸收和应用新知识的情形，就可以更合理安排人员和人数，做到因材施教，有效利用培训资源，总结培训需要分析、规划、设计等方面存在的问题，从而采取措施纠正这些问题，形成一套系统的培训实施方法。

**4. 进行培训成本与效率分析**

通过培训成本与效率分析，评价培训计划的优缺点及可改进的措施，找出问题的根源所在，完善培训管理制度，提高培训的成效。

**5. 改进培训评估的精确度**

培训评估的精确度，证明培训与工作绩效提升存在的关系，要以目标为基础，培训效果评估必须是具体可行、合乎组织情势、以最终达成修正和完善培训计划为目的。

**6. 培训评估追求实用性**

培训评估要能为决策者提供实用的资料，能够满足制定决策的需要，确认与评估有关的人员，包括培训主管、培训设计者、培训发展者、培训参与者，确认评估者的专业技能是否能胜任评估工作，个人操守是否可信，评估结果是否能达到最高可信度。

**7. 为决策者提供有用信息**

确认评估资料的范围与选取，解决评估资料所需要的观点和程序，管理层决定着培训项目的未来。评估报告只有为妥善决策提供依据，才能继续投入更多的培训资金。

**8. 完善评估报告的清晰度**

评估报告要涵盖目的、程序和发现等重要内容，能让阅读者了解评估的来龙去脉。培训主管需要这些信息来改进培训项目。只有在得到反馈意见的基础上精益求精，培训项目才能得到提高。

**9. 持续优化的评估程序**

评估人员要来自不同的职能部门，且对评估有兴趣参加，保证评估报告的质量，评估报告切实可行，能满足应用者的需求。

**10. 评估要以结果为导向**

探讨学员获得培训目标必备的专业知识技能，继而判定课程的好坏及成本效益，可以帮助选择最适合的课程。学员应该知道自己的培训效果怎么样，并且将自己的业绩表现与其他人的业绩表现进行比较。这种意见反馈有助于他们继续努力，也有助于将来参加该培训项目学习的人员不断努力，采取结果评估。

**11. 评估要能证实效果**

在培训实施一段时间后，定期搜集、分析资料，以确定学员是否能继续表现其能力，或检视培训课程的持续效果，受训人员的直接经理要持续验证，帮助学员改进提高。

**12. 评估要反馈贡献度**

培训课程结束，学员回到岗位一段时间之后，培训管理部门应了解学员将其所学应用到工作上的程度，以及所学知识对用于其工作的实际贡献。

员工培训要提高学员的培训效果，注重所学用于组织运营的整体绩效。这是员工培训最切实际的目标。

## 4.4 【疑难解答】破解培训没有效果的误区

**1. 分析训练没有效果的原因**

员工培训是一个系统的管理过程，培训的效果好坏与培训需求分析、培训目标、培训计划和培训实施的各个环节的因素有关。训练没有效果的原因分析图，如图 4-1 所示。

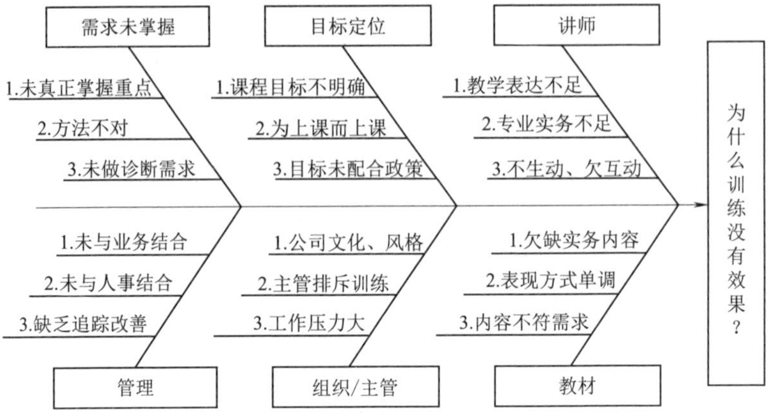


图 4-1　训练没有效果的原因分析图

**2. 破解培训没有效果的误区**

一个伟大的企业之所以伟大，不仅在于其品牌的外在影响力，更重要在于其内在建立的人才培训体系。比如，华为公司一把火烧掉照样能重新建立起新的华为，那是因为企业有健全有效的人才培养体系。但对于众多中小企业面临人才竞争压力更大，一方面要聘请即来可用的有经验人才，另一方面要快速培养自己的人才。然而，大部分中小企业投入资金建立培训体系，却没有明显的培训效果，其主要原因是存在三个误区。

（1）误区之一：只有培训管理体系，没有培训投入保障

企业的竞争体现在人才的竞争，认识到人才对企业的重要性，确立了人才是企业的一把手工程，如选拔人才骨干必须是一把手亲自参加；确立了避免空降人才、采用内部培养使用的原则，全面系统地加强人才选拔、培养、储备和使用体系建设，但没有计提培训基金作为保障，员工培训管理不能正常运作。如某电子科技公司人力资源部在做员工满意度调查时，“员工对培训工作不满意多次高居榜首”，原因是资金不到位，召开座谈会议，公司同意按照每年销售的 0.5%，计提培训基金，资金使用由人力资源部提交方案，按照一般费用流程核销使用，从此公司的培训工作日常化和计划化。

众多企业对于培训基本上是“三天打鱼两天晒网”，老板的“心血来潮之作”，根本没有形成规定，所以培训工作也就根本提不上日程。建立培训基金提取机制，以企业规定的形式固化下来，才能保证培训工作避免“巧妇难为无米之炊”的尴尬。

（2）误区之二：赶时髦听得过瘾，实践时却没有用

企业培训不能随波逐流，要结合企业的需求开展。企业日常都是由行政人员讲解企业文化、规章制度，老员工讲销售经验等，或者就是跟风参加名师讲座，于是关于各种各样的成功学、管理模式、战略管理，听时云来雾去，课后不知所云。有的培训老师水平良莠不齐，要慎重选择培训课程和培训师，一看资历，二要打听，三看讲义，四要试听。

要避免以上情形，一要明确培训对象，二要划分培训层次，三要调研各层次培训对象的培训需求。如针对部门经理可进行非人力资源经理的人力资源管理培训，针对销售骨干可进行销售和沟通技巧培训等，解决因地制宜的培训课题和师资之难，可从各岗位抽调骨干成员组成企业内部培训小组，针对企业基础性产品知识进行培训指导。

为了提高培训队伍和参加员工的重视，要进行培训效果的测评。一是测评培训师讲授质量，二是测评学员掌握程度。在每位老师培训结束后，当即进行民意调查，并在培训后一周之内进行培训内容考试。集中培训基金用于骨干员工提高性培训，作为一种福利和奖励来使用。培训不仅能提高员工工作技能，让员工的工作得心应手，更重要的是提高员工对企业满意度和忠诚度。

（3）误区之三：外来的和尚会念经，但也要切实有用

有些企业比较偏向聘请外面的老师，通过授课来解决企业的内部问题，认为培训就是邀请名师讲授，集中大家进行课堂传授这种传统方式。这对企业不同层次的员工很难做到因材施教，如对于初涉销售的员工，与其讲太多销售技巧，还不如老员工带领其去市场实践两个星期理解得深刻。如何与经销商交流与交往？这些都是难以从书本上学到的，当然对于市场营销策划、大客户开发等岗位，请一些实战型营销专家开展案例讨论，也会有一定的培训效果。

首先，培训前要选择培训方式，准备培训问题（案例），明确培训目标，并且做好受训对象需求调研，最好组织一次培训老师与受训代表的见面会，让老师与培训对象有个互相了解，培训老师知道学员特别希望掌握哪方面知识，希望以哪种方式进行沟通，学员的背景和基本素质。

其次，做好培训固化工作，一是学以致用，强调应用；二是总结培训应用经验，形成企业培训教材。

最后，开展导师制活动，营造传帮带氛围。企业员工是培训最好的老师，只

是其没有做老师的机会和意识，从而未能与别人分享。通过建立企业商学院、企业网上学校和内部培训师奖励机制等，鼓励大家制作培训教材，传授知识技能和经验，打造学习型组织。

员工培训管理是面向未来的系统工程，是企业提升竞争力关键所在。授之以鱼不如授之以渔，在培训中既能自我肯定，肯定的东西积累，又能自我否定，否定的东西变革，遵循否定之否定规则，持续提升企业的竞争能力，这也是众多知名企业基业长青的秘籍。

## 4.5 【案例分析】管理人员的培训效果评估

本节以“中层管理人员的培训效果评估”作为案例。

**1. 评估目的**

员工培训是人力资源管理的重要内容，通过培训能提升员工的知识、技能与工作态度，从而为企业战略的实施提供强有力的人才保障，为企业在市场竞争中赢得竞争优势。培训效果评估是培训的最后一个环节，科学的培训效果评估对于企业了解培训投资收益、界定培训实现的贡献度有重要作用。

**2. 评估对象**

主要是针对本企业中层管理人员中参加培训的学员。

**3. 评估层次的选定**

目前，国内外运用最为广泛的培训评估方法，是由唐纳德·L·柯克帕特里克提出的培训效果评估模型，包括四个阶段的评估。

反应层次评估：对培训的组织和实施以及培训本身的质量进行评价。

学习层次评估：评价学员对培训内容的掌握情况。

行为层次评估：评价培训给学员带来的行为上的改变。

绩效层次评估：评价培训是否使学员和组织的工作绩效得到提升。

从培训评估的深度和难度来看，柯氏培训评估模型依次包括反应层、学习层、行为层和绩效层四个层次。从理论上讲，随着培训评估层次的提高，可以看到培训所带来的更深层次的影响，能够发现培训项目的价值。但是，由于包括人、财、物在内的资源因素的限制，不可能对所有的培训项目都进行四个层次的培训效果评估。因此，在开展培训效果评估之前，对于每个培训项目，必须有针对性地选择培训效果评估的层次。

通过决策树分析来取舍每个培训课程的评估层次。但是无论是哪一个培训项目，第一层次的评估反应层次评估都是必需的，如图 4-2 所示。

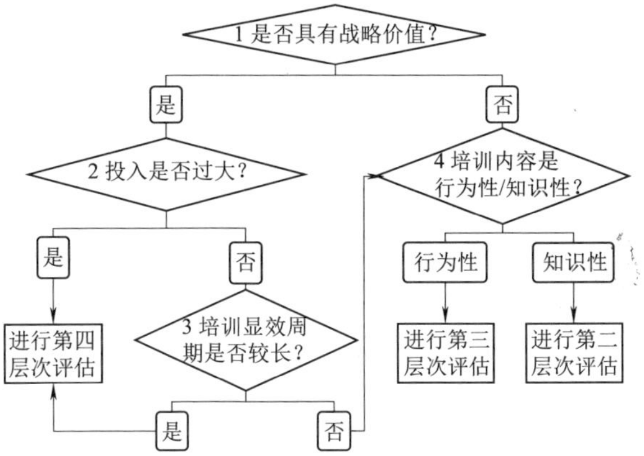


图 4-2　第一层次评估

从以上决策树的分析来看，此次关于企业中层管理者的培训属于行为性的，因此，我们决定对于反应层次和行为层次进行分析。

**4. 效果评估实施方法和步骤**

此次关于中层管理者的培训经过为期 141 天，共三期培训，每一期培训结束后都要进行受训人员的满意度和意见的调查。通过调查问卷的方式，来调查受训人员的满意度，通过座谈法等方式询问受训人员的意见和建议。最后在每期培训结束后都将这些意见和建议进行汇总分析，然后对下一学期培训计划进行修改完善，以帮助我们及时改正培训活动中出现的问题。最后，在第三期培训结束后对这三期培训进行总体的整理和存档，为下一次培训打下理论基础和提供宝贵的经验。下面分别就反应和行为两个层次进行详细的步骤实施。

（1）学员反应层次的评估

反应层次的评估指在培训刚结束之后，培训学员对培训项目的主观感受。反应层次分析主要是针对一期、二期结束后进行，信息获得最容易、最直接，是最基本、最普遍的评估方式。这个层次关注的是学员对培训项目及其有效性的知觉。

- 评估内容。

反应层次的评估包括对培训组织实施、培训后勤支持等两个方面的评估。两个方面包括的具体内容如表 4-16 所示。

表 4-16 培训组织实施、培训后勤支持

| 培训组织实施 | 培训后勤支持 |
|---|---|
| 培训目标是否合理明确<br>培训内容是否实用<br>培训教材是否完善<br>培训方法是否合适有效<br>培训讲师是否具备相应的教学态度、教学水平和教学方法<br>培训时间进度安排是否合理 | 组织培训的整个过程是否有条不紊<br>培训环境是否满足培训的要求<br>其他培训后勤支持是否及时满意 |

- 评估步骤及方法。

步骤一：即时评估。

方式：问卷调查。

具体操作方法：在培训结束之后，由培训助理发放培训评估问卷，就学员对培训的各方面进行问卷调查。之后，由培训助理对问卷进行回收，或者可以由培训信息管理人员将培训评估问卷通过电子邮件的形式，发放给各个学员，要求学员填写完毕之后，回寄给培训助理。培训评估问卷可以参考附录 1：反应层次评估——评估问卷。

步骤二：后续调研。

方式：小组座谈。

具体操作方法：在问卷调查结束之后，从学员中随机挑选一部分员工进行小组座谈，听取他们对该培训项目各方面的意见和建议。访谈提纲可参考附录 2：反应层次评估——小组讨论访谈提纲。

步骤三：评估报告。

方式：数据信息分析。

具体操作方法：对上述评估步骤进行定量和定性分析，将培训评估问卷的信息输入统计软件，对培训课程的各个方面进行统计分析；之后对小组座谈获得的信息进行定性分析；对定性分析和定量分析结果进行整合，撰写培训效果评估报告。

（2）学员行为层次的评估

行为层次的评估是要了解员工是否在实际的工作中运用了从培训中学到的东西，工作行为是否发生改变。即学员结束培训回到工作岗位上一段时间后（通常是三至六个月，主要依据为某项行为改变通常需要的时间），他的工作表现是否提高了或达到新的标准要求。由于员工行为的改变才是培训的直接目的，因此这

一层次的评估结果可以直接反映培训的实际效果，也是企业高层和直接主管更关心的，是培训效果评估中的一项重要内容，但这项评估操作比较复杂。

- 评估内容。

行为层次的评估是为了确定从培训项目中所学到的知识、技能和态度在多大程度上转化为实际工作行为的改进。因此评估的内容主要包括新知识、新技能应用的情况以及工作行为的变化。

- 评估方法及步骤。

较为普及且便于使用的行为评估方法有两种：行为评价量表法和行动计划法。培训管理者可以选择任意一种方式实行评估，或者将二者结合使用，在本次培训中我们考虑到存在一定的限制性因素，因此选择行为评价量表法。

行为评价量表是行为层评估中最常使用的工具，由相关人员对学员在培训开始前和培训结束后一段时间的工作行为表现分别进行评价，通过分析评分差异来判断学员在培训后是否采取了相应的行动。

使用行为评价量表进行评估的具体步骤如下。

步骤一：选择评估者。

具体操作方法：根据不同培训的具体内容，评估者可以是学员本人、上级主管、同事、直接下属或客户。通常为了客观起见，会要求学员本人对自身的行为现状进行评估的同时，再选择与学员的工作直接关联的其他人员对学员进行客观的评价，在学员的领导、同事、下属或客户当中选择几个具有代表性的人员。这种选择一般是与培训内容直接相关的。例如：培训人员管理技巧时，评估人比较适合选择学员的下属或直接上级；沟通协调能力的培训，则可以选择与学员共同合作的同事或有经常业务来往客户作为评估人。

在确定好评估者之后，由培训管理人员向被选定的评估人进行沟通，向他们说明邀请他们参加评估的目的，并作简要的评价量表填写指导。为了保证评估人提供的意见是客观、坦诚的，需要向被选定的评估人说明他们将以匿名的形式填写评价量表，他们提供的意见将在统计分析之后提供给学员本人作为改进的参考。

步骤二：进行培训前的现状评估。

具体操作方法：在培训实施之前，由培训管理人员发放行为评价量表，被选定的评估者（学员本人、主管、同事、下属或客户）就学员现有的某项行为表现进行评价。之后，由培训管理人员对量表进行回收、统计、存档。评价量表的方法与回收也可以通过电子邮件的形式进行。行为评价量表可以参考附录3：行为层次评估——行为评价量表（自我评估），附录4：行为层次评估——行为评价量表（下属评估）。

步骤三：进行培训后的二次评估。

具体操作方法：确定二次评估的时间。在培训结束后需要间隔一段时间，通常是三个月至六个月，具体时间应根据培训内容的复杂程度和相关知识技能应用导致行为改变所需要的时间来确定，如评估的是某项具体的技能应用情况，时间间隔可以短些；若是像管理培训这类复杂或综合的内容，时间间隔需要长些，三个月至六个月，甚至更长。

由选定的评估者填写内容相同的行为评价量表，针对该学员培训后的工作行为表现进行评价打分。具体操作方法同步骤二。

步骤四：分析量表与形成报告。

具体操作方法：比较培训前评估结果与培训后二次评估的结果，从差异分析了解培训内容是否得到了应用，学员的工作行为在多大程度上发生了改变。

评估表中的总分变化体现学员总体行为是否有改变；单项行动的分数变化体现学员对每一项行动的变化情况。

**5. 评估效果的总结**

通过本次调查，结合学员的结业考核成绩，对此次培训项目给出公正合理的评估报告。学员积极并且配合调研，态度端正、积极。参加过调研的学员在培训中表现优秀，虚心听讲，勇于发言。

受训者总人数的25% 参加第一期培训，人力资源部对于第一期培训进行评估和反馈，提出第一期培训出现问题的解决方案和第二批培训的改进措施。受训者总人数的35% 参加第二期培训，人力资源部对于第二期培训进行评估和反馈，提出第二期培训出现问题的解决方案和第三期培训的改进措施。受训者总人数的45% 参加第三期培训。通过此次三项培训，培训结束后的最终评估，书面保存，为下一次的培训提供宝贵经验。

外部客户通过对调查结果以及评估结论进行判断，最终判断出客户对工作的满意度，从而达到提升的效果。通过员工的士气、精神面貌、沟通效率判断内部员工的满意度。

针对学员的现状，结合本次培训实施情况，提供有系统的培训课程，帮助督导队伍获得全面的、整体的素质和能力的提升。

评估报告表见附录5。

### 6. 附录

附录 1：反应层次评估——评估问卷。

以下是内部培训评估表，如表 4-17 所示。

请帮助我们完成以下评估问题，告诉我们您对本次培训的评估。这将有助于我们全面评估培训工作的效果。您的建议和评价也将极好地帮助我们安排将来的课程，从而能够更好地满足您的需求，读完每一项陈述后，请您在认为合适的数字上画圈，并且写出您的建议。

**表 4-17　内部培训评估表**

| 培训课程 | | 讲师 | | 培训日期 | | | |
|---|---|---|---|---|---|---|---|
| 序号 | 调查项目 | 根据自己感受，填写评价得分 | | | | | 得分 |
| | | 1 分 | 2 分 | 3 分 | 4 分 | 5 分 | |
| 1 | 您如何评价本培训课程的目标 | 很不明确 | 不明确 | 一般 | 明确 | 非常明确 | |
| 2 | 您如何评价本培训课程的培训内容 | 很不实用 | 不实用 | 一般 | 实用 | 非常实用 | |
| 3 | 您如何评价本培训课程的培训教材 | 很不完善 | 不完善 | 一般 | 完善 | 非常完善 | |
| 4 | 您如何评价本培训课程的培训方法 | 很不恰当 | 不恰当 | 一般 | 恰当 | 非常恰当 | |
| 5 | 您如何评价本培训课程的培训讲师的授课水准（教学态度、教学水平、教学方法） | 很不实用 | 不实用 | 一般 | 实用 | 非常实用 | |
| 6 | 您如何评价本培训课程的时间进度安排（时间长短、快慢等） | 很不合理 | 不合理 | 一般 | 合理 | 非常合理 | |
| 7 | 您如何评价本培训课程的组织过程（计划、安排是否妥当、全面） | 很差 | 较差 | 一般 | 较好 | 非常好 | |
| 8 | 您如何评价本培训课程的培训环境（场地和设施是否舒适、方便） | 很差 | 较差 | 一般 | 较好 | 非常好 | |
| 9 | 您如何评价本培训课程的后勤安排（食宿安排，交通安排） | 很差 | 较差 | 一般 | 较好 | 非常好 | |
| 10 | 您是否认为这次培训课程能够有助于你日后的工作 | 很没有用 | 没有用 | 一般 | 较有用 | 非常有用 | |
| 综合得分 | | | | | | | |
| 您针对以上 10 个问题的补充建议有哪些？<br>1.<br>2.<br>3.<br>为了帮助我们更好地组织此类培训，您还有什么建议？<br>1.<br>2.<br>3.<br>本次调查表将作为改善培训管理所用，感谢您的支持与配合！<br>人力资源部　2020/08/23 | | | | | | | |

附录2：反应层次评估——小组讨论访谈提纲。

（1）一般性问题

经过本次培训课程，您最大的收获是什么？

在培训之前您有什么期望？您觉得本次培训达到您的期望了吗？

您觉得本次培训课程最需要改进的地方在哪里？怎么进行改进？

（2）细节性问题

本次培训课程的培训目标是否清晰明确？

本次培训课程的培训内容是否实用？

本次培训课程的培训教材有无需要改进的地方？

本次培训课程运用的培训课件是否有效？

本次培训课程采取的培训方法是否恰当有效？能否有助于您对培训内容的理解？

您对本次培训课程的培训讲师的评价如何？

培训讲师是否表现出对培训内容的精深把握？

培训讲师的培训技能如何？有哪些急待提升的方面？

本次培训课程的时间安排、进度是否合理？有没有控制不当的情况？

您对本次培训的组织有什么评价？有没有什么安排不周到的地方？

本次培训的培训环境是否舒适，您对培训设备是否满意？

您对本次培训的食宿安排、交通安排是否满意？

附录3：行为层次评估——行为评价量表（自我评估），如表4-18所示。

学员根据自己平时在以下行为方面出现的频率、投入的时间多少，在每一个行为项目后选择最符合自己情况的选项。

**表4-18 行为评价量表**（自我评估）

| 行为项目 | 投入的时间和关注的程度 | | | | |
|---|---|---|---|---|---|
| 1 = 基本不关注；2 = 关注一些；3 = 一般关注；4 = 比较关注；5 = 非常关注 | | | | | |
| | 1 | 2 | 3 | 4 | 5 |
| 1. 接触和了解员工 | | | | | |
| 2. 倾听员工 | | | | | |
| 3. 对下属好的行为给予表扬 | | | | | |
| 4. 和员工谈论有关其生活、家庭的话题 | | | | | |
| 5. 征询下属意见 | | | | | |

续表

| 行为项目 | 投入的时间和关注的程度 | | | | |
|---|---|---|---|---|---|
| 6. 和新员工沟通过去的工作经历 | | | | | |
| 7. 帮助员工建立与其他同事的联系 | | | | | |
| 8. 当下属工作出现失误时，能及时指出并帮助其改进 | | | | | |
| 9. 在工作中创造机会锻炼下属 | | | | | |
| …… | | | | | |

附录4：行为层次评估——行为评价量表（下属评估），如表4-19所示。

作为被评估人的直接下属员工，请判断被评估人在下列各项行为中的表现，在多大程度上符合行为描述，根据你认为的表现程度选择相应的选项。

**表4-19 行为评价量表（下属评估）**

| 行为项目 | 行为表现定级 | | | | |
|---|---|---|---|---|---|
| 1 = 非常不符合；2 = 比较不符合；3 = 一般；4 = 比较符合；5 = 非常符合 | | | | | |
| | 1 | 2 | 3 | 4 | 5 |
| 1. 经理对我的工作很了解 | | | | | |
| 2. 经理愿意花时间听我反映问题和意见 | | | | | |
| 3. 当我工作做出成绩时，经理都及时赞扬我 | | | | | |
| 4. 经理关心我的工作/生活平衡问题 | | | | | |
| 5. 经理在工作中会主动寻求我的想法和意见 | | | | | |
| 6. 经理会主动地和我讨论我的经验和特长 | | | | | |
| 7. 经理会鼓励和帮助我与其他同事的合作 | | | | | |
| 8. 经理会指出并帮助我改进工作中的失误 | | | | | |
| 9. 经理给我提供足够的工作锻炼机会 | | | | | |
| …… | | | | | |

附录5：评估报告表，如表4-20所示。

**表4-20 评估报告表**

| | | | |
|---|---|---|---|
| 培训项目名称 | | 培训对象 | |
| 培训日期 | | 培训单位 | |
| 培训目标 | | 预期效果 | |
| 培训内容 | | | |
| 培训类型 | A 新员工培训　B 管理人员培训　C 技术人员培训 | | |

| | |
|---|---|
| 教材来源 | A 讲师推荐　B 培训者自备 |
| 培训方法 | A 讲授法　B 工作轮换法　C 研讨法　D 视听技术法　E 角色扮演法 |
| 培训方式 | A 在职培训　B 职外培训　C 企业内讲授　D 企业外讲授 |
| 培训费用 | A 人事________　B 器材________　C 杂费________ |
| 培训结果运用情况 | |
| 此次培训的意义和局限 | |
| 改进意见 | |

## 4.6 【HR 应知】培训效果的评估模型

在培训效果评估过程中，常用的培训效果评估模型主要有五个，即柯氏四级评估模型、考夫曼五层次评估模型、菲利普斯五级投资回报率模型、CIRO 评估模型、CIPP 评估模型。

### 1. 柯氏四级评估模型

柯氏四级评估模型是由国际著名学者唐纳德·L·柯克帕特里克于 1959 年提出的。柯氏四级评估模型是目前应用最为广泛的培训效果评估模型，它简单、全面，有很强的系统性和可操作性。柯氏四级评估模型如表 4-21 所示。

表 4-21　柯氏四级评估模型

| 评估层次 | 评估内容 |
|---|---|
| 反应评估 | 学员对培训组织、培训讲师、培训课程的满意度 |
| 学习评估 | 学员在知识、技能、态度、行为方式等方面的学习收获 |
| 行为评估 | 学员在工作过程中态度、行为方式的变化和改进 |
| 结果评估 | 学员在一定时期内取得的生产经营或技术管理方面的业绩 |

在运用柯氏四级评估模型进行培训效果评估时，针对不同的培训评估层级，可以应用不同的评估方法，具体如表 4-22 所示。

表 4-22 柯氏四级评估各评估层次的评估内容与适用方法

| 评估层次 | 评估方法 | 评估时间 | 评估部门/人员 | 优缺点 |
|---|---|---|---|---|
| 反应评估 | 1. 访谈法<br>2. 观察法<br>3. 问卷调查<br>4. 电话调查<br>5. 综合座谈法 | 培训结束时 | 企业人力资源部 | 优点：简单易行<br>缺点：主观性较强。容易以偏概全，即很容易因为学员的个人喜恶而影响评估结果 |
| 学习评估 | 1. 学员演讲<br>2. 提问法<br>3. 笔式法<br>4. 口试法<br>5. 角色扮演<br>6. 写作心得报告等 | 培训进行时、培训结束时 | 企业人力资源部 | 优点：给学员和讲师一定压力，使之更好地学习和完成培训<br>缺点：依赖于测试方法的可信度和测试难度是否合适 |
| 行为评估 | 1. 问卷调查<br>2. 行为观察<br>3. 绩效评估<br>4. 任务项目法<br>5. 360 度评估<br>6. 管理能力评鉴 | 培训结束三个月或半年后 | 学员的直接上级主管 | 优点：可直接反映培训的效果，使企业高层和主管看到培训效果后更支持培训<br>缺点：实施有难度，要花费很多时间和精力，难以剔除不相干因素干扰 |
| 结果评估 | 1. 生产率<br>2. 离职率<br>3. 客户市场调查<br>4. 成本效益分析<br>5. 360 度满意度调查<br>6. 个人与组织绩效指标 | 半年或一两年后员工以及企业的绩效评估 | 企业人力资源部 | 优点：量化翔实、令人信服的数据不仅可以消除企业高层对培训投资的疑虑，而且可以指导培训课程计划，把培训费用用到最能为企业创造经济效益的课程中<br>缺点：耗时长，经验少，目前评估技术不完善，简单的数字对比意义不大，必须分辨哪些结果是与培训有关且有多大关联 |

### 2. 考夫曼五层次评估模型

考夫曼扩展了唐纳德·L·柯克帕特里克的四层次模型，他认为培训能否成功，培训前各种资源的获得是至关重要的，因而，他在模型第一层次中加上了对资源获得可能性的评估。

考夫曼还认为培训所产生的效果不应该仅仅对本企业有益，它最终还会作用于企业所处的环境，从而给企业带来效益。因而，他又加上了一个层次，即评估社会和客户的反应，从而形成了五个层次评估模型，具体如表 4-23 所示。

表 4-23 考夫曼五层次评估模型

| 评估层次 | | 评估内容 |
|---|---|---|
| 1 | 可能性和反应评估 | 可能性因素说明的是针对确保培训成功所必需的各种资源的有效性、可用性、质量等问题 |
| | | 反应因素旨在说明方法、手段和程序的接受情况和效用情况 |
| 2 | 掌握评估 | 用来评估学员的掌握能力情况 |
| 3 | 应用评估 | 评估学员在接受培训项目之后，其在工作中知识、技能的应用情况 |
| 4 | 企业效益评估 | 评估培训项目对企业的贡献和报偿情况 |
| 5 | 社会效益产出 | 评估社会和客户的反应等情况 |

**3. 菲利普斯五级投资回报率模型**

1996 年，菲利普斯（Phillips）提出五级投资回报率模型，该模型在柯氏四级评估模型的基础上加入了第五个层次，即投资回报率。

投资回报率是一个较为宽泛的概念，可以包含培训项目的任何效益，这里将投资回报率看作培训项目的成本和效益相比后所得出的实际价值。该模型也是目前比较常用的一种培训成果评估模型。

**4. CIRO 评估模型**

CIRO 评估模型是由奥尔（Warr）、伯德（Bird）和拉克姆（Rackham）创建的。CIRO 模型的四个字母分别代表模型中的四项评估活动，即背景评估（Context Evaluation）、输入评估（Input Evaluation）、反应评估（Reaction Evaluation）、输出评估（Output Evaluation）。该模型属于过程性评估模型，其模型说明如表 4-24 所示。

表 4-24 CIRO 评估模型

| 阶段评估 | 阶段评估任务 | 阶段评估任务说明 |
|---|---|---|
| 背景评估 | 确认培训的必要性 | 1. 收集和分析有关人力资源开发的信息<br>2. 分析和确定培训需求与培训目标 |
| 输入评估 | 确定培训的可能性 | 1. 收集和汇总可利用的培训资源信息<br>2. 评估和选择培训资源——对可利用的培训资源进行利弊分析<br>3. 确定人力资源培训的实施战略与方法 |
| 反应评估 | 提高培训的有效性 | 1. 收集和分析学员的反馈信息<br>2. 改进培训运作程序 |
| 输出评估 | 检验培训的结果 | 1. 收集和分析同培训结果相关的信息<br>2. 评价与确定培训的结果 |

### 5. CIPP 评估模型

CIPP 评估模型，即“背景（Context）—输入（Input）—过程（Process）—成果（Product）”评估模型，该模型是由美国的斯塔弗比姆在 1967 年提出的。CIPP 评估模型是将培训项目本身作为一个对象进行分析，它强调评估手段在各个阶段的应用，目的是及时发现问题并进行改善。该模型也属于过程性评估模型，其模型说明如表 4-25 所示。

表 4-25　CIPP 评估模型

| 阶段评估 | 阶段评估任务说明 |
| --- | --- |
| 背景评估 | 该阶段评估的主要任务是确定培训需求以及设定培训的目标。具体包括了解相关环境、分析培训需求、鉴别培训机会、确定培训目标等 |
| 输入评估 | 该阶段评估的主要任务是评估培训资源和培训项目。具体包括收集培训资源信息、评估培训资源、评估项目规划是否有效地利用了资源、是否能够达到预期目标以及是否需要外部资源的帮助等 |
| 过程评估 | 该阶段评估任务主要是通过评估，为实施培训项目的人员提供反馈信息，以使他们能在后续的培训过程中进行改进和完善 |
| 成果评估 | 该阶段评估主要是对培训是否达到预期目标进行评估。具体评估任务包括评估学员的满意度、知识和技能的增加情况、行为的改善情况以及个人和组织绩效的提高情况等 |

# 5 新员工入职的培训管理

# 5.1 入职培训的课程设计

新员工入职培训指针对新进员工和新到岗位任职的员工开展的培训，也可称作入职教育或岗前培训。新进员工培训的主要目的是把企业的使命、愿景、价值观、行为准则、企业概况和岗位职责传达给每一位新员工，以指导新员工快速适应企业环境，尽快进入工作角色。

新员工入职培训对新员工的作用主要体现在以下三方面。

①使新员工了解企业的发展概况、规章制度和发展前景，减少新员工初到新环境、新岗位时的紧张和不安情绪，使之尽快适应新环境和新工作。

②使新员工快速熟悉自己的岗位工作，明确自己的职责，帮助新员工更快胜任本职工作。

③营造良好的人际关系氛围，使新员工快速融入团队，减少因不同的工作背景带来的“文化冲击”，增强全体员工的团队合作的意识。

新员工入职培训对企业的作用主要体现在以下三方面。

①可以让新员工迅速了解企业，增强员工的团队合作意识。

②可以使新员工快速了解自己的工作，从而迅速进入角色。

③可以提高新员工胜任工作的能力，从而提高企业的运营效率。

## 5.1.1 入职培训的课程内容

新员工入职培训内容涉及企业概况、企业文化、规章制度、业务培训、环境熟悉等方面，不同企业可根据各自实际情况确定新员工培训内容。

**1. 企业概况**

①企业文化方面，包括让新员工了解企业的历史、企业使命、愿景和价值观，经营管理理念、行为准则、企业精神、企业的发展目标等。

②企业的产品和服务。

③企业的品牌地位和市场占有率。

④企业大事记、组织结构。

⑤企业创始人的先进事迹等。

**2. 规章制度**

企业规章制度涉及的内容较多，通常会把与员工切身利益的制度进行讲解，具体如下。

①员工行为规范。

②入职管理制度。

③离职管理制度。

④考勤管理制度。

⑤请假管理制度。

⑥薪酬管理制度。

⑦福利管理制度。

⑧培训管理制度。

⑨安全管理制度。

⑩保密管理制度。

⑪奖励管理制度。

⑫培训管理制度。

⑬失职管理制度。

⑭违纪管理制度。

⑮惩处管理制度。

⑯解聘管理制度。

⑰劳动争议解决管理制度。

⑱任职资格评定管理制度。

**3. 业务培训**

业务培训包括本企业产品或服务的基本知识、企业的基本生产经营特点，本部门的主要职责、基本的工作流程、工作要求及操作要领等。

**4. 企业的内外部环境**

企业宏观环境包括企业的历史、现状、行业地位、发展趋势、目标、优劣势、组织结构、部门职能、产品和服务、经营计划、市场战略、质量方针、企业文化与传统以及经营理念等。

**5. 熟悉新的工作环境**

组织新员工参观工厂，让新员工了解与其工作、生活密切相关的部门和场所，如工厂区、培训区、会议区、宿舍区、食堂区及运动休闲区等。

## 5.1.2 入职培训的课程案例

入职培训的课程设计与企业规模、所在行业、产品、服务及企业管理水平等因素有关，因此，要遵循切合实际和高效实用的原则。

由于企业的培训资源有限，入职培训的课程设计要有针对性，根据新员工培训的目的及其内容，编制课程。以浙江某集团公司 2020 年对新员工入职培训的课程为例，新员工入职培训课程安排如表 5-1 所示。

**表 5-1　某集团公司 2020 年度新员工入职培训课程**

<table>
<tr><th colspan="2">培训课程</th><th>培训课时</th><th>培训时间</th><th>培训地点</th><th>培训讲师</th></tr>
<tr><td colspan="2">对新员工致欢迎词</td><td rowspan="5">3 小时</td><td rowspan="7">4 月 15 日<br>8:00～12:00</td><td rowspan="5">会议室</td><td rowspan="5">公司领导</td></tr>
<tr><td colspan="2">公司历史、企业文化、经营目标</td></tr>
<tr><td colspan="2">公司组织结构和主要业务模块</td></tr>
<tr><td colspan="2">公司政策与福利、公司相关流程</td></tr>
<tr><td colspan="2">发放公司资料并回答新员工提问</td></tr>
<tr><td colspan="2">公司主要领导介绍</td><td rowspan="2">1 小时</td><td rowspan="2">会议室</td><td rowspan="2">人力资源部经理</td></tr>
<tr><td colspan="2">介绍员工所在部门同事</td></tr>
<tr><td colspan="2">公司人力资源部管理制度</td><td rowspan="2">4 小时</td><td rowspan="2">4 月 15 日<br>1:30～5:30</td><td rowspan="2">人力资源部</td><td rowspan="2">培训主管</td></tr>
<tr><td colspan="2">公司财务管理制度</td></tr>
<tr><td colspan="2">公司行政办公管理制度</td><td></td><td></td><td></td><td></td></tr>
<tr><td colspan="2">部门经理向新员工致欢迎辞</td><td rowspan="2">4 小时</td><td rowspan="2">4 月 15 日<br>8:00～12:00</td><td>本部门</td><td rowspan="2">部门经理</td></tr>
<tr><td colspan="2">部门组织结构与功能介绍</td><td>本部门</td></tr>
<tr><td colspan="2">部门内部规章管理制度</td><td>3 小时</td><td rowspan="2">4 月 15 日<br>1:30～5:30</td><td>本部门</td><td>部门主管</td></tr>
<tr><td colspan="2">新员工工作描述与职责要求</td><td>1 小时</td><td>本部门</td><td>指导老师</td></tr>
<tr><td colspan="2">新员工工作技能与技巧培训</td><td>16 小时</td><td>4 月 16 日—17 日</td><td>本部门</td><td>指导老师</td></tr>
<tr><td colspan="2">新技能和方法培训</td><td>8 小时</td><td>4 月 18 日</td><td>本部门</td><td>外聘讲师</td></tr>
<tr><td>编制/日期</td><td></td><td>审核/日期</td><td></td><td>批准/日期</td><td></td></tr>
</table>

入职培训在实际应用中非常频繁，中小型企业越来越重视新员工的入职培训，目的是通过加强新员工的管理，尽快让新员工熟悉企业的环境，了解企业和产品，明确岗位职责，熟悉业务流程，快速适应新的工作，提高企业劳动生产率，更好地为企业创造价值。因此，人力资源管理部门将入职培训列入最基本的培训课程，并持续改进培训效果，实现部门的管理价值。以某制造企业的新员工

入职培训内容为例，新员工入职培训内容如表 5-2 所示。

表 5-2　某制造企业 2020 年度新员工入职培训内容

| 序号 | 培训项目 | |
|---|---|---|
| 1 | 欢迎新员工，致欢迎词 | |
| 2 | 培训计划简介 | |
| 3 | 工作环境简介 | |
| 4 | 公司概况 | （1）公司基本情况<br>（2）发展历史、企业文化、经营理念和未来发展方向<br>（3）公司组织结构说明 |
| 5 | 人员介绍 | （1）介绍公司主要高层领导<br>（2）介绍各级主管<br>（3）介绍部门同事<br>（4）员工自我介绍 |
| 6 | 规章制度 | （1）员工行为规范<br>（2）作息及签到规则<br>（3）休息和用餐规则<br>（4）服务礼仪和接待规定<br>（5）办公自动化使用规定<br>（6）休假和加班管理制度<br>（7）劳动合同条款<br>（8）新员工入职须知 |
| 7 | 学习《员工手册》的内容 | |
| 8 | 部门本岗位职责与绩效标准 | |
| 9 | 紧急事故及灾害处理办法 | |
| 10 | 安全生产知识多媒体培训 | |

# 5.2　入职培训的实施规范

## 5.2.1　入职培训的前期准备

培训管理部门负责组织新员工的入职培训工作，培训前还应该提前准备培训人员的生活安排、培训器材的准备、培训场地的管理等。另外，还要准备以下事项。

①致新员工欢迎词。

②介绍新员工与本部门其他员工认识。

③准备好新员工办公场所、办公用品等办公必需品。

④发放新员工培训的部门培训资料。

⑤指定一位资深员工作为新员工的导师。

⑥准备好布置给新员工的第一项工作任务。

充足的培训资料是培训活动得以顺利实施的保证。在新员工培训中，通常需要准备培训资料，如图5-1所示。

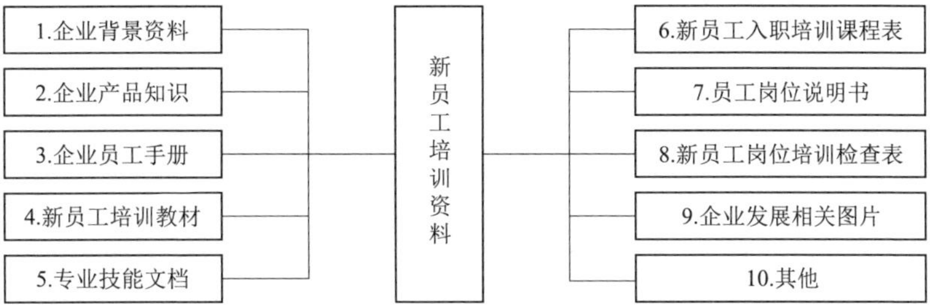


图5-1　需要准备的新员工培训资料

培训人员准备主要包括培训讲师准备和培训组织者准备两部分，具体要求如表5-3所示。

**表5-3　培训人员准备要求及内容**

| 人员类型 | 基本要求 | 准备内容 |
|---|---|---|
| 培训讲师 | 熟悉培训所涉及内容和方法，具有培训经验并掌握培训技巧 | 授课教案和方法准备 |
| 培训组织者 | 熟悉培训整理流程，办事细致周全，思维敏捷，能够独立处理突发事件 | 培训所需资料、新员工培训前调查问卷、培训日程安排表、员工签到表等 |

由于培训内容和方法的不同，将会选取不同的培训设备和工具，如投影仪、幻灯机、黑板、白板、麦克风等设备。培训前应根据培训计划安排，确保这些培训设备具体落实到位、运行状态良好。新员工培训不是企业人力资源部一个部门的事情。对于新员工培训的这项工作，一定要明确人力资源部、高层管理者、岗位所在部门负责人、相关部门负责人的职责，并在各自部门和岗位的考核中予以体现，以保证各岗位和部门担负起各自应尽的职责。

## 5.2.2　入职培训时间的选择

新员工培训对员工入职后的工作态度、工作表现都具有重要影响，因此企业应选择恰当的培训时间和合理的培训期限对新员工开展培训。

①入职培训应选择在新员工入职初期完成，以确保新员工认同企业文化，端正工作态度，燃起工作热情。

②新员工分散到各部门后，各部门应组织相应的培训。但由于新员工岗位职责、技能要求以及部门培训计划等情况不同，培训时间的选择也有差异，新员工部门入职培训时间应视各部门培训需求状况进行选择。

在确定好培训时间以后，还要对新员工的培训日程做好安排，并形成正式文件发给新员工。表5-4是某集团公司新员工入职培训日程安排表。

**表5-4 某集团公司新员工入职培训日程安排表**

| 培训日期 | 培训内容 | 培训老师 |
| --- | --- | --- |
| 2020年8月12日<br>(8:30～11:30) | 致新员工欢迎词、新员工培训计划安排、公司概况、公司中长期发展规划、公司人员介绍等 | 行政总监 |
| 2020年8月12日<br>(14:00～17:00) | 个人素养、礼仪规范、消防安全知识、紧急事故及灾害处理方法等 | 行政部经理 |
| 2020年8月13日<br>(8:30～11:30) | 公司奖惩制度、考勤管理制度、人事管理制度、财务报销流程等 | 人事部经理 |
| 2020年8月13日<br>(14:00～17:00) | 学习《员工手册》的内容、解答新员工的问题等 | 人事部主管 |
| 2020年8月14日<br>(8:30～11:30) | 部门结构与职能、部门内的管理规定、工作描述与职责要求等 | 生产部经理 |
| 2020年8月14日<br>(14:00～17:00) | 安全教育培训、新员工工作任务安排等 | 生产部主管 |

## 5.2.3 入职培训地点的确定

新员工培训场地的选择应确保培训在实施过程中不被中断或干扰，根据培训方式的不同，培训地点的选择也会有所不同。

①拓展性训练多在室外或者专门的拓展训练基地进行。

②理论性或知识性培训多选在培训室内，室内的空间、温度、光线等条件应适宜。

## 5.2.4 入职培训方法的确定

新员工培训的形式多种多样，如课堂讲授法、多媒体教学法、工作指导法、角色扮演法、工作轮换法等，详见新员工培训方法介绍（如表5-5所示），企业可以根据自己的实际情况选择采用。

表5-5 新员工常用培训方法介绍

| 培训方法 | 操作介绍 | 适用范围举例 |
| --- | --- | --- |
| 课堂讲授法 | 培训讲师通过讲授方式对新员工进行培训 | 规章制度培训、企业文化培训、岗位职责培训等 |
| 工作座谈法 | 公司内部领导、老员工、专家能手能以与新员工座谈的方式进行培训 | 职业基本素质培训 |
| 多媒体教学法 | 利用现代化多媒体设备，如投影仪、电视录像等进行辅助教学 | 操作标准培训、质量管理培训、安全教育培训等 |
| 工作指导法 | 由专业技术人员对新员工进行一对一指导 | 专业知识和技能培训。操作方法与技巧培训等 |
| 角色扮演法 | 新员工在专业培训讲师指导下，在模拟的环境中扮演在新工作岗位中需要担任的角色 | 操作流程培训、工作方法和技巧培训等 |
| 工作轮换法 | 新员工在不同部门、岗位轮流进行学习和锻炼 | 为了使员工在部门内尽早了解到工作全貌，同时也为了进一步适应性考察的培训 |
| 户外拓展法 | 通过开展户外活动，在活动中锻炼和培养新员工 | 团队与沟通的培训 |

### 5.2.5 入职培训讲师的选择

涉及与企业、部门及工作密切相关的新员工入职培训课程，培训老师最好由企业内部人员担任，因为企业内部人员才是最熟悉企业的人。企业高层领导、人力资源部经理、部门主管、专业技术人员都可以被邀请来就不同的内容给新员工进行入职培训。

涉及提高新员工个人职业素养的入职培训课程，如时间管理、商务礼仪、人际沟通等方面的培训，可以请专职的培训老师来讲授。

同时，为了取得良好的培训效果，新员工的入职培训应该安排一位高层领导参加，以表明企业对新员工的重视。

新员工入职培训的实施规范，主要阐述培训前的准备工作及培训时间、培训地点、培训方法和培训讲师的实施规范等，其他培训细节也要重视。

## 5.3 入职培训的效果评估

新员工入职培训评估，包括培训效果评估、培训组织评估、培训讲师评估等，通过入职培训效果评估，让公司相关部门了解新员工熟悉工作和生活环境的状况，有利于入职培训的改进，培训评估内容如表 5-6 所示。

表 5-6　新员工入职培训评估内容

| 评估项目 | 评估内容 |
|---|---|
| 培训效果评估 | 新员工对于培训内容的理解、掌握及应用程度 |
| 培训组织评估 | 培训时间安排是否合理、培训场地是否适宜、培训期间食宿安排是否到位等 |
| 培训讲师评估 | 评估培训讲师在培训过程中培训主题是否清晰、培训内容是否符合逻辑、培训方法使用是否恰当等 |

## 5. 3. 1　入职培训效果的评估方法

新员工入职培训内容不同，评估方式也会有所不同。在培训效果的评估中，培训管理部门可视具体情况进行选择，下面介绍几种常用的入职培训效果评估的方法。

**1. 测试法**

测试法就是由培训讲师或培训组织人员编制试题，在培训结束的时候或结束后一定时间，对新员工掌握培训知识的程度进行评估测试的一种方法。该方法实施的关键在于设计一份合理的、能反映学员实际学习效果的试卷。

**2. 现场操作考试**

新员工在经过专门培训后，需进行现场操作考试，以测试新员工在培训后对专业技能的掌握程度。表 5-7 是某生产制造企业测试新员工现场操作考试的成绩记录表。

表 5-7　新员工现场操作考试记录表

| 考核内容 | 优　秀 | 良　好 | 一　般 | 较　差 |
|---|---|---|---|---|
| 生产产品的质量 | | | | |
| 工作安全保证 | | | | |
| 工作环境维护 | | | | |
| 操作的认真程度 | | | | |
| …… | | | | |
| 说明：优秀、良好、一般、较差等级别的评定标准同正式员工一致 | | | | |

**3. 问卷调查法**

问卷调查法是借助预先设计好的问卷，在培训课程结束时向调查对象了解各方面信息的方法。表 5-8 为新员工自我评估表。

**表 5-8　新员工自我评估表**

| 姓　名 | | 部　门 | | | 职　位 | |
|---|---|---|---|---|---|---|
| 岗位类别 | | 入职时间 | | | 直接上司 | |
| 对培训内容掌握程度 | | | | | | |
| 培训项目 | 培训内容 | | 优 | 良 | 一　般 | 差 |
| 公司入职培训 | 公司发展历史 | | | | | |
| | 公司愿景、价值观、理念等 | | | | | |
| | 公司组织框架和机构设置 | | | | | |
| | 员工考勤、作息、用餐安排 | | | | | |
| | 员工应遵守的行为规范 | | | | | |
| | 员工礼仪常识 | | | | | |
| | 员工绩效管理 | | | | | |
| | 员工奖惩条例 | | | | | |
| | 员工异动程序 | | | | | |
| 部门入职培训 | 对本部门及相关部门的认知 | | | | | |
| | 对部门经理、上司、同事的认知 | | | | | |
| | 对部门规章制度的了解 | | | | | |
| | 对新员工岗位的认知 | | | | | |
| | 对专业知识和技能的掌握程度 | | | | | |
| 参与培训的态度 | | | | | | |
| 培训中心纪律的遵守 | | | | | | |
| 培训中仪容仪表展现 | | | | | | |
| 培训后工作效率的提高程度 | | | | | | |
| 员工签名： | | | | 日期： | 年　月 | 日 |

通过新员工自我评估，可以让新员工复习和总结培训内容，同时，也可在调查问卷中让新员工反省自己所学的内容，增加思考的空间，增强对公司的认识，进一步对岗位职责加深理解，检讨自己的培训态度和表现，促使新员工重视以后的培训，培训管理部门对新员工培训应事先说明培训的检查标准和有关要求，有要求的管理，才会更有效果。

培训讲师对新员工的培训评估，是从另一个角度来评估新员工入职培训的状况，可以让公司更全面地获得培训效果的信息。培训评估表如表 5-9 所示。

表 5-9　培训讲师对新员工的培训评估表

| 培训对象 | | 培训课程 | | 培训时间 | |
|---|---|---|---|---|---|
| 新员工对培训内容的整体把握 | | □非常满意　□较满意　□一般　□不满意 | | | |
| 新员工对培训内容的理解能力 | | □非常满意　□较满意　□一般　□不满意 | | | |
| 新员工培训中的反应能力 | | □非常满意　□较满意　□一般　□不满意 | | | |
| 新员工培训中的出勤状况 | | □非常满意　□较满意　□一般　□不满意 | | | |
| 新员工培训中的参与状况 | | □非常满意　□较满意　□一般　□不满意 | | | |
| 新员工对培训纪律的遵守程度 | | □非常满意　□较满意　□一般　□不满意 | | | |
| 新员工培训考核成绩 | | □非常满意　□较满意　□一般　□不满意 | | | |
| 填表人 | | | 填表日期 | | |

#### 4. 即时调查法

即时调查法，指入职培训即将结束或刚刚结束的情况下，培训管理部门组织新员工填写调查表，为了掌握入职培训的效果，持续改进新员工入职培训管理工作。

即时调查法的操作可采用手机扫描调查表二维码，进入网络形式的调查问卷界面，并按调查表规定内容进行填写。同时，为了增强新员工调查的配合度，培训管理部门可以通过填表编号，采取随机抽号发纪念品的方式，调动大家填写的积极性。

入职培训即时调查表应设计完全不同的两份问卷（见表 5-10 和表 5-11），分别由受训新员工和培训讲师来填写。

表 5-10　新员工入职培训调查（学员用表）

您好！为了掌握您对本课程培训效果的意见和建议，不断改进我们的培训工作，请您客观评价所学的课程，在最接近您的看法的分值上画“√”，并客观回答一些问题。谢谢您的大力支持！

培训时间：________年________月________日

| 受训新员工姓名 | | 所属部门及职位 | |
|---|---|---|---|
| 新员工类型 | □新进人员　□调岗　□升职　□复职　□其他 | | |
| 培训课程名称 | | 培训讲师 | |
| 需评估的项目 | 最低分特征 | 得分说明：1 分表示“很差”；5 分表示“很好”；2、3、4 分表示“由差到好”的一个趋势 | 最高分特征 |
| 您对本课程教学的总体评价 | 讲师准备不充分，课堂讲述很差，很难接受，培训效果很差 | □1　□2　□3　□4　□5 | 授课讲师准备充分，课堂讲述非常精彩，易于接受 |

| | | | |
|---|---|---|---|
| 您对教学内容的评价 | 内容与培训需求关联不大，与培训主题无关，缺乏层次性 | □1 □2 □3 □4 □5 | 课程内容完全针对培训需求，紧扣培训主题，层次清晰 |
| 您对课程准备的充分程度的评价 | 准备不充分，对课程不熟悉，不系统，杂乱无章 | □1 □2 □3 □4 □5 | 准备非常充分，对课程相当熟悉，具有系统性，条理清晰 |
| 您对讲师仪表及精神面貌的评价 | 精神面貌很差，对参加培训的人员产生了负面影响 | □1 □2 □3 □4 □5 | 口齿清晰，语言流利，辅助身体语言丰富具有帮助 |
| 您对课程精彩程度的评价 | 课堂讲述缺乏善可陈，欠缺培训技巧，没有吸引力 | □1 □2 □3 □4 □5 | 课程讲述非常精彩，培训技巧高，具有很强的吸引力 |
| 您对教学幻灯片的评价 | 内容与主题有时缺少关联，有些陈旧，文字太多、太小 | □1 □2 □3 □4 □5 | 内容与主题关联性强，文字清晰、精炼 |
| 您对培训课程可接受程度的评价 | 接受很差，对课程不清晰，需要再次培训该课程 | □1 □2 □3 □4 □5 | 很有收获，对课程清楚明了，很大程度上满足了培训需求 |
| 您对课程实用性的评价 | 对我的实际工作无指导作用 | □1 □2 □3 □4 □5 | 对我的实际用过非常有帮助 |
| 您对培训时间安排与频度安排的评价 | 时间安排太紧凑、不利于消化所学的知识；太频繁 | □1 □2 □3 □4 □5 | 时间安排、频度安排均合理 |
| 您对培训准备工作的评价 | 培训设备、资料准备不充分 | □1 □2 □3 □4 □5 | 培训设备、资料准备充分 |
| 通过培训，您对以后工作的信心 | 一点信心都没有 | □1 □2 □3 □4 □5 | 有很大的信心 |
| 学完本课程，您最大的收获 | | | |
| 您对企业培训的意见和建议 | | | |
| 您认为此类培训有哪些地方需要改进 | | | |

新员工入职培训调查表，可以通过调查培训讲师来评价培训的组织情况，从培训讲师的角度来体现培训组织的好坏，培训管理部门根据调查表反馈的信息进行培训组织的改善。

表 5-11　新员工入职培训调查表（讲师用表）

您好！为了更好地了解学员受训情况和本次培训的组织情况，请您根据自己的真实感受做如下评价。在最接近您的看法的答案上画“√”，并欢迎您对我们的工作提出意见和建议。谢谢您的大力支持！

评价等级说明：A—很好　B—较好　C—一般　D—较差　E—很差。

培训课程：　　　　　　　　　　　　培训时间：________年________月________日

| 需评估的项目 | 评估选择 |
|---|---|
| 1. 您认为时间安排 | □A　□B　□C　□D　□E |
| 2. 您认为培训通知安排 | □A　□B　□C　□D　□E |
| 3. 您认为培训流程管理 | □A　□B　□C　□D　□E |
| 4. 您认为培训纪律 | □A　□B　□C　□D　□E |
| 5. 您认为交通便利情况 | □A　□B　□C　□D　□E |
| 6. 您认为餐饮 | □A　□B　□C　□D　□E |
| 7. 您认为本次培训的环境 | □A　□B　□C　□D　□E |
| 8. 您认为参加本次培训的学员（学习态度、参与性、对知识的悟性） | □A　□B　□C　□D　□E |
| 9. 您对本次培训的总体评价 | □A　□B　□C　□D　□E |
| 10. 您认为本次培训做得比较出色的地方 | |
| 11. 您认为本次培训最需要改善的方面 | |

### 5. 人力资源部效果跟踪调查

在培训实施结束的一段时间后，公司人力资源部应对新员工培训实施效果进行跟踪调查，以便更好地了解新员工工作动态。表 5-12 是某企业编制的新员工培训效果跟踪表。

表 5-12　新员工培训效果跟踪表

| 姓名 | | 所属部门 | | 职位 | |
|---|---|---|---|---|---|
| 岗位类别 | | 入职时间 | | 培训时间 | |
| 培训内容 | | 评价方式 | 评价标准 | | 评价人 |
| 企业文化与经营理念<br>组织机构与部门职责<br>企业各项规章制度 | | 培训考试 | □优，掌握 90% 以上<br>□良，掌握 80%～90%<br>□较好，掌握 70%～80%<br>□一般，掌握 60%～70%<br>□差，掌握 60% 以下 | | |
| 专业技能培训 | | 实际操作或演练 | □优，技术熟练程度达 90% 以上<br>□良，技术熟练程度达 80%～90%<br>□较好，技术熟练程度达 70%～80%<br>□一般，技术熟练程度达 60%～70%<br>□差，技术熟练程度在 60% 以下 | | |

| 培训内容 | 评价方式 | 评价标准 | 评价人 |
|---|---|---|---|
| 工作方法培训 | 实际操作或演练 | □优，按操作标准优质完成<br>□良，按操作标准基本完成<br>□较好，操作中存在微小失误<br>□一般，操作中存在3处失误<br>□差，操作中存在很多失误 | |
| 总体评价（由考评人员进行评价） | | | |
| 签字： | 部门经理签字：<br>日期：______年______月______日 | | |

## 5.3.2　入职培训效果的评估报告

新员工培训结果应写成评估报告，一方面有利于将新员工参与培训的情况展示给公司领导，以确保公司对培训的支持；另一方面它能够找出新员工存在的不足，为其转正和下一步培训提供依据。此外，将培训信息反馈给入职培训的实施者，也利于其改善培训课程。

新员工培训评估应包含对新员工培训过程的描述、培训评估调查数据的分析说明、培训评估结果的阐述和预测、对存在问题的分析和改进等内容。

评估报告的撰写步骤没有严格规定，各公司可视培训评估需要进行具体选择。图5-2所示为某公司撰写培训评估报告过程中所遵循的步骤。

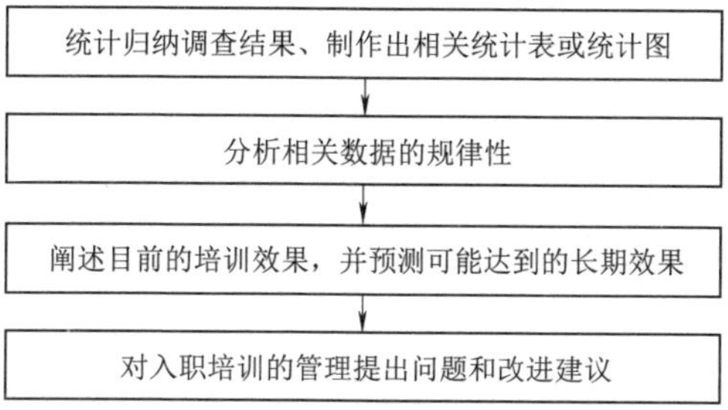


图5-2　某公司撰写新员工评估报告步骤

表5-13是某公司新员工培训评估报告样本，培训管理部门可根据公司的实际情况和需要进行填写。

表 5-13　某公司新员工入职培训评估报告

| | | | | | |
|---|---|---|---|---|---|
| 培训项目 | | | | 培训期数 | |
| 培训机构 | | 培训时间 | | 培训地点 | |
| 新员工培训预期目标 | | | | | |
| 培训过程回顾 | | | | | |
| 新员工培训的信息反馈 | | | | | |
| 参训人员评估 | | | | | |
| 考评标准评估 | | | | | |
| 数据统计分析 | | | | | |
| 评估的结果 | | | | | |
| 培训中存在的问题分析 | | | | | |
| 新员工入职培训的改进建议 | | | | | |
| 编制： | 审核： | 批准： | | 年　月　日 | |

## 5.4　【疑难解答】如何提升入职培训的效果

培训作为一种投资，就要关注收益，培训管理部门应持续改善培训的效果，为企业创造更多的效益。主要体现在以下三个方面。

**1. 专注培训细节**

在新员工的入职培训中，每个方案的设计，每个场景物品的摆放，每一细微之处都要做到一丝不苟。培训的场地情况，桌椅摆放、名片、茶杯、投影、音响、麦克、电脑、白板、红蓝白板笔、激光笔、板擦、横幅、电源等一应俱全。日程表的设计依据所属内容不同，将不同的内容用不同的颜色加以区分，如企业文化类的内容用橙色表示，企业规章制度类的内容用蓝色表示，实践活动类的内容用黄色表示等，让学员一目了然。

在培训开始前，组织者将文具、所需教材为每个学员摆放整齐，每个小组人数一致，物品的摆放先后、位置甚至钢笔放置的角度都完全一致，使学员在看到教室和桌面的物品时，就会被一种整洁规范的环境所感染。让新员工第一次接触时内心充满感动，对后面几天的学习也起到重要的促进作用。

小组学习时以 T 形桌座次进行，为照顾到每个人都能有一个好的角度看到前面的白板，应设置教室左边和右边的T形桌各向里倾斜一定角度，最大限度地保证每个人都有一个合适的观看角度。同时在每天学习结束后，各小组间的位置都顺时针调换一下，小组内的学员也同样顺时针调换，这样做的目的是为平衡因视角的不同而产生的不公平感。这样的小细节都能想到的企业，我们可以想象他们的产品肯定也是会让客户满意的全优品。

**2. 指派入职导师**

在入职培训中，除去组织者、讲师外，还有一种角色是“Mentor”，译为“入职导师”。在培训中，他起到了新员工榜样、指导者和营造现场氛围的作用，让新员工正确理解公司的企业文化、姿态要求，帮助新员工树立正确的姿态和心态，尽快地进入角色、投入工作。

在课堂上的学习中有讲师作为主导，学员会学到公司的文化理念、规章制度及基本的礼仪姿态。但在课堂下面新员工做得怎么样呢？是不是会忘记或根本没有遵守？需要指导前辈对课堂下新学员应保持的姿态进行反复教育，对没有遵守的行为给予提醒和帮助。指导前辈以标准的行动和细节行为给员工树立榜样，引导和指正员工在较短的时间内形成良好的工作和生活习惯。

这样课上课下都会有专人来对新员工进行帮助，使其无论在学习上，还是在就餐、饮水、复印等事情上全无顾虑。热忱负责的入职导师，事无巨细，随时可给予新员工必要的协助和指点。被选上的指导前辈，要经过专门的培训，同时也是企业对优秀员工的一种认可和荣誉，对其额外的付出，企业也给予一定的奖励。这种“贴身全程服务”，很能显示企业的亲和力和凝聚力，也是企业文化得以传播和加强的可靠途径。

**3. 学习中的回顾**

在入职培训的学习中，学习的方式除了课堂讲授法、演示法、案例法、讨论法、视听法、角色扮演法等，还需增加每日反省回顾的内容。每日反省回顾为提升整个教育的效果增色不少。在每天八小时的学习中，可在最后半小时反省回顾课程，并为这节课程准备专门的教材《回顾手册》。

具体操作如下。

第一步：用1分钟时间整理个人桌面。

第二步：以轻柔的钢琴曲为背景，请大家闭上双眼，全身心放松，同时主持人以舒缓的语调简述回顾一天的学习内容。在这种全身心放松的氛围下，摈弃一切杂念，回味一天的所学，这种方式确有良好效果。

第三步：结束了思想回顾的过程，接下来按照《回顾手册》填写一天的学习内容，今天我学习了什么内容；通过今天的学习过程，有什么感想或值得学习的地方；在今天我们小组的活动中，我认为值得发扬的地方以及尚存在不足的地方有哪些；今天我们遵照公司的价值观做出了哪些决定和行为；我从中得到了什么启示；今天我没有遵照公司的价值观做出了哪些决定和行为；我从中得到了什么教训；有什么其他问题等。

第四步：各小组选择一个人与大家分享回顾的内容，发表一天的学习心得，以便做到共同进步。最后大家座位调换，整理环境卫生，并以同唱公司歌曲来结束一天的学习。

第五步：由入职导师批改《回顾手册》，给予评语批复，进行鼓励和引导。批改是安排在新员工放学后，指导前辈利用晚上的时间来进行。

**4. 开展联谊活动**

一是团体竞赛。团体性的体育竞赛或文艺竞赛，促进新员工之间形成多样的健康的小团队，让他们明白公司提倡的是光明正大的竞争，形成员工与员工之间更多的默契。同时，这些竞争也可以使新员工加强自信心，在新环境里找到自我定位，更快适应新环境，成为“老员工”。

二是联谊活动。可以举办晚会、茶话会、座谈会、小游戏、小比赛等，让新老员工可以在公司层面获得直接的交流和沟通，避免因为神秘感而私下相互猜测。通常来说，在公众场合，新老员工都会表现出良好的互相理解和互相体谅，加以主持人的合理引导，可以让新员工和老员工迅速熟悉彼此。

**5. 举办入职宣誓仪式**

入职宣誓，可以是进入企业的宣誓，可以是生产或服务行业常用的拜师仪式，也可以是一次企业最高理念的室内培训会。这样的活动，必须要营造足够的气场，邀请到足够分量的领导，让员工在内心深处产生足够的使命感和重视度。宣誓仪式，可以让新员工对于企业文化产生向往，让新员工跨越小班组或部门的概念纵观整个企业发展，让新员工把自己当成是一项事业的关键一员。新员工个人的精神层次上去了，企业的整体正能量和凝聚力也会不断增强。

## 5.5 【案例分析】新员工入职的培训方案

以某家电制造型企业为例，企业规模年产约4.5亿元，员工560人，产品是家用电器开水壶，外贸为主。拟定新员工入职培训方案如下。

### 某家电制造企业新员工入职培训方案

**1. 新员工入职培训目的**

企业实施新员工入职培训的目的主要有以下八点。

①让新员工了解公司历史、政策、企业文化、工作和生活环境。

②为新员工提供公司及工作岗位相关的信息，鼓舞新员工的士气。

③让新员工了解公司所能提供给他的待遇情况及公司对他的期望。

④减少新员工初进公司时的紧张情绪，使其更快适应环境。

⑤提高新员工解决问题的能力并告知新员工寻求帮助的方法。

⑥普及安全生产知识和5S现场管理知识。

⑦使新员工加强与同事之间的联系。

⑧让新员工体会到归属感。

**2. 新员工入职培训程序**

一般来说，新员工入职培训程序如图5-3所示。

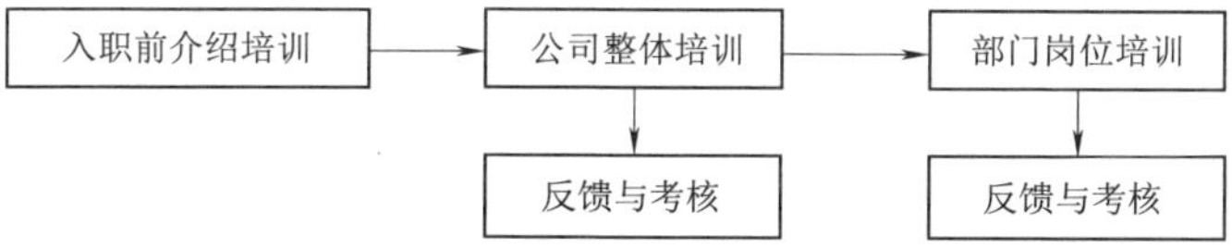


图5-3　新员工入职培训程序

**3. 新员工入职培训内容**

依据人力资源部的调查分析，以及公司经营管理实际情况，在制订年度培训计划时，确定入职培训的内容，主要包括入职前培训、公司整体培训和部门上岗培训三个部分，如表5-14所示。

表5-14　新员工入职培训内容一览表

| 项目（负责人） | 时　间 | 培训内容 |
|---|---|---|
| 入职前培训<br>（部门经理） | 入职前 | 1. 致新员工欢迎辞（人力资源部负责）<br>2. 让本部门其他员工知道新员工的到来<br>3. 准备好新员工的办公场所、办公用品<br>4. 准备好给新员工培训的部门内训资料<br>5. 指定一名资深员工作为新员工的带训人<br>6. 准备好布置给新员工的第一项工作任务 |

续表

| 项目（负责人） | 时　间 | 培训内容 |
| --- | --- | --- |
| 公司整体培训<br>（人力资源部） | 入职后<br>第 1 天 | 1. 公司历史与愿景、公司相关组织结构、主要业务<br>2. 公司政策与福利、公司相关办事流程<br>3. 公司各部门职能介绍、公司培训计划与程序<br>4. 公司整体培训资料的发放<br>5. 回答新员工提出的问题 |
| 部门岗位培训<br>（部门经理） | 入职后<br>第 2 天 | 1. 到人力资源部报到，进行新员工须知培训（人力资源部负责）<br>2. 到部门报到，部门经理代表全体部门员工欢迎新员工到来<br>3. 介绍新员工认识本部门员工，带领新员工参观公司及周围环境<br>4. 部门结构与功能介绍、部门内的特殊规定介绍<br>5. 新员工工作描述、职责要求<br>6. 讨论新员工的第一项工作任务<br>7. 派老员工陪新员工到公司餐厅吃第一顿午餐 |
| 部门岗位培训<br>（部门经理） | 入职后<br>第 5 天 | 1. 一周内，部门经理与新员工进行非正式谈话，重申后者的工作职责，谈论一周工作中出现的问题，回答新员工的提问<br>2. 对新员工一周的表现做出评估，并为其确定一些短期的绩效目标<br>3. 为其设定下次绩效考核的时间 |
| | 入职后<br>第 30 天 | 部门经理与新员工面谈，讨论后者试用期一个月来的表现，填写评价表 |
| | 入职后<br>第 50 天 | 人力资源部经理与部门经理一起讨论新员工入职后的表现是否适合现在岗位，填写试用期考核表，并与新员工就试用期考核表现谈话，告知新员工公司绩效考核要求与体系 |

**4. 新员工入职培训教材**

①公司整体培训教材。

②各部门内训教材。

③新员工入职培训须知。

新员工入职培训须知如下文所示。

**新员工入职培训须知**

各位学员：

欢迎您参加某公司第 × 期入职培训课程！

为了加强您与公司之间的相互了解，促进文化认同，帮助您提高综合素质以适应新的环境和岗位，特邀请您参加本次培训。我们真诚地希望这次培训能对您有所帮助。为使这次培训达到预期的效果，现将有关事宜说明如下，请您务必遵循！

一、本次培训为全封闭式，培训期间不得外出。

二、培训期间严禁吸烟、喝酒、赌博。累计违反两次者，取消培训资格。

三、认真遵守作息时间，上课不迟到、不早退，不随便出入教室。

四、上课时关掉通信工具或将其调至振动状态。

五、认真听讲并做好笔记，积极参与讨论、发表观点。积极参与各项活动。

六、讲文明、讲礼貌，服从安排，尊敬师长，团结同学，爱护公物，维护公共卫生。

七、严格按照培训安排进行就餐、住宿。

八、因有紧急事情等原因不能参加培训需要事先请假。

某公司人力资源部

年　　月　　日

### 5. 入职培训费用估算

培训计划中一项很重要的内容就是估算培训费用，以使控制培训成本和合理分配培训预算。本次入职培训费用估算表如表5-15所示。

**表5-15 入职培训费用估算表**

| 培训课程名称 | | 培训日期 | | 培训地点 | |
|---|---|---|---|---|---|
| 培训费用估算 | 培训费用项目 | | 费用估算明细 | | |
| | 教材开发费 | | ________元/本 × ________本 = ________元 | | |
| | 讲师劳务费（或奖金） | | ________元/时 × ________本 = ________元 | | |
| | 讲师交通费 | | ________元/日 × ________本 = ________元 | | |
| | 讲师膳食费 | | ________元/日 × ________本 = ________元 | | |
| | 培训场地租金 | | ________元 | | |
| | 培训设备租金、教学工具租金 | | ________元 | | |
| | 其他费用 | | ________元 | | |
| | 合计 | | ________元 | | |
| 申请人（部门） | | 人力资源部经理 | | 总经理 | |

### 6. 新员工入职培训项目实施方案

新员工入职培训除了人力资源部负责公司的整体性培训外，关键要组织各职能部门负责本部门的岗位培训，并协助人力资源部门完成整个入职培训的安排，重点是要落实好职能部门的培训讲师和岗位培训教材。新员工入职培训项目实施方案如图5-4所示。

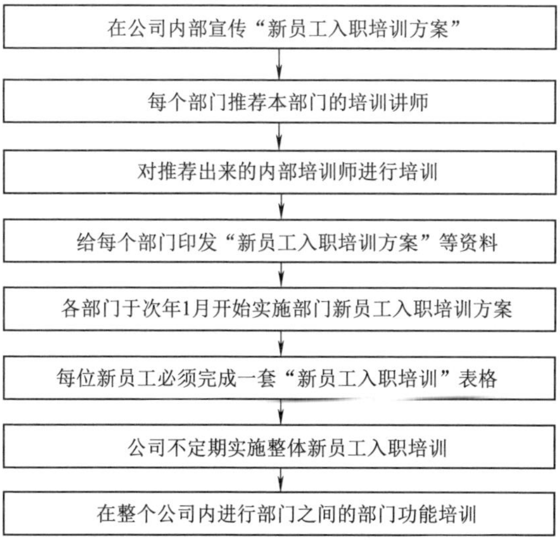


图5-4 新员工入职培训项目实施方案

**7. 新员工入职培训反馈与考核**

新员工入职培训的反馈与考核可借助以下5种表格来实现。

①岗位培训反馈表（到职后一周内填写）。

②公司整体培训当场评估表（新员工用）（培训当天填写）。

③公司整体培训考核表（培训讲师用）（培训当天填写）。

④新员工试用期内表现评估表（到职后30天内填写）。

⑤新员工试用期绩效考核表（到职后60～90天内填写）。

## 5.6 【HR应知】新员工培训管理制度

培训管理部门制定新进员工培训管理制度，有利于规范新员工入职的培训需求分析、培训计划制订与实施，培训效果的评估与改进，实行新员工培训的闭环管理，持续改进培训的效果，为企业源源不断地输入优秀的劳动力资源。表5-16是某集团公司新员工培训管理制度，仅供学习和参考。

表5-16 新员工培训管理制度

<table>
<tr><td rowspan="2">制定名称</td><td rowspan="2">新员工培训管理制度</td><td>文件编号</td><td></td></tr>
<tr><td>版次</td><td></td></tr>
<tr><td colspan="4">第1章 总则<br>第1条 新员工入职培训的宗旨是使新员工了解企业的概况，向其介绍企业的规章制度，使其更快地适应新环境，胜任新工作。<br>第2条 新员工入职培训的所有事宜，除人事管理制度及员工培训实施办法另有规定外，均依本管理制度执行。<br>第3条 本制度中的“入职培训”不仅包括新员工岗前培训、在职员工调岗培训，还包括复职人员、临时职工和兼职人员的培训。<br>第2章 新员工入职培训计划的规定<br>第4条 入职培训计划应按人力资源管理部门的招聘计划和新员工入职情况来制订。<br>第5条 凡新员工必须接受7～10天（至少5天）的岗位培训。<br>第6条 岗前培训应帮助新员工解决的问题包括三个方面。<br>1. 带新员工参观各部门、介绍部门负责人和同事，与部门人员共进午餐，消除陌生感。<br>2. 说明工作岗位职责、要求，安排并介绍培训期间的导师，消除对新工作的不安感。<br>3. 讲解《员工手册》，让新员工尽快熟悉企业的规章制度和相关规定。<br>第7条 岗前培训的内容应该包括以下五大方面。<br>1. 企业的发展历史及现状。<br>2. 企业未来三至五年的中长期规划。<br>3. 企业当前的业务、具体工作流程。<br>4. 企业的组织机构及部门职责。<br>5. 企业的企业文化、经营理念、规章制度及一些约定俗成的规则。<br>6. 工作岗位介绍、业务知识及技能技巧培训。</td></tr>
</table>

第8条 按企业规模、工作环境及程序，新员工的岗前培训可分为四个阶段。
1. 企业总部的培训。
2. 分支机构的培训。
3. 所在部门的培训
4. 实地岗位的培训。
第9条 企业总部的培训最重要的是传授各种知识，并使新员工重点了解下列五点内容。
1. 企业状况：发展历史、经营现状、经营项目、生产经营目的、使命、行业地位。
2. 企业组织机构，各部门的工作职责、业务范围。
3. 产品的性能、包装及价格，产品销售情况，市场上同类产品信息及其生产厂家的情况。
4. 新员工未来的工作岗位要求及特征，与其他部门互相配合的事项。
5. 企业规章制度、纪律、道德规范、礼仪规范要求。
第10条 实施总部培训的人员，应对受训新员工的优势、劣势做出评价，并将评价结果提供给该员工未来的技术技能培训、实地培训的负责人，以便他们针对各个员工的弱点开展有侧重点的培训。
第11条 分支机构的培训重点在于让新员工学习未来实际工作需要的技能，应在以下四大方面加强新员工培训。
1. 掌握未来工作的岗位职责及具体内容、每天的例行工作及突发性工作。
2. 未来工作中可能会用到的技能技巧，如时间管理技巧、人际关系沟通技巧等。
3. 掌握与其他职能部门的协调与配合，培养团队精神。
4. 保持对工作乐观、积极的态度，对企业、部门充满信心，对客户真诚服务的信念。
第12条 分支机构培训的负责人必须是新员工未来的主管和实地培训的负责人，同时必须具有丰富的工作经验和规范的技术，以免误导新员工。
第13条 分支机构的培训及所有部门的培训可与实地培训结合进行。
第14条 实地培训时可算作实习期，新员工可在一位资深员工的指导下开始承担工作。
第15条 实地培训时，指导人员仅在一旁示范和协助，尽量让新员工自己去操作练习，待新员工完成后再告知应改进的地方；这种方式有利于新员工加深印象、加快进步。
第16条 实地培训的指导人员应本着负责任的态度，将新员工录用后的绩效与部门绩效挂钩；凡担任实地培训指导人员的，企业一律给予一定程度的奖励，从而提高他们的积极性和责任心。
第17条 对于以上4个阶段的培训，可以根据需要和具体情况交叉安排。
第18条 对调岗人员、复职人员、临时职工、兼职人员的培训，侧重在工作岗位职责方面的培训，使其适当了解企业组织概况、经营方针以及有关的人事管理规定等相关的内容。
第19条 对调岗人员、复职人员、临时职工、兼职人员的培训，除上述一般性基本实务内容外，还包括职业精神、信念、恪守规章守则、职业操守教育、励志类教育等。
第20条 凡指定需要接受培训的人员，除有特殊情况经审核被给予准假或免训者外，一律不准规避或不参加培训，否则按照公司相关规定进行惩处。
第3章 新员工入职培训实施的规定
第21条 关于入职培训实施者的规定：
1. 企业主要领导参与新员工入职培训，并负责部分内容的培训工作。
2. 培训计划编制和组织实施由人力资源部门和培训部门全权负责。
3. 企业及部门全体员工尤其是相关部门的骨干都有责任协助做好入职培训工作。
第22条 为便于组织培训，可根据学员学历把他们分成不同的班或组，并指定一名班长或组长。
第23条 关于入职培训时间的规定
1. 入职培训的整个过程一般要持续三个月，根据实际情况可适当延长或缩短。
2. 集中培训的时间安排为____年____月____日至____月____日，上午：____时____分至____时____分；下午：____时____分至____时____分。

3. 实地培训时间同企业作息时间一致，具体可参见企业《员工手册》中的具体规定。

4. 参观时间视具体情况而定，确定后应提前一天告知人力资源部或后勤部门。

第 24 条　关于培训方法的规定

1. 专业知识培训采取集中授课、讲座的方式。

2. 技术技能培训采取实习的方式，到实习工厂、车间、部门实际操作和练习。

3. 企业认识培训可采取实地参观的方式，根据讲师和培训组织者的安排实地参观考察，受训员工在参观后提交《参观感想》或《参观报告》。

4. 入职培训期间，要求受训员工随时对培训的感想和认识做出记录，以提高他们的观察、记录和公文写作能力。

5. 在入职培训过程中，尽量让新员工多接触工作中的实践知识，多提供参考资料和视听教材，多提供动手操作的机会。

第 25 条　在入职培训期间，可把新员工安排到不同的部门去实习，考察其能力和能适应的部门，为员工正式定岗提供依据。这同时有利于新员工从多个角度了解企业的职能部门。

第 26 条　部门主管接待新员工时，要表达由衷的欢迎之情，使新员工有“宾至如归”的感觉。

第 4 章　新员工入职培训评估的规定

第 27 条　每开展一项入职培训项目，都应及时检查新员工的培训效果，这项工作由培训指导员或讲师负责，检查方法包括测试、现场操作等。

第 28 条　培训讲师于培训结束后一周内评定出新员工的测试成绩，并登记在新员工入职培训测试成绩表上。培训测试成绩作为新员工试用期考核及正式录用的参考。

第 29 条　因故未能参加测试者，事后一律补考，否则不予转正。

第 30 条　每项培训结束时，培训部根据实际需要开展新员工培训意见调查。具体操作方式由学员填写新员工入职培训调查表，以此作为培训效果评估的参考依据。

第 31 条　培训部应定期调查新员工入职培训的效果，分发调查表，用人部门主管或相关人员填写后收回，作为评估长期效果的参考依据。

第 32 条　将以上评估的内容及结果形成书面的报告，呈报用人部门主管、人力资源经理及企业领导，作为新员工录用转正的参考。

第 5 章　新员工入职培训特别规定

第 33 条　结合新员工的工作性质和工作环境，对某类岗位的新员工应提供生产安全指导培训，以免意外伤害的发生。生产安全指导培训的内容包括以下 3 个方面。

1. 工作中可能发生的意外事件。

2. 各种事件的处理原则与步骤。

3. 常用安全常识。

第 34 条　安全生产培训应该达到以下 4 方面的效果。

1. 新员工对自己的福利及安全放心，从而能安心地工作。

2. 建立安全生产和善意合作的基础。

3. 可以防止在工作程序上的浪费，避免意外事件的发生。

4. 可减少因员工受伤补偿的费用和医疗服务费用的支出。

第 35 条　安全培训还包括企业商业机密、信息安全保密培训。在入职培训过程中，对新员工要灌输保守企业机密的意识，并把《公司商业机密保密协议》作为《劳动合同》的附件一起签订。

第 36 条　对企业的组织机构设置、生产经营管理系统要重点介绍。

第 37 条　对各部门的职责、权利、工作内容等要做详尽介绍。

第 38 条　要对企业的政策、法规及规章制度进行仔细说明，包括以下具体内容：发薪方法及日期，晋升制度，休假及请假规定，员工福利制度，作息时间及轮班制度，迟到、早退、旷工处分办法，劳动合同协议，聘用、解雇规定，在职员工行为准则等。

第39条　要确认新员工清楚地掌握了工作性质、责任，真正掌握了业务知识。

第40条　要对新员工的责任心、效率、效能意识重点加强培训。

第41条　要训练新员工的礼仪修养，养成礼貌待人的良好习惯。

第42条　要让刚毕业的新员工意识到校园生活与企业生活的差别，意识到自己的责任。

第43条　要培养新员工尊重知识、尊重时间、严肃认真的工作态度。

第44条　注意培养新员工的团队合作精神和集体利益优先的意识。

第45条　新员工的入职培训不仅仅是人力资源部、培训部门和企业领导的事情，企业全体员工都有责任参与新员工的入职培训工作。

第6章　附则

第46条　新员工入职培训所花的费用由培训项目负责人申请，报财务经理和总经理审核；在培训结束后凭财务凭证报销。

第47条　关于培训档案管理的规定。

1. 自新员工进入企业后，人力资源部专员应为每一位新员工建立相应的培训档案和员工培训记录表，表中记录每一次培训时新员工的具体情况和培训效果。

2. 将与培训相关的资料及培训现场录像存档，建立培训工作档案。

3. 工作档案中还应包括新员工培训需求分析、新员工培训计划、新员工培训方案、实施过程、效果评估、考核记录等各方面的内容。

4. 建立新员工培训讲师档案，这有利于日后培训讲师的选择。

5. 培训讲师档案主要包括培训讲师姓名、基本简历、培训经验、培训业绩等各方面的内容。

第48条　本制度报总经理审核批准后颁布实施。

第49条　对本制度中未尽事宜，可随时进行修改和增补，并呈报总经理审核批准后生效。

第50条　本制度由人力资源部监督执行，最终解释权归人力资源部。

| 编制/日期 | | 审核/日期 | | 批准/日期 | |
|---|---|---|---|---|---|

# 6

# 企业管理人员的培训管理

企业管理人员是指在组织中行使管理职能、指挥或协调他人完成具体工作的人，其工作绩效的好坏直接关系着企业的成败兴衰。因此，引进和培养管理人员显得尤为重要。通常企业管理人员按层次可划分为三类。

**1. 高层管理人员**

高层管理人员是指对整个组织的管理负有全面责任的人，他们的主要职责是制定组织的总目标、总战略，制定组织的大政方针，并管理和评价整个组织的绩效。

**2. 中层管理人员**

中层管理人员通常是指处于高层管理人员和基层管理人员之间的一个或若干个中间层次的管理人员。他们的主要职责是贯彻执行高层管理人员所制定的重大决策，监督和协调基层管理人员的工作。与高层管理人员相比，中层管理人员特别注意日常的管理工作。

**3. 基层管理人员**

基层管理人员指第一线管理人员，也就是组织中处于最低层次的管理者，他们所管辖的仅仅是作业人员，而不涉及其他管理者。他们的主要职责是给下属作业人员分派具体工作任务，直接指挥和监督现场作业活动，保证各项任务的有效完成。

不同层次的管理人员在行使管理基本职能时的侧重点不同，各级管理层在执行管理职能上存在区别，主要表现在管理侧重和职能领域方面。

一方面，按决策侧重分类，各级管理层在决策方面应有侧重，高层管理者侧重于战略决策，负责影响全局的大政方针，中层管理者侧重于管理决策，负责实现企业管理总目标的战术决策，基层管理者则侧重于日常业务决策。

另一方面，按职能领域分类，管理层可以划分为两类，一是综合管理人员，即负责管理整个组织或组织中某个事业部的全部活动的管理者；二是职能管理人员，即负责管理组织中某一类职能活动的管理者。

因此，企业管理人员的培训管理应划分高层、中层和基层三个层次来进行管理，同时，不同层次的管理人员，其培训侧重点有所不同。不同层次管理人员的主要工作职责及其相应的培训重点，如表 6-1 所示。

表 6-1　不同层次管理人员的主要工作职责及培训重点

| 人员类别 | 主要工作职责 | 培训内容的重点 |
|---|---|---|
| 基层管理人员 | 直接指导和监督下属员工的现场作业活动，保证各项任务有效完成 | 业务知识、实际操作能力、现场管理能力、执行力等 |
| 中层管理人员 | 贯彻执行高层管理人员所指定的重大决策，监督和协调基层管理人员的工作 | 沟通协调能力、发现及解决问题的能力、专业管理能力等 |
| 高层管理人员 | 制定组织的总目标、总战略，并评价整个组织的绩效 | 战略决策能力、顶层设计能力、风险管控能力等 |

## 6.1　基层管理人员的培训管理

基层管理人员也称一线管理人员，是组织中最低层次的管理者，所管辖的是作业人员而不涉及其他管理者。其主要职责是：给下属作业人员分派具体工作任务，直接指挥和监督现场作业活动，保证各项任务的有效完成。他们是整个管理系统的基础，与企业不同层次人员之间的工作关系如图 6-1 所示。

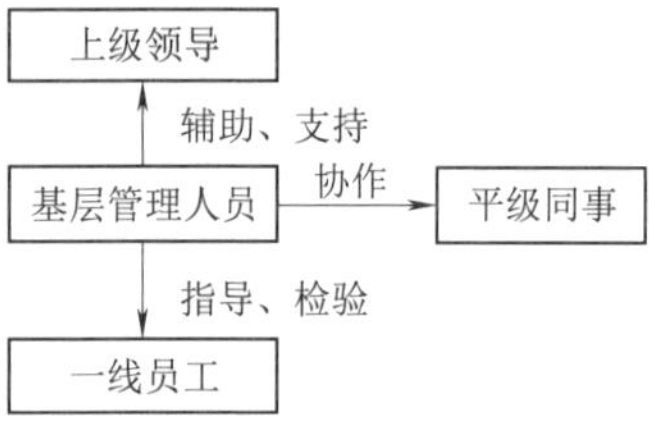

图 6-1　基层管理人员与相关人员的工作关系

作为基层管理人员，首先要熟练掌握本班组或部门的理论知识和业务操作技能。只有掌握这些知识，才能指导现场作业和检验工作质量。因此，基层管理人员的培训管理可以帮助提升他们的综合素质。

在部门或班组内，一线员工的绩效与所在基层主管的管理能力有着直接的关系，作为基层管理人员必须掌握基层的管理能力。例如，解决班组日常的问题，掌握产品的基本知识，组织协调生产，合理调配人员，管控生产成本，管理订单进度，落实安全生产，正确考评和奖惩员工，持续创新改进，处理紧急性问题，建设基层团队等。

因此，基层管理人员要得到适当的培训，具备基层管理的职业素质，如发现、分析和解决问题的能力，督导下属的能力，提案改善的能力，编制报表的能力，调动员工积极性的能力，激发员工爱岗敬业的能力，管理工作质量的能力，改善工作态度的能力，实施目标管理的能力，施行奖惩制度的能力等，这些职责履行应通过培训基层管理人员来实现。

## 6.1.1 基层管理人员的培训需求分析

基层管理人员的培训需求分析重点是个人能力分析，表 6-2 从基层管理人员必备管理能力、业务技能及职业素质的角度，评估其现有能力水平，进而分析其培训需求和培训重点。

**表 6-2 基层管理人员培训需求调查分析表**

本调查表主要针对基层管理人员现有能力表现进行调查，由基层管理人员本人、上级、同级来打分，调查结果可作为开展培训的参考资料。

请根据基层管理人员的实际情况圈出您认为合适的评分。“缺乏”表示“您（他）在这方面的技能比较缺乏，或不了解”；“改善”表示“您（他）对这方面的技能有所了解，但还没有完全掌握”；“有效”表示“您（他）已经掌握了这方面的技能，并能够基本应用”；“发展”表示“您（他）已经熟练地应用这部分技能，但应用时有点困惑，或还需要提高”；“优秀”表示“您（他）已经非常熟练地应用这部分技能，并很顺手，能运用自如”。

调查对象或岗位：　　　　　　　　被调查人姓名：　　　　　　　　日期：

| 核心能力 | 行为表现 | 缺乏 | 改善 | 有效 | 发展 | 优秀 |
|---|---|---|---|---|---|---|
| 沟通技巧 | 1. 能运用清晰的语言进行表达及演说 | | | | | |
| | 2. 仔细聆听，善于回应他人感受 | | | | | |
| | 3. 善于与人交流，推动沟通过程，传递有利于组织发展的信息 | | | | | |
| | 4. 使他人接受建议，并采取相应行动 | | | | | |
| | 5. 维护他人自尊，加强自信 | | | | | |
| 建立和维护团队合作关系 | 1. 积极寻求帮助，邀请并鼓励员工参与讨论 | | | | | |
| | 2. 言行一致，遵守承诺 | | | | | |
| | 3. 行动一致，使下属明确工作期望值 | | | | | |
| | 4. 互相学习，主动提出改善建议，促进团队目标的实现 | | | | | |
| | 5. 个人行动以团队利益和荣誉为主导 | | | | | |
| 个人影响力 | 1. 激发员工士气，引导他人自我调整 | | | | | |
| | 2. 主动发挥影响力，促使组织内工作的持续改善 | | | | | |
| | 3. 处理员工纠纷及失职时以事实为依据 | | | | | |
| | 4. 善于发现员工的问题，并及时提供相应的指导与帮助 | | | | | |
| | 5. 言行一致，赢得他人的尊敬与认可 | | | | | |

| | | | | | | |
|---|---|---|---|---|---|---|
| 问题分析与解决能力 | 1. 收集反馈信息，集中分析，归纳问题关键点 | | | | | |
| | 2. 灵活运用资源，鼓励他人参与并找出多种建设性方案 | | | | | |
| | 3. 评估可行方案，择优选用，果断做出决策 | | | | | |
| | 4. 有效解决问题，根据具体情况灵活选定解决方法，并跟进方案 | | | | | |
| | 5. 总结问题，预防问题再次发生 | | | | | |
| 组织感知能力 | 1. 对公司的企业文化及发展理念有深入的认识 | | | | | |
| | 2. 具备敏锐的观察能力，能发现员工工作中存在的隐患 | | | | | |
| | 3. 能辨认妨碍发挥团队绩效的不利因素 | | | | | |
| | 4. 明确当前组织开展的工作及目标 | | | | | |
| | 5. 了解公司发展的长期目标，并制订行动计划 | | | | | |
| 领导潜能 | 1. 了解权力与影响力的区别与应用 | | | | | |
| | 2. 了解员工所处的状态与情境，形成合适的领导风格 | | | | | |
| | 3. 有效授权，发挥下属的主动性 | | | | | |
| | 4. 激励员工，对勇于承担的员工适当给予支持；辅导员工，加强其专业技能 | | | | | |
| | 5. 引导员工的发展，帮助其提高工作能力 | | | | | |
| 压力承受能力 | 1. 能意识到目前面临的压力 | | | | | |
| | 2. 坦然面对工作中的挑战和困难，并积极寻找解决方法 | | | | | |
| | 3. 明确个人职能及应承担的责任 | | | | | |
| | 4. 适时释放压力，进行自我放松和调整 | | | | | |
| | 5. 勇于面对因个人过失而带来的负面影响 | | | | | |
| 人才的培养与发展 | 1. 小组明确团队的合作与发展所需要的人才 | | | | | |
| | 2. 了解每个员工的能力与意愿，并根据情况安排适当的工作与职位 | | | | | |
| | 3. 了解每个员工的工作所要求的培训，并能保证给其提供相应的培训 | | | | | |
| | 4. 肯定下属为个人事业的进一步发展而积极参与培训的行为 | | | | | |
| | 5. 勇于面对因个人过失而带来的负面影响 | | | | | |

## 6.1.2 基层管理人员的培训课程设置

基层管理人员在企业中扮演着生产参与者、计划执行者和组织者的多重角色，需具备熟练的专业技能和一定的管理能力。因此，对其培训的重点应放在提升其管理能力及实际工作技能方面。表6-3为基层管理人员的培训课程。

表6-3 基层管理人员的培训课程

| 培训课程 | 培训项目 |
|---|---|
| 基层管理者的角色认知 | 管理者的角色、地位与责任 |
| | 基层管理人员的素质要求 |
| 管理技能培训 | 现场精细化管理与提升 |
| | 丰田模式之生产准备流程 |
| | 5S与目视管理推行实践 |
| | 员工辅导与有效激励 |
| | 员工的绩效管理 |
| | 员工的安全管理 |
| 管理实务培训 | 工作职责 |
| | 工作关系 |
| | 工作教导 |
| | 工作改善 |
| | 工作安全 |

基层管理人员包括的对象很广泛，如生产车间的车间主任、班组长、一线主管、领班、课长等。不同人员的工作性质不同，适合的培训内容也会不同。从企业层面来看，班组长是直接管理生产一线操作人员的，是产品品质、生产成本等指标达成的最直接的责任者；同时，班组长自己也承担着一定的管理任务，所以基层管理人员培训应重视日常管理实务的技巧。

以某制造企业设置的基层干部管理实务班课程为例来说明基层管理人员的课程培训安排。

课程背景：

企业在选拔车间生产班组长时，多以资深和技术为考虑标准，但是资深和技术优良的人员不一定具备担任管理干部的要件，有时，反而会产生反效果，损失一位优秀的员工，却得到一位不称职的基层管理干部。因此，面对基层干部管理能力的不足，人力资源部要培养掌握现代化的生产技能和管理知识的班组长，打造出一支高效多能的基层管理团队，以减轻企业内部管理的压力，适应竞争日趋激烈的市场。为此，设置了基层干部管理实务班，课程的培训内容如表 6-4 所示。

表 6-4　基层干部管理实务班的培训内容

| 培训项目 | 培训内容 |
|---|---|
| 工作职责 | 班组长的角色认知 |
| | 班组长的主要职责 |
| | 班组长的管理技能 |
| | 班组长的领导技巧 |
| 工作关系 | 工作关系的目的 |
| | 如何培养良好人际关系 |
| | 沟通的技巧 |
| | 工作关系四阶段法 |
| | 改善工作关系的要领 |
| 工作教导 | 如何做好新员工培训 |
| | 如何开展现场工作教导 |
| | 工作教导四阶段法 |
| | 员工多技能管理之看板制作 |
| | 目视化作业指导书的制作 |
| 工作改善 | 提高改善意识 |
| | 认识浪费 |
| | 合理化改善之 ECRS 分析法① |
| | 工作改善四阶段法 |
| | 运用 3UMEMO② |
| 工作安全 | 工作安全的重要性 |
| | 工作现场安全隐患的认识与改善 |
| | 现场工作安全管理的做法 |

① ECRS 分析法，是工业工程学中程序分析的四大原则，用于对生产工序进行优化，以减少不必要的工序，达到更高的生产效率。ECRS，即取消（Eliminate）、合并（Combine）、调整顺序（Rearrange）、简化（Simplify）。

② 弥补人类健忘的毛病，发现存在于工作现场的 3U（不合理 unreasonableness、不均匀 unevenness、浪费和无效 uselessness）原则，使其显在化，这就是“3UMEMO”。

课程特色：

强调实做、体验与应用。培训方式是先教一个标准模式，导引出正确的四阶段法，然后请每一位学员带工作实例上台实做，台下学员观察、分析，随后是全员参与讨论。务必使每个学员都能从实做中学得所训练的技能，真正发挥实质效果。

课程效益：

①将基层干部应具备的技能化为学习重点，按步骤且系统地加以阐释。

②课程内容除理论讲授外，着重实际演练、现学现用，获得最大效益。

③讨论案例以现场管理实务为主，符合需求且对学员的冲击性强，效果显著。

④提升基层干部人（部属）、事（工作）、物（物品）之管理技能并为企业培育中坚干部。

## 6.1.3 基层管理人员的培训方法选择

在员工培训方法的选择上，基层管理人员的培训方法不应局限于课堂教学，可灵活运用多种培训方式。常用的培训方法有六种，具体如表6-5所示。

**表6-5 基层管理人员的培训方法**

| 培训方法 | 特 征 |
| --- | --- |
| 专题讲授 | 知识体系较系统，集中学习，信息量大，这是基层管理人员最多的一种培训方式，学员很难在短时间内全盘掌握学习内容，需要通过培训需求分析、培训管理、培训评估、培训效果落实等系统的工作提升培训效果 |
| 案例培训 | 通过案例讲解、分析，学习知识、方法等，增强分析问题、解决问题的能力，以及系统思考的能力。通过提炼企业内部典型案例进行的案例培训方式，有助于解决企业实际问题，统一企业理念、判断标准和行为流程，提升实战能力的效果 |
| 拓展训练 | 体验式培训，更适合于增强团队精神、锻炼个人意志、挑战自我等方面 |
| 沙盘模拟 | 体验式培训，将实际的工作微观模拟在沙盘上，通过模拟，学习知识的同时，可系统锻炼工作中的思维方式和行为方式，对于解决实际工作中的相关问题有很好的效果，参与性强，弥补了成人学习的不足 |
| 角色演练 | 进入角色实施培训，身临其境，可亲身体验所处角色的特点，加深学习印象，提高培训主动性，可与实际工作进行很好的结合，但耗时较长，如果设计不合理，过程管理不当，培训效果也将大打折扣。此种培训方式可独立进行，也可与其他培训方式相结合 |
| 现场考察 | 参观优秀企业，借鉴优秀企业好的做法，在某种程度上，“拿来主义”可使企业少走弯路，在感悟中学习，印象深刻 |

### 6.1.4 基层管理人员的培训效果评估

基层管理人员的培训效果评估一般可以按四个层次进行评估，具体操作方法如表 6-6 所示。

表 6-6 基层管理人员的培训效果评估

| 评估层次 | 内 容 | 评估问题示例 | 评估方法 |
| --- | --- | --- | --- |
| 反应层<br>（第一层次） | 基层管理人员反应层评估指的是收集基层管理人员对培训内容、培训讲师、教学方法、材料、设施、培训管理等各个方面的反应情况，并进行综合评价 | 对培训项目是否满意<br>培训课程是否实用<br>对培训组织者的工作是否满意 | 调查问卷<br>访谈法 |
| 学习层<br>（第二层次） | 学习效果评估主要评价基层员工通过培训学到哪些知识，掌握这些知识的程度，从而评估培训内容和方法对其是否合适、有效，衡量培训是否达到了目标要求等 | 通过培训，学到了哪些知识或技能<br>本次培训对实际工作是否有帮助 | 测试法<br>观察法 |
| 行为层<br>（第三层次） | 行为改变评估主要衡量培训是否给基层员工的行为带来了改变。具体看基层员工在接受培训后工作行为发生了哪些良性的、可观察到的变化，这种变化越大，说明培训效果越好 | 培训前后，受训学员的行为有什么不同 | 绩效考核<br>观察法 |
| 效果层<br>（第四层次） | 培训效果评估主要判断培训对企业经营成果是否有具体而直接的贡献，通常可用一些指标来衡量，如生产效率、质量合格率、成本降低率等 | 企业因培训而产生的效益如何，例如生产成本降低了多少，生产效率提高了多少等 | 成本收益分析法<br>目标管理 |

## 6.2 中层管理人员的培训管理

中层管理人员处于高层管理人员和基层管理人员之间的一个或若干个中间层次上的管理人员，是企业管理团队的中坚力量，起着承上启下的作用，对上下级之间的信息沟通负有重要的责任。

对中层管理人员进行培训除了要明确企业的使命、愿景、价值观、经营目标和经营方针之外，还要培养胜任未来工作所必需的经验、知识和技能，以及培养领导力、人际沟通、授权激励、团队建设等管理能力，使其适应不断变化的环境，能解决所面临的管理问题，提升企业的整体管理水平。

## 6.2.1 中层管理人员的培训需求分析

**1. 中层管理人员组织分析**

中层管理人员组织分析主要从宏观角度出发，考虑企业的经营战略目标，保证中层管理人员的培训需求符合企业的整体目标与发展战略。

**2. 中层管理人员工作任务分析**

工作任务分析主要了解有关的岗位职责及岗位任职资格条件，其结果也是设计和编制培训课程的重要资料来源之一。

对工作任务和工作职责的分析是工作分析的一项重要内容，具体操作时可借助调查问卷的形式来收集培训需求信息，表 6-7 所示是某公司某岗位培训需求调查表。

**表 6-7　某公司某岗位培训需求调查表**

<table>
<tr><td>姓名</td><td></td><td>所在部门</td><td></td></tr>
<tr><td>岗位名称</td><td></td><td>本岗位人数</td><td></td></tr>
<tr><td colspan="4">一、工作任务</td></tr>
<tr><td>工作任务概述</td><td>工作任务说明</td><td>工作绩效标准</td><td>工作时间占比</td></tr>
<tr><td></td><td></td><td></td><td></td></tr>
<tr><td></td><td></td><td></td><td></td></tr>
<tr><td></td><td></td><td></td><td></td></tr>
<tr><td></td><td></td><td></td><td></td></tr>
<tr><td></td><td></td><td></td><td></td></tr>
<tr><td colspan="4">二、岗位任职者个人能力状况</td></tr>
<tr><td colspan="2">岗位任职资格所要求的知识和技能</td><td colspan="2">岗位任职者个人所具备的知识和技能</td></tr>
<tr><td colspan="2"></td><td colspan="2"></td></tr>
<tr><td colspan="2"></td><td colspan="2"></td></tr>
<tr><td colspan="2"></td><td colspan="2"></td></tr>
<tr><td colspan="2"></td><td colspan="2"></td></tr>
</table>

另外，由中层管理人员根据自己的工作情况和要求撰写的工作总结或述职报告，也是确定培训需求的信息来源之一。

**3. 中层管理人员个人分析**

从中层管理人员个人的角度分析其培训需求，可从以下两个方面着手分析。

（1）个体特征分析

个体特征分析可以从中层管理人员性别结构、年龄结构、知识结构、专业结构、性格特征、管理风格等方面进行分析。

（2）个人能力分析

中高层管理人员应具备计划组织能力、协调控制能力、决策能力等能力。对其能力方面的培训需求进行分析，一方面可以通过其工作表现来分析（较直观的信息来源是员工的绩效考核记录）；另一方面也可以以问卷调查表的方式来获取部分信息，确定培训需求。表6-8所示是某公司中层管理人员培训需求调查表。

**表6-8 某公司中层管理人员培训需求调查表**

请您根据自己的实际情况评分："5分"表示能力杰出，"4分"表示能力良好，"3分"表示达到工作要求的标准，"2分"表示工作较差需要改善，"1分"表示工作能力很差。

姓名：　　　　　　　　　　　　填表日期：

| 计划能力 | 5分 | 4分 | 3分 | 2分 | 1分 | 特殊说明 |
|---|---|---|---|---|---|---|
| 制定明确的工作目标和方针 | | | | | | |
| 及时掌握并运用新观点 | | | | | | |
| 以科学有效的方式收集整理信息 | | | | | | |
| 分析资料、提出建议、拟定实施方案 | | | | | | |
| **组织能力** | **5分** | **4分** | **3分** | **2分** | **1分** | **特殊说明** |
| 分解、实现工作目标 | | | | | | |
| 分析并决定职务内容 | | | | | | |
| 设置组织机构，制定组织图表 | | | | | | |
| 筛选下属人员并授权 | | | | | | |
| **指导与协调能力** | **5分** | **4分** | **3分** | **2分** | **1分** | **特殊说明** |
| 辅导下属使其更进入工作角色 | | | | | | |
| 协助下属制定工作标准 | | | | | | |
| 培训及发展下属的能力，为企业培养后备人才 | | | | | | |
| 口头指示及书面指示能力 | | | | | | |
| 主持会议的能力 | | | | | | |
| **公文写作的能力** | | | | | | |
| 定时向上级报告工作进度 | | | | | | |
| 与下属随时保持联系 | | | | | | |
| 被同事所接受 | | | | | | |
| 通过他人完成工作任务 | | | | | | |

| 控制能力 | 5 分 | 4 分 | 3 分 | 2 分 | 1 分 | 特殊说明 |
|---|---|---|---|---|---|---|
| 掌握业务的运作过程 | | | | | | |
| 制定执行的客观标准和规范 | | | | | | |
| 成本控制和管理 | | | | | | |
| 全面质量管理 | | | | | | |
| 严格按照实施标准，及时向上级反馈执行情况 | | | | | | |
| 其他说明 | | | | | | |

**4. 职业生涯规划分析**

职业生涯规划分析主要通过分析中层管理人员对自身工作岗位的认识和对未来的个人发展要求，进而确定培训需求。其信息来源可以有多种渠道，例如参阅人力资源部存档的员工个人资料以获取信息，或者采用访谈的形式获取信息。

## 6.2.2 中层管理人员的培训课程设置

在培训需求分析的基础上，对中层管理者的培训重点在于提高他们的管理能力、业务能力和职业素养，并结合职业生涯的发展规划来考虑晋升目标和中高层继任计划。

基于上述培训目标，培训管理部门在设置中层管理人员培训课程时要关注以下三个侧重点。

第一，确保企业的使命、愿景、价值观、经营理念和工作准则能得到顺利传达，促使经营目标和部门管理目标得以实现。

第二，提高中层管理人员的管理能力和解决问题的能力，使他们能够适应不断变化的复杂环境。

第三，充分挖掘中层管理人员的潜能，提供胜任现有和未来工作所必需的经验、知识和技能，培养个别骨干分子成为企业未来高层管理者的接班人，表 6-9 所示是中层管理人员培训课程的设置。

**表 6-9 中层管理人员的培训课程**

| 培训课程 | 培训项目 |
|---|---|
| 中层管理者的角色认知 | 管理者的角色与定位 |
| | 管理者的职责与执行力 |
| | 企业文化与价值观 |
| | 管理者的素养与提升 |

续表

| 培训课程 | 培训项目 |
| --- | --- |
| 管理技能提升培训 | 目标与绩效管理 |
| | 认识部属的七种方式和运用技巧 |
| | 将部门工作聚焦技巧 |
| | 日常时间管理 |
| | 高效沟通与冲突处理 |
| | 有效授权与激励 |
| 管理实务培训 | 人际沟通 |
| | 高效领导团队 |
| | 项目计划与实施 |
| | 整合组织资源 |
| | 管理控制与检讨 |

中层管理人员的管理技能培训内容，既包括人际沟通能力培训、项目计划与实施培训，也包括高效领导团队和管理控制与检讨培训。

中层管理人员包括的对象很广泛，介于高层和基层之间的各部门主管、部门经理、项目经理或车间负责人等。以某制造企业设置的中层管理人员管理技能提升班为例来说明中层管理人员的培训课程安排。

**课程背景：**

制造型企业中层管理人员技能的好坏，直接影响产品“质量、成本、交货期”各项指标的完成。中层管理人员既要带领团队完成各项工作任务，又要有效地管理部门工作的进度、质量、成本和人员，并且需要协同其他部门共同处理客户与外在环境所产生的各种问题，中层管理人员不仅要具备专业能力，还要注重管理技能的培训与养成，不仅要重视专业上的精进，更要具有内在修为。因此，为了帮助中层管理人员建立对管理的正确认识，提高管理团队的基本素养，要设置中层管理人员管理技能提升班课程。课程的培训内容如表 6-10 所示。

**表 6-10　中层管理人员管理技能的培训内容**

| 培训项目 | 培训内容 |
| --- | --- |
| 目标与绩效管理 | 目标与行动计划 |
| | 部属工作职能分析 |
| | 岗位关键绩效范围分析 |
| | 绩效目标管理表 |

续表

| 培训项目 | 培训内容 |
|---|---|
| 认识部属的七种方式和运用技巧 | 识己识人：人格特质测评 |
| | 人格特质解析 |
| | 基本识人六法及其运用 |
| 将部门工作聚焦技巧 | 工作目标设定 SMART① 原则 |
| | 管理的核心思考：过程控制模块 |
| | 工作聚焦的方法：KRA② 主要绩效范围 |
| | 员工工作成果管理 |
| | 员工行为和素质管理 |
| 日常时间管理 | 良好时间管理建立经理人成功习惯 |
| | 时间管理的黄金法则 |
| | 第四代时间管理的正确方式 |
| | 时间管理的五个误区 |
| 高效沟通与冲突处理 | 良好沟通的三大因素 |
| | 沟通表达技巧 |
| | 冲突处理方式 |
| 有效授权与激励 | 如何授权 |
| | 有效激励部属的技巧 |
| | 与部属互动的决策模式 |

**课程特色：**

本课程着重中层管理人员的管理技能的提升，以一个全新、完整、系统性的宽广角度，思考如何补足并精进厚实中层管理人员的管理技能。要成为优秀的企业，企业领导人必须更重视中层管理人员这群不可或缺的人力资源。

**课程效益：**

1. 知其所以然

理论分析，缘由解释。不仅总结人格特质分析，结论更着重思考缘由。

---

① SMART 原则（S = Specific、具体的，M = Measurable、可衡量的，A = Attainable、可以达到的，R = Relevant、与其他目标相关的，T = Time - bound、有时限的）是为了利于员工更加明确高效地工作，更是为了管理者将来对员工实施绩效考核提供了考核目标和考核标准，使考核更加科学化、规范化，更能保证考核的公正、公开与公平。

② KRA（Key Result Areas，关键结果领域），它是为实现企业整体目标、不可或缺的、必须取得满意结果的领域，是企业关键成功要素的聚集地。它是对组织使命、愿景与战略目标的实现起着至关重要的影响和直接贡献领域，是关键要素的集合。

2. 可操作性

聚焦经理人领导特质分析，部署工作成熟度评量，提升核心的管理技能。

3. 系统提高

锁定目标与行动计划，部署工作职能分析、岗位关键绩效范围分析、绩效目标管理。通过训练，改变管理行为，提升管理技能。

4. 寓教于乐

通过团队发展阶段分析，组织冲突处理方式等培训，感受上课不再枯燥难耐，在轻松氛围中，培训出全方位能力的中层管理人员。

## 6.2.3 中层管理人员的培训方法选择

在员工培训方式的选择上，中层管理人员的培训形式不应局限于课堂教学，可灵活运用多种培训方式。常用的培训方法有六种，具体如表6-11所示。

表6-11 中层管理人员培训方法

| 培训方法 | 特征 |
|---|---|
| 短期培训 | 短期培训是提高中层管理人员理论水平的一种最常用的方法，可以在相对较短的时间内传递大量的信息，针对性比较强。这种培训大多采用短期学习班、专题讨论会等具体形式，时间都不是很长，主要学习管理的基本原理以及理论方面的一些新进展、新研究成果，或就一些问题在理论上加以探讨等 |
| 工作轮换 | 工作轮换的具体操作方式是，将中层管理人员从一个岗位调到另一个岗位上，一段时间后再次调岗，以使其全面了解企业各个方面的工作，获得不同的工作经验，为将来在较高层次上任职做准备 |
| 替补训练 | 替补训练即每一位中层管理人员都被指定为上级的替补训练者。这些中层管理人员除承担本岗位职责外，还要熟悉同部门内上级的职责，一旦上级离任，即可按预先准备接替其工作。替补训练有利于企业的永续经营管理 |
| 案例研究 | 案例研究指培训讲师提供一些经典的案例，中层管理人员之间相互讨论案例中出现的问题，并给出自己的解决方案；培训讲师主持整个过程，对所有的解决方案给出评价并进行个别指导、改进的一种培训方法。通过案例学习，可培养中层管理人员发现问题并及时有效地解决问题的能力 |
| 角色扮演 | 角色扮演就是让一组受训人员集中在一起，从中随机选择两个人模仿某种带有普遍性的或者比较棘手的情景，在规定一些情节之后，没有经过任何排练，两位扮演者即兴模拟角色之间可能发生的对话，其他成员则在一旁观摩。扮演结束后，全体受训人员进行讨论，得出一些基本的结论。角色扮演是中层管理人员培训的常用方法之一，可使受训人员直接获得某项工作的实际处理经验，掌握一些管理技巧和管理理论，同时，还可以提高受训人员的语言表达能力 |
| 高级管理培训 | 在职辅导，MBA教育等 |

### 6.2.4 中层管理人员的培训效果评估

中层管理人员的培训效果评估其主要任务是对培训结果进行衡量，对培训是否达到预期目标进行评估，一般中层管理人员的培训效果评估分为四个层次，具体操作方法如表6-12所示。

表6-12 中层管理人员的培训效果评估

| 评估层次 | 内 容 | 评估问题示例 | 评估方法 |
| --- | --- | --- | --- |
| 反应层（第一层次） | 中层管理人员反应层评估指的是收集中层管理人员对培训内容、培训讲师、教学方法、材料、设施、培训管理等各个方面的反应情况，并进行综合评价 | 对培训项目是否满意<br>培训课程是否实用<br>对培训组织者的工作是否满意 | 调查问卷法<br>访谈法 |
| 学习层（第二层次） | 学习层评估主要评估学员通过培训学到了什么知识，以及是否了解这些知识是如何应用到工作中去的 | 通过培训，学到了哪些知识或技能<br>本次培训对实际工作是否有帮助 | 书面测试、角色扮演、模拟环境等方式测试被受训者的技能的改善 |
| 行为层（第三层次） | 行为层评估主要是评估学员在培训后行为是否有改善，是否运用了在培训中所学的知识、技能等 | 培训前后，受训学员的行为有什么不同 | 绩效考核<br>观察法<br>360度评估法等 |
| 效果层（第四层次） | 由于中层管理人员的绩效考核本身就是难点，定量指标考核的较少，定性指标考核的较多，中层管理人员绩效层的评估必须依赖于企业绩效考核体系 | 由于组织绩效指标的评估比较复杂，培训转化受许多因素的影响，需要有中层管理人员的绩效结果 | 成本收益分析法<br>目标管理<br>绩效考核 |

## 6.3 高层管理人员的培训管理

高层管理者的决策对整个企业的发展都有着重大的影响，他既是一个决策者，也是一个监督者，同时在企业中也充当着革新者、规章制度制定者、控制者、授权者、培训者等不同的角色。

对高层管理人员的培训有着独特的地方，培训内容上，更应侧重于宏观的角度或整体战略方面；在培训方式上不能单纯采用高级研修班、行业高峰论坛、结构化小组讨论等方式，而应更灵活、更多样化；在培训时间安排上，应具有较大的弹性，甚至可以脱产训练。

## 6.3.1 高层管理人员的培训需求分析

对高层管理人员进行培训需求分析，可从组织、工作任务、个人和未来发展四个层面进行。培训需求调查的方法主要有访谈法、讨论法、考察法、问卷调查和顾问指导等。表6-13是某公司高层管理人员培训需求访谈提纲的样表。

表6-13 某公司高层管理人员培训需求访谈提纲表

| 访问对象 | 访问问题大纲 | 访谈记录 |
|---|---|---|
| 高层管理人员的领导 | 您对企业高层管理人员的总体评价是什么 | |
| | 从组织需求角度出发，您理想中的高层管理团队是什么样的 | |
| | 您认为或期望这些高层管理人员在哪些方面提高 | |
| 高层管理人员同事 | 您与哪些同事经常有工作上的联系 | |
| | 高层之间的战略协同情况怎么样 | |
| | 您觉得××副总在工作中有哪些地方需要改进 | |
| 高层管理人员本人 | 您在工作中是否觉得压力过重，有哪些现象表明了这点 | |
| | 您在工作中遇到的最大难题是什么，到目前为止是否得到解决 | |
| | 对于下属员工的发展，您采取了哪些措施 | |
| | 您在工作中如何管理绩效不好的下属 | |
| | 您认为企业现有管理制度存在哪些不健全的地方 | |
| 高层管理人员下属 | 举例说明您的上级在工作上给您的指导情况 | |
| | 您工作中获得哪些授权？让您能承担职责的根本动机是什么 | |
| | 若生活上或工作中遇到困难，您会向谁寻求帮助 | |

## 6.3.2 高层管理人员的培训课程设置

高层管理人员具备广阔的视野，其职务决定了他们要从大局上把握整个企业所处的环境及企业发展方向。因此，对高层管理人员的培训内容的设置应从全局性的角度出发，侧重于商业伦理、社会责任、企业文化、商业模式、顶层设计、战略管理、卓越领导力、经营决策、市场发展与前景等方面的培训。高层管理人员应具备这些素质能力，并成功胜任所处领域的角色，这是高层管理人员从优秀到卓越的重要衡量标杆，表6-14所示是高层管理人员培训课程的设置。

表 6-14 高层管理人员的培训课程

| 培训课程 | 培训项目 |
| --- | --- |
| 高层管理者的角色认知 | 管理者的角色与定位 |
| | 企业文化与价值观 |
| | 社会责任与企业责任的融合 |
| | 商业伦理 |
| 领导技能提升培训 | 卓越领导力修炼与提升 |
| | 组织绩效提升 |
| | 领导权威与影响力 |
| | 授权与激励 |
| 高层管理实务培训 | 顶层设计 |
| | 商业模式创新 |
| | 宏观经济环境和趋势分析 |
| | 市场发展与前景 |
| | 经营决策 |
| | 战略思维与规划 |

高层管理人员的领导技能提升的培训课程，包括领导力、组织绩效、领导权威与影响力，以及授权与激励等，表 6-15 所示是某公司高层管理人员组织绩效提升的培训内容。

表 6-15 高层管理人员组织绩效提升的培训内容

| 培训项目 | 培训内容 |
| --- | --- |
| 企业执行力提升 | 激励下属，点燃热情提升绩效 |
| | 提升对上、对下跨部门沟通技巧 |
| | 提升团队执行力的方法 |
| 利润提升与成本管理 | 从三大报表看企业管理 |
| | 用财务预算管控企业运营 |
| | 成本管理实战案例 |
| 人才管理激励设计 | 掌握人才的选育用留方法和技术 |
| | 掌握员工的目标与计划管理的方法和技术 |
| | 掌握有效激励员工的方法 |
| 高效团队建设 | 高绩效团队的人才结构 |
| | 高绩效团队的核心要素 |
| | 高绩效团队的考核与激励 |

高层管理人员的组织绩效提升培训，将经营管理结合战略性组织发展、文化变革管理以及人才管理这三个领域，融合于全方位的组织绩效能力管理，阐述企

业经营管理、企业执行力、高效团队建设、战略性组织发展和人才管理实战技术，整合组织发展与变革以及组织管理体系建立和实施的方案，以及相应的实施流程、工具和方法，精心打造兼具策略性、实用性、启发性和引导性的组织绩效提升的精品课程。

通过参与高层管理人员组织绩效提升课程，能够开拓有关组织绩效提升和人才管理的思维，针对企业的执行力、组织发展和人才管理的问题给出有效的解决方案，并通过深入浅出的案例分享，探讨组织绩效提升，以及相关的战略性组织发展与人才管理的最佳路径。

## 6.3.3 高层管理人员的培训方法选择

高层管理人员的培训效果在很大程度上取决于培训方法的选择，要结合企业经营特点和高层自身素质的情况，选择适合有效的培训方法，充分利用企业的培训资源，高层管理人员常用的培训方法有七种，具体如表6-16所示。

表6-16　高层管理人员培训方法

| 培训方法 | 特　征 |
| --- | --- |
| 高校专项研修班 | 互联网、大数据、人工智能、5G等数字化技术广泛并深化地应用，正在不断地改造和提升各行各业的整体格局，并不断催生演进出新的商业模式。帮助企业高层管理人员适应新时代并且带领企业和组织长效发展，是当下面临的新挑战与新要求，这是高校提供高级研修班的特点 |
| 高级经理人训练营 | 高层管理人员在训练营一般接受为期两个星期的培训，培训重点是培养其奋发向上的斗志以及身体力行的能力，锻炼高层管理人员的耐力和培养他们团结协作的精神，锻炼战胜困难的勇气，每个学员都被强迫做一件最难堪的事。整个训练课程快要结束的时候，每个学员都要讲述未来的计划和列举自己的缺点 |
| 行业高级论坛 | 政府或大型培训机构的主力业务是最具影响力的经营管理论坛。通过分享、学习和交流的平台，掌握当下最新的经营管理理念 |
| 结构化研讨 | 拟定主题、分组、选题，结构化研讨，结果汇报 |
| 脱产培训 | 脱产培训一般有参加高级研修班、研讨会、报告会，以及接受MBA、EMBA教育等形式；另外，有出国考察学习、业务进修等，也属于脱产培训 |
| T小组训练 | T小组训练，也称敏感性训练，是一种针对感情的训练，其主要目的是提高受训者对人的敏感度。在改善人际关系方面，T小组训练也为受训者提供了冲突管理的模拟环境和处理办法，提高高级管理人员的情商 |
| 移动课堂 | 现场考察培训：参观优秀企业，借鉴优秀企业好的做法，在某种程度上，“拿来主义”可使企业少走弯路，在感悟中学习，印象深刻 |

### 6.3.4　高层管理人员的培训效果评估

高层管理人员的培训效果评估的主要任务是对经营成果进行衡量，对培训是否改善经营管理进行评估，一般高层管理人员的培训效果评估分为三个层次，具体操作方法如表6-17所示。

表6-17　高层管理人员的培训效果评估

| 评估层次 | 内　容 | 评估问题示例 | 评估方法 |
| --- | --- | --- | --- |
| 学习层 | 学习层评估主要评估学员通过培训学到了什么知识，以及是否了解这些知识是如何应用到工作中去的 | 通过培训，学到了哪些知识或技能<br>本次培训对实际工作是否有帮助 | 调查问卷<br>访谈法 |
| 行为层 | 行为层评估主要是评估学员在培训后行为是否有改善，是否运用了在培训中所学的知识、技能等 | 培训前后，受训学员的行为有什么不同 | 关键业绩指标<br>目标管理 |
| 效果层 | 高层管理人员绩效层的评估必须依赖于公司年度经营目标管理体系 | 公司年度管理目标考评表<br>公司经营指标达成情况 | 目标管理<br>经营成果 |

## 6.4　【疑难解答】员工培训应注意哪些细节

企业要想组织一次成功的培训，其实很难，培训是个系统工程。这包括培训资金的申请、课程的设计、讲师的选择，还有培训现场的管理和培训内容的讲授，再有最后的培训总结。其中任一个环节出点问题，都会影响培训的效果。比如员工参加培训时，午餐的饭菜稍微差了一些，学员也会反馈这次培训组织得不好，因此，培训的细节决定培训效果的好坏。

**1. 培训教材要准备周到**

企业安排内训，一般由讲师准备电子讲义，培训组织者自做教材。做教材的时候，特别注意少页，或者装订页码出现前后颠倒的现象；做学员讲义的时候，不要为了节省几张纸，而没有给学员留出做笔记的地方。教材用量需要根据“学员人数+2”的原则制订，以备出现突发情况；如果允许不用书面教材，在培训结束后要发电子讲义给学员。

**2. 讲师课酬要及时支付**

请外面老师来上课，在上课前应与老师协调好课酬的支付方式，要立即支付的课酬，应提前在公司财务部预领。在资金申请方面，需要关注的是一些容易忽略的费用。例如老师的交通费，以及招待费用。此外，安排老师住宿时，早餐的问题一定需要注意，有的酒店费用含早餐费用，有的不含。需要另外支付费用的，一定要与酒店提前落实好，早餐的资金提前预算。

**3. 桌椅摆放要便于讨论**

培训的桌子不能摆成教室的样子，而是尽量要摆成小组讨论的形状，座位对着讲师。但要注意，每个小组最多 7 个人，太多的学员，会影响小组讨论的效果。摆放学员的桌子，最好把抽屉对着学员，这样学员比较方便放东西。如果现场空间过小，学员坐着不舒服，互相之间有干扰，那就只好牺牲桌子，只用一个桌子，或换成小桌子，或干脆不用桌子，要保证学员活动的空间够大才好。讲师的桌子尽量要小，保持与学员的距离畅通。

**4. 室内灯光要能够控制**

室内要尽量把灯光打开，营造浓厚的学习气氛。投影幕布上面的灯一定要关闭，后面的学员才能看清楚幕布上面的字。如果光线实在不好，那就只好打开窗帘。作为讲师和培训组织者，要知道哪些开关是控制哪些灯的，可以随时调节灯光，让培训现场感觉更好。如果讲师要放录像，就直接关闭灯光，放完了再打开，如果招呼服务员来做，时间上来不及，也不方便。容易被忽略的是一些壁灯，如果壁灯开着，后面的学员会感到刺眼，不利于他们的学习。安排好现场的灯光以后，讲师要坐在后面现场感受一下，从让学员舒适的角度来调整。

**5. 空调温度要尽量制冷**

参加培训的学员聚在一起学习，他们的体温就可以让教室热起来。讲师要在培训开始时，把空调的温度稍微调高，让学员保持兴奋的状态，参与到培训中来。在培训进行中时，适当调低温度，让学员不因感到闷热而烦躁。在下午时，把空调打到最低的位置，这样学员不会发困。在调整空调温度的同时，尽量让现场的空气流通起来，否则学员会感到胸闷，学习也将受影响。空调是个大问题，也是选择培训场地要考虑的核心要素之一，如果制冷效果不好，最好是换地方。在闷热的地方影响学习效果。

**6. 讲师要亲自试用音响**

一般来说，宾馆、酒店的音响都不是特别好，只是能用而已。一个杂音不断的音响，非常影响讲师的情绪和学员的热情，还不如没有音响。即便现场的音响不错，讲师也要在课程开始之前，亲自试用，保证效果。

**7. 室内茶水要充分准备**

学员最好备用没有盖子的杯子，因为有盖子的杯子，学员在喝水时，会发出撞击的声音，会干扰其他学员，也可能干扰讲师。最好教室后面放置一个茶水台，茶水台准备一些零食，让学员自己倒水，自己选择喝茶水，还是喝咖啡或者白开水，如果饿了吃点零食。如果让服务员倒水的话，走来走去的服务员，既对学员造成干扰，也对讲师造成干扰。所以最好在培训时请服务员离场，等到课间的时候，再来提供服务。服务员的工作是保证茶水台上饮水和零食充足。

**8. 培训要安排答疑时间**

在培训过程中要安排答疑时间，培训的目的是解决问题，培训现场有疑问要及时解答。如果需要在后期评估培训效果的，应与讲师确定培训后评估的时间和方式。这些在上课前与讲师协商解决，确保培训形成长效机制。

## 6.5 【案例分析】企业管理人员的培训课程设置

某中型家电工业制造型企业年销售额 4.5 亿元，员工约 600 人，其中管理人员 90 人，管理人员包括高层管理人员 7 人，中层管理人员 41 人，基层管理人员 42 人。该企业 70% 的管理人员隶属生产部门，其中包括 9 个生产车间，42 个生产班组，现以生产部管理人员为例，设置 2021 年度的培训课程。

人力资源部协同生产部通过培训方式，来协助解决生产车间存在的一些管理问题，如现场管理混乱，车间之间沟通不畅，目视化管理不清晰，生产计划排单不平衡，管理人员时间意识不强，班组之间的配合度不高、生产普工流失比较严重等问题。人力资源部依据企业 2021 年度的经营目标、年度培训规划、生产部的培训需求及生产部管理人员的素质情况等因素，制订生产部管理人员的培训课程计划，如表 6-18 所示。

表 6-18 某企业生产管理人员 2021 年度的培训课程

| 课程类别 | 课程名称 | 课程目标 | 时间（小时） | 培训方式 | 讲师 |
| --- | --- | --- | --- | --- | --- |
| 班组长等基层管理人员培训课程 | 基层干部管理特训班 | 增进班组之间、班组内的相互沟通与协作，提高工作效率 | 12 | 内训 | 外聘 |
| | 时间管理 | 合理安排工作时间，提高工作效率 | 6 | 内训 | 外聘 |
| | 人际沟通技巧 | 提高沟通技巧，提高组织效率 | 6 | 内训 | 外聘 |

续表

| 课程类别 | 课程名称 | 课程目标 | 时间（小时） | 培训方式 | 讲师 |
|---|---|---|---|---|---|
| 班组长等基层管理人员培训课程 | 班组长 5S 管理实务 | 提高基层管理人员的现场管理能力 | 18 | 内训 | 内讲 |
| | 提案改善制度推行实战班 | 增强基层主管与骨干员工的现场管理技能与素质 | 6 | 内训 | 外聘 |
| | 班组长品管道场班 | 了解工厂现场品质、质量管理与质量改善的基本方法 | 6 | 内训 | 外聘 |
| 生产部长、生产主管等中层管理人员培训课程 | 精益智能工厂转型升级班 | 精益生产与智能制造相结合，提升生产效率 | 12 | 内训 | 外聘 |
| | 车间管理七力实务班 | 掌握车间管理的七项基本技能，达到降本增效的目的 | 8 | 内训 | 内讲 |
| | 魅力口才与职场沟通特训班 | 提高沟通技巧，提高管理效率 | 8 | 外训 | 外聘 |
| | 领导力与管理技能提升班 | 提高生产主管的组织与执行能力，增强表达能力与技巧 | 6 | 外训 | 外聘 |
| | 内部讲师培训班 | 提高中层管理人员在员工培训管理方面的认识与技能 | 8 | 内训 | 外聘 |
| | 招聘与面谈技巧 | 提高中层管理人员在人员招聘中的技能，降低招聘风险与成本 | 8 | 内训 | 内讲 |
| | 目标管理与绩效考核 | 了解目标管理与绩效管理的基本知识与方法 | 12 | 内训 | 外聘 |
| | 生产管理实务班 | 提高生产部门中层管理人员拟订计划与管理计划的技能 | 6 | 外训 | 派外 |
| 生产副总等高层管理人员培训课程 | 企业标准化管理实务班 | 提升生产管理效率，降低生产成本 | 24 | 外训 | 外聘 |
| | 品质保证实务班 | 提高沟通技巧，提高组织效率 | 56 | 外训 | 外聘 |
| | 带人的技术 | 提高团队协作力和凝聚力 | 8 | 内训 | 外聘 |
| | OKR-目标管理① | 掌握 OKR-目标管理的绩效管理方法，提高战略执行能力 | 24 | 外训 | 外聘 |
| | 动态危机管理 | 提高高层管理人员预防风险和处理突发事件的能力 | 24 | 外训 | 派外 |
| | 提高人效 | 提高高层管理人员对提升生产效能的能力 | 16 | 外训 | 派外 |

① OKR-目标管理：指一种目标管理方法。O 是指目标（objective），用来明确方向；KR 是指关键结果（key result），用来量化目标，使团队和个人聚集于一个具有挑战的目标。

## 6.6　【HR 应知】企业培训管理体系流程图

建立和完善企业培训管理体系，是培训管理工作的核心任务，其有效性判断标准是要提升企业竞争力，为企业战略目标的实现提供最优秀的人力资源。培训管理体系流程包括培训制度、培训信息搜集反馈与管理、培训计划与实施、培训评估体系等一系列培训相关的制度。图 6-2 为企业培训管理体系流程图。

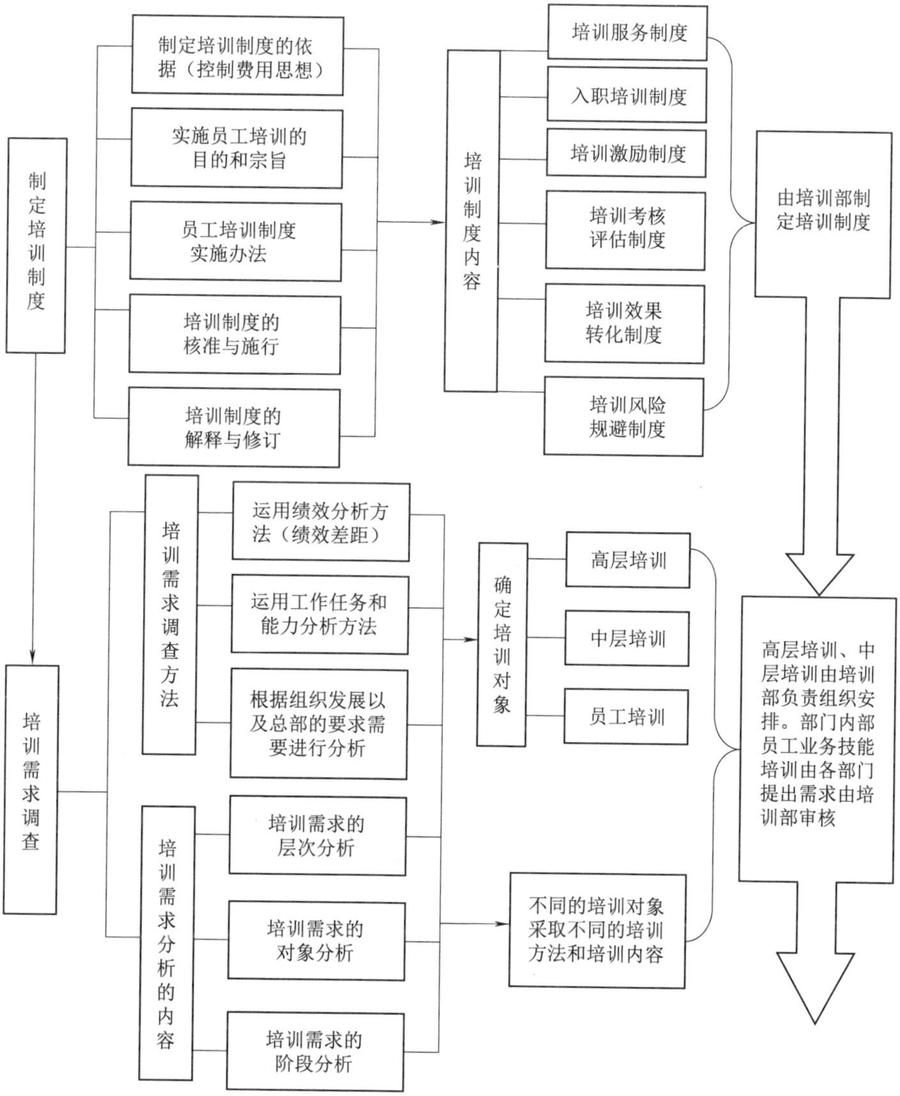


图 6-2　企业培训管理体系流程图

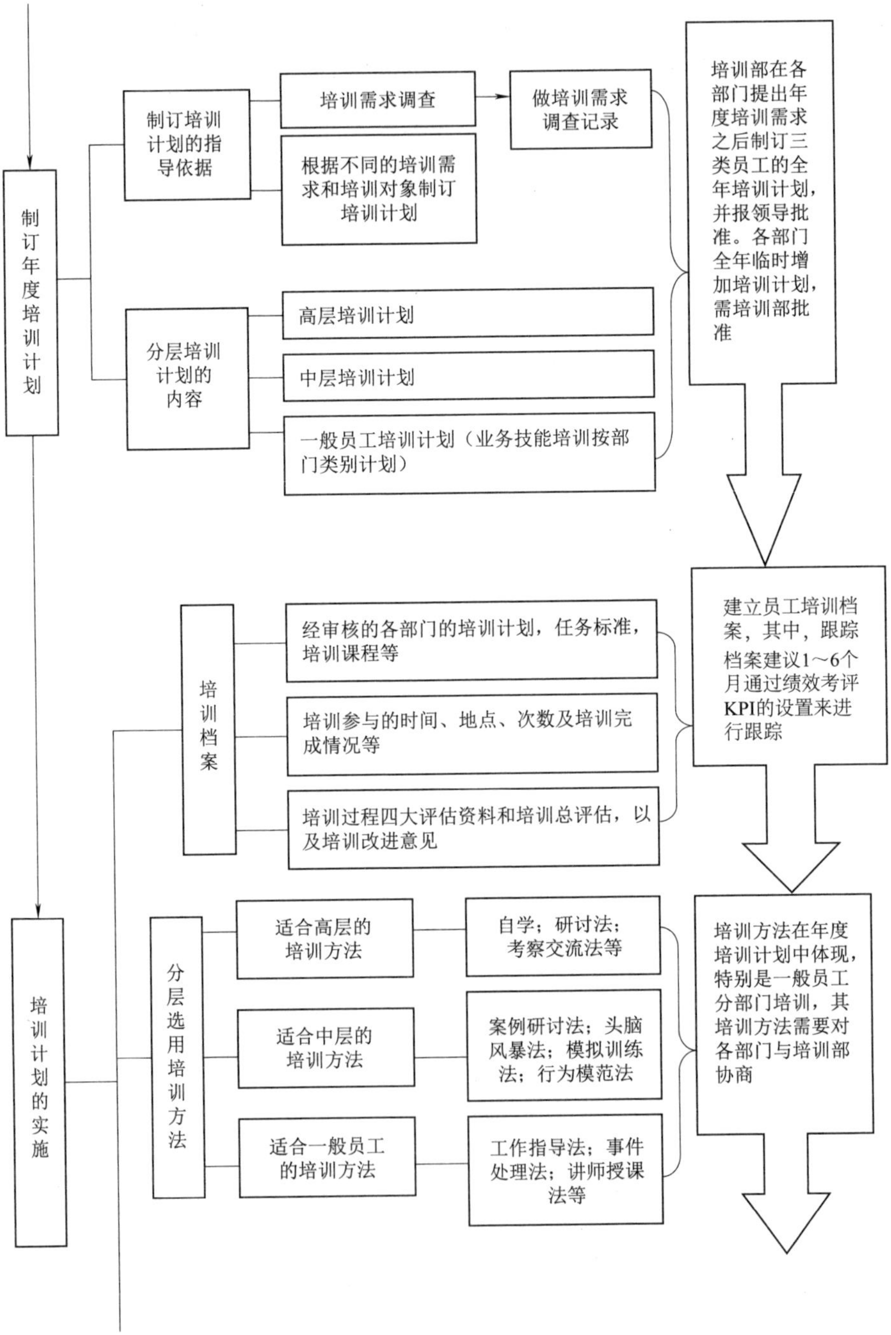


图 6-2　企业培训管理体系流程图（续）

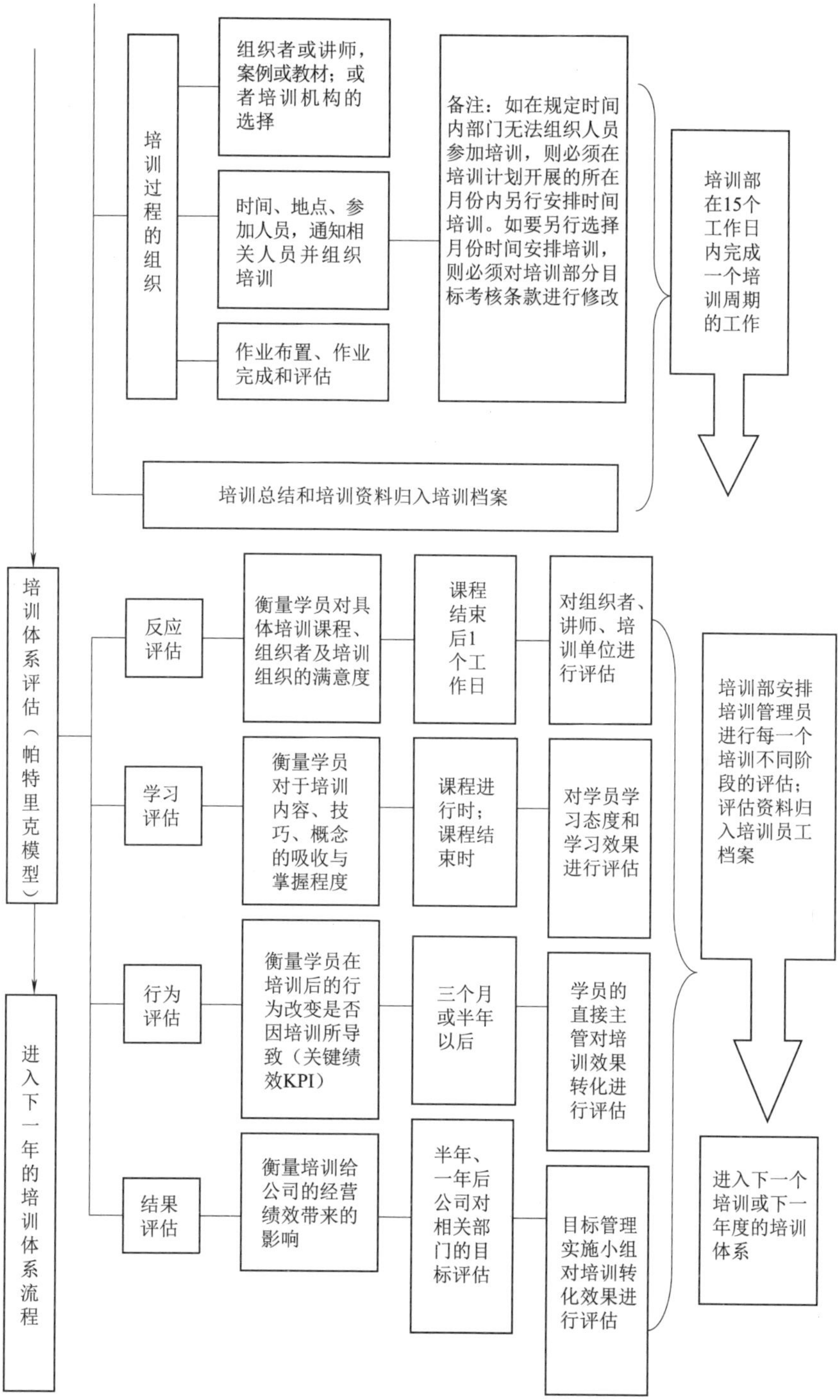


图 6-2 企业培训管理体系流程图（续）

7

# 市场营销人员的培训管理

## 7.1　市场营销人员的培训需求分析

市场营销人员是市场的开拓者，是企业利润的直接实现者，其工作态度、专业知识和职业素养在很大程度上直接决定了企业的利润水平及市场竞争力。对营销人员进行心态、营销理念、销售方法与技巧、产品知识等方面的培训，有助于营销人员以更加积极的心态适应市场变化，沉着应对市场挑战，发掘市场潜在客户，从而促进企业营销人员业绩的提升。

### 7.1.1　市场营销人员的培训需求分析内容

不同企业的产品不同，目标顾客不同，对营销人员的素质要求也不同。那么对企业来说，应该如何开展培训工作才能帮助营销人员提升业绩？对营销人员来说，究竟需要在哪些方面提升自己？为了弄清以上问题，就需要对营销售人员进行培训需求分析。

对营销人员的培训需求进行分析，可从组织和个人两个层次展开，如图 7-1 所示。

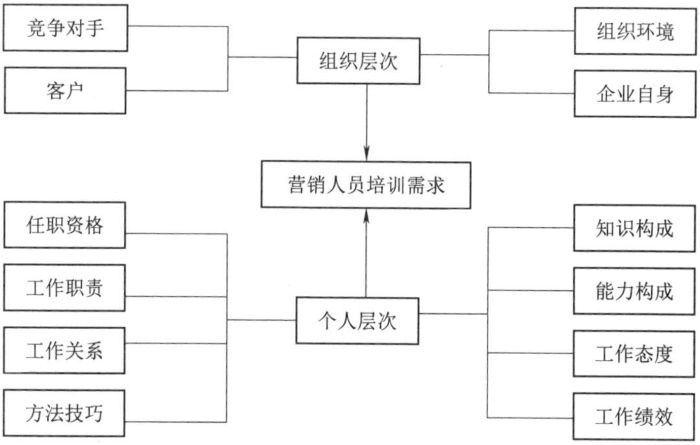


图 7-1　营销人员培训需求分析图

**1. 组织层次分析**

组织层次培训需求分析主要从组织环境、客户、企业自身和竞争对手四个方面开展，具体如图 7-2 所示。

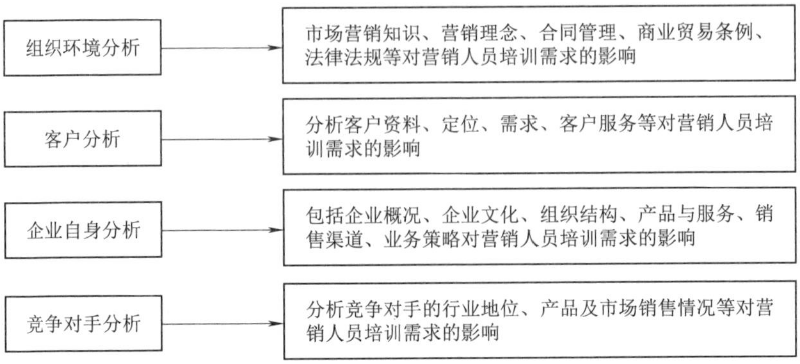


图 7-2　组织层次培训需求分析图

**2. 个人层次分析**

营销人员个人的任职资格、工作职责、工作关系、方法技巧、知识构成、能力构成、工作态度和工作绩效方面都会对培训需求产生一定的影响，具体如图 7-3所示。

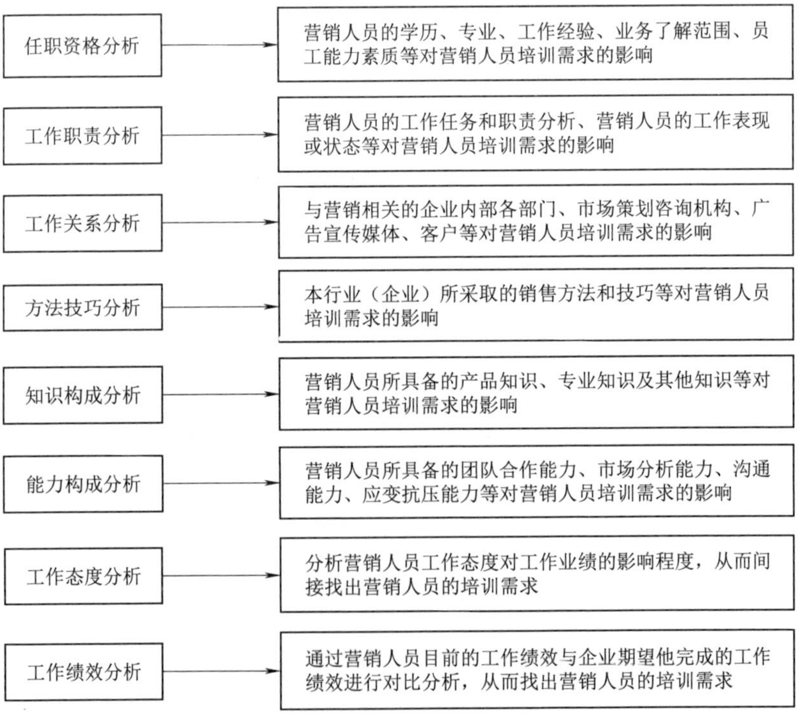


图 7-3　个人层次培训需求分析图

## 7.1.2 市场营销人员的培训需求分析报告

培训管理部门对营销人员进行培训需求调查和分析，并结合公司营销战略规划、年度销售目标与考评、人力资源年度培训规划和以往培训课程的总结等方面的信息，明确营销人员的培训计划和培训目标，并形成《营销人员培训需求分析报告》，用于编制营销人员年度培训计划。

为了掌握营销人员培训需求分析报告的内容，下面以《某集团公司销售人员培训需求分析报告》（见表7-1）为例来说明。

**表7-1 某集团公司销售人员培训需求分析报告**

<table>
<tr><td rowspan="2">文案名称</td><td rowspan="2">某公司2021年销售人员培训需求分析报告</td><td>编　号</td><td>××21</td></tr>
<tr><td>编制部门</td><td>人力资源部</td></tr>
<tr><td colspan="4">
一、培训需求分析背景<br>
公司销售部自成立以来已取得了巨大成就，截至2020年年底，公司已有销售人员369名，创年销售收入462 479.3万元。<br>
为进一步拓展销售市场，公司制定销售收入年均增长15%的发展目标。为了确保目标的实现，公司决定对销售人员展开培训，以提高销售人员的销售知识和技巧。为保证培训效果，特开展本次培训需求分析。<br>
二、需求分析内容和方法<br>
为了全面了解公司销售人员对于培训的需求状况，人力资源部于2020年11月18日至2020年11月22日，对公司369名销售人员进行培训需求问卷调查。其中发放调查问卷369份，回收有效问卷362份。<br>
为了更好地了解销售人员培训需求、销售部门对培训的认知程度和重视程度，人力资源部还对销售部主管及经理进行了详细的访谈，并对销售人员岗位说明书、销售部工作报告等相关资料进行分析，以确保销售人员能够获得有效培训。<br>
三、培训需求分析内容<br>
（一）调查问卷情况<br>
1. 销售人员学历情况<br>
从回收的调查问卷中可以看出公司销售人员的情况：职高/高中毕业的销售人员占很大比例，达到67.6%，专科及本科以上占27.3%，这反映出公司销售人员队伍的学历水平相对较低的现状，也在一定程度上说明对销售人员进行培训的必要性和紧迫性。<br>
2. 销售人员相关经验<br>
调查问卷显示，有78.4%的人从未参加过系统的销售培训。公司销售人员销售工作经验在1年以下的占销售人员总数的52.8%，销售年限在3年以上的销售人员仅占总数的25.1%。销售人员的销售经验存在明显不足，需要专门人员对其进行培训。<br>
3. 培训内容需求调查<br>
在设计调查问卷时，我们对销售人员的心态和销售技巧问题分别进行了设计。在销售技巧的相关问题中，以下7个问题比较突出。<br>
（1）如何找到顾客。<br>
（2）如何接近顾客。<br>
（3）如何介绍公司产品。
</td></tr>
</table>

（4）如何消除顾客顾虑。
（5）如何确保订单成交。
（6）如何处理顾客关系。
（7）如何进行销售沟通。
（二）调查问卷结果分析
从此次调查问卷中可以得出以下结论。
（1）公司销售人员的学历水平相对比较低，应该进行相关知识的培训；
（2）78.4%的销售人员没有经过系统的销售学习和培训；
（3）公司销售人员的销售工作经验不足，尤其是销售经验不足一年者迫切需要接受业务指导和培训。
（4）销售人员对没有足够的自信心、如何找到客户、如何消除顾客顾虑、如何进行销售沟通等方面的培训需求较为集中。
（5）绝大多数人认为销售培训可以提高业绩，非常必要。

**四、销售人员培训建议**

针对销售人员培训需求调查的实际情况，建议公司对销售人员从两个层面、分两批进行培训。两个层面主要指心态层面和销售技巧层面。分批指把所有销售人员分成两批：一批是销售管理人员，对他们主要进行销售队伍的建设和管理、如何管理下属、如何指导下属等方面的培训；另一批是销售人员，对他们要采取有计划、有步骤、分阶段的销售业务培训。

**五、销售人员培训实施**

1. 培训形式
为了调动销售人员参与培训的积极性，建议将课堂讲授、角色扮演、案例教学等培训方式相结合。
2. 培训讲师
建议公司在2021年培训工作中，培训讲师除了选择销售部门管理人员外，还应聘请国内外销售精英或专家给予现场讲授，用个人的实例来鼓舞销售人员，以提高销售人员信心和销售技能，最终提升公司的销售业绩。

| 编制/日期 | | 审核/日期 | | 批准/日期 | |
|---|---|---|---|---|---|

## 7.2 市场营销人员的培训课程设置

市场营销是企业经营管理的核心环节，是企业实现利润、保证现金流的核心部分。市场营销人员的培训，围绕市场策划和产品销售来进行，以市场为导向，营造适合买卖的氛围，又以产品为导向，打动客户实现成交。培训课程既要传授科学的理念方法，又要提供具体的可行方案。

### 7.2.1 市场营销人员的培训目标

营销人员培训的总目标是提高营销人员的整体素质和销售技能，增加营销人员对企业的了解和信任，激发营销人员的潜能，提高营销人员的自信心，从而提高营销人员的业绩，进而提高企业的销售额和市场占有率，达成企业的市场目标，实现企业的经营业绩目标。企业通过有计划、有针对性的培训，可以逐步提高营销人员的能力水平。

## 7.2.2 市场营销人员的培训课程设置

营销人员所承受的工作压力比较大，所遭受的拒绝和挫折相对也比较多。因此，对营销人员的培训除了进行一般的销售理念、销售理论、销售策略、市场开发策略和销售技巧以外，还需要对其进行提高心理素质、树立积极心态、自我减压、商务礼仪和人际沟通等方面的培训。

**1. 营销人员培训课程设置的三个层面**

①知识培训，包括企业知识、产品知识、行业知识、专业销售知识等。

②销售技能培训，包括基本销售技巧、沟通技巧、专业服务技巧。

③素质培训，包括团队协作精神、心理素质和心性修炼等培训。

**2. 确定营销人员培训课程体系**

设置营销人员的培训课程，如表7-2所示。

表7-2 营销人员培训课程表

| 课程名称 | 主要内容 |
|---|---|
| 销售实战特训班 | 告诉营销人员如何开发客户、接单和获得销售成果 |
| 大客户开发与维护管理实务班 | 告诉营销人员应该如何去开发和维护大客户 |
| 如何消除顾客异议 | 列出顾客异议的类型，并逐个给出解决办法 |
| 如何进行产品介绍和演示 | 告诉营销人员如何介绍产品、如何向顾客演示产品 |
| 销售谈判艺术 | 告诉营销人员如何观察、倾听和询问的技巧 |
| 双赢销售精训班 | 告诉营销人员成交的时机和方法 |
| 建立良好的顾客关系 | 告诉营销人员如何与顾客建立长久的业务关系 |
| 销售目标管理 | 告诉营销人员如何进行目标管理 |
| 管理自己 | 告诉营销人员如何规划自己，如何进行时间管理 |
| 营销人员应具备的基本素质 | 营销人员的素质、品德、仪表、礼仪和态度等具体要求 |
| 营销人员的心态 | 告诉营销人员如何提高自己的心理素质、自我减压 |
| 销售主管特训班 | 将销售精英经过培训晋升为销售主管 |

**3. 营销人员培训课程设置与开发的步骤**

营销人员培训课程的设置与开发一般遵循三个步骤。

第一，按照课程的重要程度，建立培训课程体系。

按照课程的重要程度，建立培训课程体系究竟要培训什么内容？哪些内容更重要？这些内容应是怎样的一个体系？要解决这些问题，就要对培训需求调查中的各个需求点进行分类整理，按照需求程度的高低，细化为各类课程。

有的培训需求调查结论中已经明确了各个问题和各类课程，根据调查结果，课程的重要程度自然就出来了。

有的培训需求调查结论中，只明确了培训需求的大方向或内容，比如销售基础理论、销售技巧、销售心态等，这就还要进一步细化，通过再次调查分析，具体明确到解决某一类问题的课程上，就可以基本上得到各类课程的重要性排序，从而建立起培训课程体系。

第二，进行课程大纲的编写。

在确立了培训课程体系以后，就要编写各个课程的大纲，也就是确定各个课程的内容模块。在编写培训大纲的时候，最重要的一点就是保证大纲要适合本企业产品的特点和本企业营销的特点，只有这样才能编写出适合自己企业的个性化培训教材。

第三，按照课程大纲进行培训教材的开发与完善。

在对培训课程的大纲反复修改并定稿后，就要着手具体教材的编写工作。教材初稿完成后，要经过试讲和不断修改，直至最后定稿。

**4. 以B公司营销中心的销售主管特训班为例讲解**

B公司是一家制造型的建材科技公司，生产PPR绿色生态自来水管道，在行业内享有较高的知名度，具有优越的品牌优势。随着房地产的快速发展，以及国内农村房屋建设的增多，还有大量的装修市场，自来水管道的市场需求量很大；但是，不同的用户对自来水管道的需求层次不同，加上同行业自来水管道产品也很多，导致市场销售的竞争非常激烈。

B公司需要加强营销团队的建设，培养优秀的销售主管来带动各个市场区域的销售增长。销售主管外招比较难以适应企业的环境，决定采取内培优秀的销售人员来担当销售主管；但是往往存在一种情况，销售精英非常能干，每次都超额完成任务，可当把他提升成销售经理、销售主管时，总能看到的是他每天加班加点地干，忙得不可开交，整个销售部门的业绩却下滑。面对这个问题，公司营销中心和培训管理部门策划一个培训课程，来帮助销售精英提升到销售管理者。通过对所有销售人员进行分类调查分析（必要时进行座谈交流），结合公司的行业和产品实际情况，以及公司未来五年的市场规划，公司决定开设销售主管特训班，重新正确定位销售管理者的角色，帮助这些“销售明星”成功转变为优秀“销售教练”，让他们拥有超强的业务能力的同时更具备过硬的管理能力。

以B公司设置的销售主管特训班课程为背景，通过调查，收集到培训前遇到的问题，列举如下。

作为销售主管，以前没学习过管理知识，不知道如何管人？

什么样的人才适合做销售主管？应该如何挑选销售人员？

试用期短，难以看到新人的业绩，试用期内如何评估考察？

如何培养销售人员？有哪些方法？

作为销售主管，应该有自己的销售任务吗？销售业绩该如何抓？

销售主管做些什么工作才能真正提升业绩？

销售人员每天出去后，是去拜访客户，还是逛街、去网吧玩游戏？不好管理，怎么办？

有没有一种方法，不需增加投入，而又能马上帮助业务员提升业绩？

如何与下属相处？该严厉还是宽容？慈不掌兵还是爱兵如子？等等。

针对以上问题，通过培训加以辅导，解决问题，课程目标是培养掌握现代化的营销技能、有管理知识的销售主管，打造出一支“营销战狼”必胜团队，增强企业营销管理的能力，适应竞争日趋激烈的市场。课程的培训内容如表7-3所示。

**表7-3　销售主管特训班的培训内容**

| 培训项目 | 培训内容 |
| --- | --- |
| 销售主管的工作与角色定位 | 销售管理者管什么——管人理事 |
| | 销售管理者的八大职责 |
| | 销售管理五要素 |
| | 销售主管角色转换 |
| 销售业绩才是硬道理 | 销售组织规划与设计 |
| | 构建销售部组织框架 |
| | 构建个人职务规范：任职资格、岗位职责、任职考评 |
| | 利用关键指标设置控制提升业绩 |
| | 善于整合及包装武器，提高团队作战能力 |

续表

| 培训项目 | 培训内容 |
|---|---|
| 销售主管对团队的组建与教练 | 销售人员的挑选 |
| | 销售人员的辅导 |
| | 销售人员常见问题与解决 |
| | 如何留住优秀销售人员 |
| | 销售过程、客户管理 |
| 销售人员的激励技巧 | 创造理想环境，硬、软指标两手都要抓：公平、公开、公正 |
| | 奖励是最主要的手段——预先明确化 |
| | 使每个人都有好心态——工作快乐化 |
| | 创造协作的环境 |
| | 销售人员自我督促——批评技巧 |
| 销售主管的自我提升 | 工欲善其事，必先利其器 |
| | 提高管理技能的3个途径 |
| | 销售主管如何自我学习 |
| | 销售主管要当心的陷阱 |

课程特色：

①实战化：以实操真实案例为演练蓝本，确保课程实战落地。

②多元化：采用理论讲解＋小组讨论＋互动游戏＋案例分析＋实战模拟＋视频教学的培训方法。

③模块化：模块化的设计，确保课程的严谨性、结构性与逻辑性。

④渐进化：阶段性的课程安排，使学员循序渐进，快速转化学习效果。

⑤工具化：配有实战工具与方法，真正做到有方法可依，有工具可用。

## 7.3 市场营销人员的培训计划实施

### 7.3.1 确定培训的时间和地点

#### 1. 营销人员培训时间的确定

营销人员的培训时间，应根据培训需求来确定。通常在以下情况下，公司有必要对营销人员进行培训。

①新的营销人员加入公司时。

②营销人员的业绩遇到瓶颈或整体下滑时。

③新产品上市时。

④销售市场竞争激烈时。

⑤参加广交会前或重大客户来访前。

⑥培养销售管理储备干部。

在培训时间的安排上，要考虑产品销售的淡旺季，尽量选择产品销售的淡季，避开产品销售的旺季，以免影响销售业绩。

**2. 营销人员培训地点的确定**

培训地点的选择要保证销售人员的培训实施过程不会被中断或受到干扰。根据不同的培训方式，培训的地点也会有所不同。

①理论性或知识性的培训一般选择在公司的会议室内。

②拓展性培训一般选在室外或在专门的拓展培训基地进行。

③中高层销售培训一般选在酒店、度假村进行。

④高层营销人员培训一般在政府或行业协会组织的论坛或研讨会。

## 7.3.2　培训老师的选择

为营销人员选择培训讲师时，资历和培训经验是需要考虑的重要因素。一般由公司内部销售经理、销售骨干及其他相关人员，或公司外部具有丰富销售经验的专家、学者担任。

公司内部培训讲师选择应具备以下条件。

①对公司销售的产品非常了解。

②有着相当丰富的销售经验。

③对于培训方法有充分的了解和研究。

④具有良好的语言表达和沟通能力。

## 7.3.3　制订培训实施计划表

培训实施计划表是培训实施的行动指南，本节以新入职的营销人员的培训来讲解培训实施计划表的制订方法。新营销人员培训主要分为四步。

第一步，人生信念和价值观的引导。

对于新入职的营销人员的就业观念和职业理念要进行梳理，讲解和树立本企业对员工就业观念和工作理念的要求，只有在信息和观念同步的情况下，新员工才能适应新的工作环境。

第二步，企业文化和价值观的宣导。

新入职的营销人员到了一个陌生的环境会感到恐惧，企业从企业文化、理念、企业价值观、工作准则等方面进行教育引导，让新入职的营销人员知道企业的使命、愿景和价值观、核心理念和工作准则，同时经常跟新人进行沟通和关心，让他们真切地认同企业。

第三步，企业内外部环境的分析。

讲述企业所在的市场潜力，让新人感觉自己到了一个有前景、有未来的企业，而自己销售的产品是有生命力的产品。当新人了解了企业的定位时，就应该明白自己的定位，明确工作岗位、企业制度，相信自己在这家企业能创造价值，实现梦想。

第四步，业务流程和产品知识的培训。

新营销人员要开展自己的工作，这时候企业需要讲解工作流程、产品知识和行业知识，加强新人的基本销售技能、礼仪、沟通能力等基本的销售知识的学习，帮助新人开展工作。

表7-4是某电器制造企业对新入职的营销人员的培训实施计划表。

**表7-4　新入职销售人员培训实施计划表**

| 日　期 | 培训时间 | 培训内容 | 培训讲师 | 培训方式 |
|---|---|---|---|---|
| 12月16日 | 8:30～11:30 | 企业文化与员工手册 | 人资培训专员 | 课堂讲授 |
| | 14:00～17:00 | 营销人员管理制度 | 营销主管 | 课堂讲授 |
| 12月17日 | 8:30～11:30 | 企业战略目标与现状、市场形势、目标市场与竞争状况、产品的主要销售渠道等 | 营销总监 | 课堂讲授配合多媒体 |
| | 14:00～17:00 | 销售与营销的区别、营销观念的演变、如何与客户建立关系并维护好关系和销售技巧等 | 外聘讲师 | 课堂讲授配合多媒体、案例讨论 |
| 12月18日 | 8:30～11:30 | 参观生产车间，了解电器的生产情况及其性能，熟悉生产工艺 | 车间主任 | 现场参观学习 |
| | 14:00～17:00 | 参观品管部门，了解电器产品的检测方法，了解客户投诉的主要问题及解决方法 | 品管部部长 | 现场参观学习 |
| 12月19日 | 8:30～11:30 | 学习有关电器的专业知识 | 生产部部长 | 现场讲解、示范 |
| | 14:00～17:00 | 营销人员礼仪规范与注意事项 | 内部讲师 | 课堂讲授配合多媒体、情景模拟 |

续表

| 日期 | 培训时间 | 培训内容 | 培训讲师 | 培训方式 |
| --- | --- | --- | --- | --- |
| 12 月 20 日 | 8:30 ~ 11:30 | 营销骨干结合自己的经历讲解销售技巧和销售过程中的注意事项 | 营销精英代表 | 角色扮演 |
| | 14:00 ~ 16:00 | 测试 | - | - |

### 7.3.4　培训的实施与监控

营销人员培训除了要做好上述准备工作以外，还需要准备好其他的一些事项，包括培训辅助设备的准备、培训经费的预算、发布培训通知等。

人力资源部在对营销人员的培训实施过程中，除了按计划表中的时间、地点等开展具体的培训工作以外，还需要注意监控整个培训过程，并做好相应的培训记录，以便培训完成后对培训工作进行评估。

## 7.4　市场营销人员的培训效果评估

市场营销人员的培训效果，可以从培训结果和培训过程两方面评估，从而体现培训投入产生的经济性和非经济性收益。结果方面是评估市场开拓、市场份额、新开发客户数量和销售业绩等，过程方面是评估营销人员的业务能力、业务素养、产品知识和接单能力等。

### 7.4.1　营销人员培训效果的评估方法

评估营销人员培训效果的方法很多，可选择测试法、访谈法、观察法、关键事件法、培训分享会、成果发布会、问卷调查法等。下面介绍七种常用的销售人员培训评估方法。

**1. 测试法**

测试法就是由培训讲师或培训组织者编制试题，在培训结束后一定时间内对营销人员进行测试的一种方法。测试法可以用于测试营销人员对公司规章制度、产品知识、行业知识等培训内容的掌握程度。

**2. 访谈法**

访谈法也是营销人员培训评估中常用的一种方法，是直接和营销人员沟通，通过提问的方式来测试营销人员对培训内容的掌握程度。

**3. 观察法**

对于营销人员销售技巧、工作态度、礼仪的培训，培训实施部门可以通过观察销售人员行为变化的方法，来进行效果评估。

**4. 关键事件法**

关键事件法是将培训的评估注意力集中在那些有效从事一项工作与无效从事一项工作的关键行为上，由评估者对培训对象特别有效和无效的行为进行记录。

**5. 培训分享法**

培训分享法是指培训人员在培训结束后，分享培训的感悟和培训后的应用，并制订下一步工作改善计划，通过培训总结与共享来加强效果。

**6. 成果发布法**

成果发布法是将培训的知识应用于工作实践中，经过三个月的时间，将培训后制订的改善计划进行总结，并对改善的经济成果给予奖励。

**7. 问卷调查法**

问卷调查法的测试范围较广，涉及培训课程、培训讲师、培训组织、受训人员参与程度等多个方面的内容。

## 7.4.2 市场营销人员培训效果的评估

培训效果评估包括反应评估、学习评估、行为评估和效果评估。通常在一次培训结束后，培训管理部门会结合多种评估方法，根据培训管理的实际需要来落实具体评估方案。

在实际操作过程中，营销人员培训效果可以与任职资格评定结合起来。针对性的培训后，对应任职资格规定的知识技能和职业素养等是否得到相应的提高，与历年的任职资格评定的结果与培训的效果关联，更能够充分发挥人力资源管理各大模块的系统性管理功能。

培训管理部门根据实际情况，采用适合的评估方法进行效果评估，将相关的数据结果和行动效果加以汇总分析，并得出培训效果的结论，用于营销人员培训管理的改善，并形成营销人员培训效果的评估报告。

营销人员的培训评估报告的撰写应力求客观、公正，其内容主要是对培训实施的目的和性质、培训实施过程和方法以及评估结果等方面加以说明。表 7-5 是某电器公司的营销人员培训评估报告。

**表 7-5 某电器公司销售人员培训效果评估报告**

| 文案名称 | 某电器公司销售人员培训评估报告 | 编　号 | DR21 |
|---|---|---|---|
| | | 编制部门 | 人力资源部 |

**一、培训项目基本情况**

此次销售人员培训项目的基本情况如下所示。

| 培训项目名称 | 大客户维护技巧 | 培训讲师 | 胡老师 |
|---|---|---|---|
| 培训日期 | 2021 年 4 月 23 日 | 培训地点 | 公司培训中心 |
| 培训对象 | 外贸业务员 | 培训人数 | 18 |
| 培训项目实施背景 | 如何做好线上和线下展会，提高参展效果 | | |

**二、培训评估实施过程及方法**（略）

**三、培训评估结果及分析**

本次培训总评估的平均值为 7.1 分，介于“达到期望值”与“高于期望值”之间。关于本次销售人员的培训评估，各项分数介于 5.2～8.6 分。其中“案例丰富”得分最低，为 5.2 分；“多媒体运用”得分最高，为 8.6 分。具体到每项内容的总评估分数如下图所示。

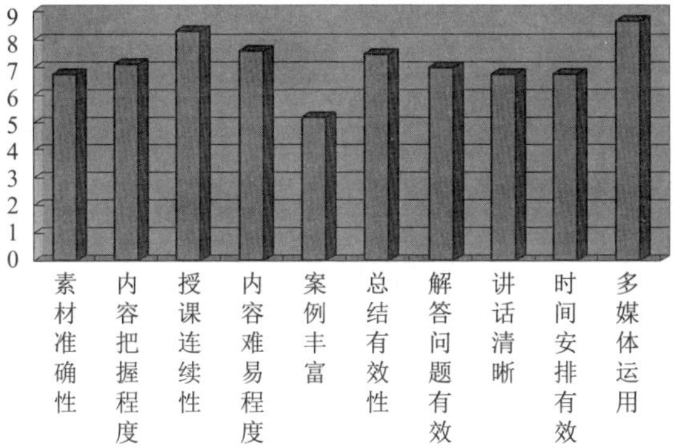


1. 收集的部分学员意见

| 意见 | 觉得培训中有需要改进的地方 | 觉得培训中的亮点有哪些 |
|---|---|---|
| 意见一 | 内容较多，可设专题 | 对工作有实际帮助 |
| 意见二 | 增加案例，提问的方式 | 清晰、易懂 |
| 意见三 | 多增加案例，提前发放培训材料 | 重点突出，内容全面 |
| 意见四 | 多配合案例，讲义可以再生动一些 | 有实操经验 |
| 意见五 | 讲师互动少，案例少 | 可行性强 |
| 意见六 | 用实例讲解，容易理解 | 培训内容丰富 |

2. 培训效果评估

（1）培训结束后，通过测试，发现学员对培训内容的掌握比较到位（附成绩统计表格）。

（2）培训结束后一个月，某些学员的销售业绩提高了（附销售数据进行简单的比较）。

| 编制/日期 | | 审核/日期 | | 批准/日期 | |
|---|---|---|---|---|---|

## 7.5 【案例分析】市场营销人员的培训计划书

| 文案名称 | 某集团公司销售人员培训计划书 | 编　　号 | PX21 |
|---|---|---|---|
| | | 编制部门 | 人力资源部 |

**一、培训目的**

提高销售人员的整体素质和销售技能，激发销售人员的潜能，提高销售人员的自信心，从而提高销售人员的业绩，提高公司销售额和市场占有率，实现公司的经营业绩。

**二、培训内容**

人力资源部于2020年12月份对公司销售部员工开展了本年度培训需求调查，了解员工目前的工作状态，为科学合理地制订销售部年度培训计划提供了充分的依据。

根据对销售部员工培训需求调查的结果，公司拟定的本年度销售人员培训内容如下所示。

| 培训项目 | 培训内容 |
|---|---|
| 知识培训 | 1. 产品知识（生产工艺与设备，产品的品种，用途及其特点，主要竞争对手及其产品，产品的价格、包装、使用等） |
| | 2. 行业与市场知识（市场的分布及其容量，行业、市场的特点等） |
| | 3. 营销基本知识 |
| | 4. 质量知识 |
| | 5. 管理知识 |
| | 6. 销售人员商务礼仪（形象要求、电话礼仪等） |
| 营销方法和技巧培训 | 1. 销售渠道的开发与管理 |
| | 2. 如何制订有效的销售计划 |
| | 3. 客户购买行为分析 |
| | 4. 潜在客户的开发与管理 |
| | 5. 如何规划一个好的开场 |
| | 6. 如何把握销售的机会 |
| | 7. 销售谈判艺术 |
| | 8. 客户关系管理 |
| | 9. 销售人员的时间管理 |
| | 10. 有效沟通技巧 |
| 心理素质与态度培训 | 1. 销售人员的心态 |
| | 2. 销售人员的心理素质训练 |
| | 3. 销售人员的潜能开发 |
| 销售管理培训（销售主管及以上人员） | 1. 销售管理控制 |
| | 2. 领导力培训 |
| | 3. 销售人员的招聘、培训、考核管理 |
| | 4. 高绩效团队与沟通 |

**三、培训方式**

外部培训与内部培训相结合，公司内部讲座、多媒体教学、拓展训练等，鼓励员工自主参加相关知识学习和学历继续教育。

**四、培训讲师与外部培训机构的确定**

（1）公司针对销售人员心理素质部分的培训内容采取拓展训练的方式进行，交由某培训咨询公司负责拓展训练培训的具体实施工作。

（2）张三：行政主管，主要负责营销知识与销售人员态度内容的培训。

（3）李四：车间主任，主要负责公司产品知识与质量内容的培训。

（4）王二：销售经理，主要负责销售管理内容的培训。

（5）刘五：销售骨干，具有多年销售经验，主要负责营销方法和技巧内容的培训。

**五、培训实施管理**

本次培训的组织机构为公司人力资源部与销售部。人力资源部负责培训活动的总体组织安排，销售部负责培训工作的具体实施工作。

**六、培训效果评估**

培训活动结束后，为了提升和确保培训的效果，培训部门将对每项培训的效果进行评估、分析和改进工作，主要考查培训对象对知识的掌握程度、对销售技能的掌握情况，以及对本次培训的反应情况等。主要通过填写员工培训效果评估表、观察日常工作表现、掌握培训取得的实际效果，并收集关于改进、发展员工培训的建议，以便公司对整个培训过程进行综合评价和改进，进一步提高员工培训的整体水平。

**七、培训经费预算**

此次制订的培训计划所需的培训经费预算如下所示。

| 经费支出项目 | | 金额（元） | | | |
|---|---|---|---|---|---|
| 培训讲师课时费 | | 100 000 | | | |
| 培训讲师住宿餐饮费 | | 20 000 | | | |
| 培训教材费 | | 5 000 | | | |
| 水果饮料及其他费用 | | 5 000 | | | |
| 合计 | | 130 000 | | | |
| 编制/日期 | | 审核/日期 | | 批准/日期 | |

# 7.6 【HR 应知】市场营销人员的培训阶梯图

市场营销人员培训的阶梯图如图 7-4 所示。

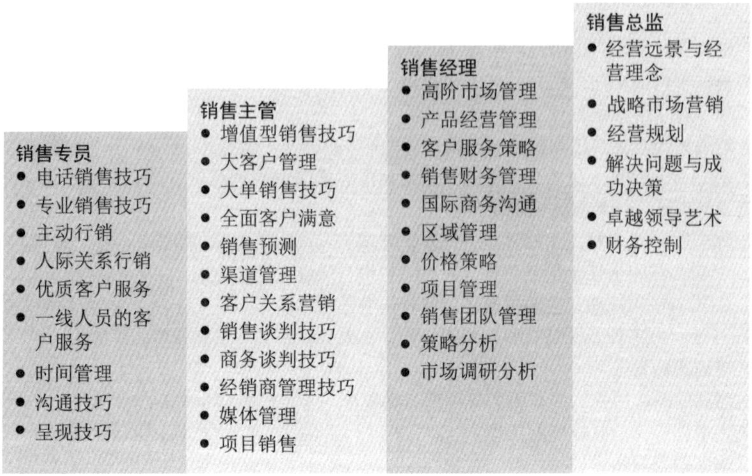


图 7-4　市场营销人员的培训阶梯图

8

# 专业技术人员的培训管理

# 8.1 专业技术人员的培训需求分析

经济和社会在持续发展革新，科学技术也在快速进步，要求专业技术人员必须不断学习、更新知识，才能适应时代的发展。因此，企业培训专业技术人员有其必要性，主要表现在以下四个方面。

**1. 培养员工归属感**

通过培训提高专业技术人员的能力水平，树立正确的价值观，端正工作态度，宣导企业文化，培养他们对企业的归属感。

**2. 提高整体工作效率**

通过专业技术培训、引进新的技术，包括产品技术、管理技术和思维方式等，实现产品升级、流程再造、管理突破，提高整体工作效率。

**3. 提升企业的组织能力**

专业技术人员是企业员工的主要力量，包括产品研发、工艺、品管、财务、人力资源等专业人员，对其进行专业培训，有利于提升组织能力。

**4. 提高企业的核心竞争力**

企业的竞争，说到底是人才的竞争，拥有训练有素的专业技术人员，增强企业的人才队伍建设，提高企业的竞争力。

## 8.1.1 专业技术人员培训需求分析内容

首先对专业技术人员的培训，同样需要从培训需求分析开始，在分析技术人员的培训需求时，技术人员、技术主管、技术经理、技术总监、人力资源经理及外聘的咨询顾问等都应参与进来。

**1. 组织要求分析**

（1）企业战略分析

根据企业的发展战略规划，结合企业年度经营目标、部门的年度管理目标和企业培训规划，确定企业对技术人员素质的要求，对比技术人员现状与企业对技术人员的要求，找出差距，从而分析技术人员的真实培训需求。

例如，企业计划明年引进国外先进的生产设备，那么新的生产技术和设备维修技术就成了技术人员必须掌握的技能。如果技术人员在这方面的知识远远不够，就会影响企业未来的生产，进而影响到长远战略的实施。因此企业应未雨绸缪、预先安排这方面的培训。

（2）企业资源分析

企业资源分析包括对企业的人力、物力、财力等各种要素的分析。例如企业所能提供的培训经费的多少，所能安排的培训时间的长短，需要安排多少人参加培训，企业生产的淡旺季，相关部门共同参与项目的配合度等，都会在一定程度上影响培训效果。

**2. 技术岗位分析**

对技术岗位进行分析，至少可以从两种渠道展开：岗位说明书和部门岗位绩效考核表。

（1）岗位说明书

可参考部门职能说明书、专业技术人员岗位说明书等企业内部文件，以了解技术人员的主要工作职责，需要了解和掌握的专业知识、技术经验、技能等内容，从而明确技术人员岗位的培训需求。同时，可以采用问卷调查的方式，分析技术人员现有水平与应具备水平之间的差距，从而确定培训需求。表 8-1 所示是某公司技术人员岗位技能调查表。

**表 8-1 某公司专业技术人员岗位技能调查表**

| 技能方向 | | 具体技能要求 | 掌握程度 |
|---|---|---|---|
| 专业素质 | 观察能力 | 能够先行发现难点，解决技术事项的能力 | □5 □4 □3 □2 □1 |
| | 沟通能力 | 与客户进行技术交涉、演示、讲解的能力 | □5 □4 □3 □2 □1 |
| | 技术专业力 | 进行新产品、新技术开发与管理的能力 | □5 □4 □3 □2 □1 |
| | 学习能力 | 学习并迅速掌握新技术、新知识的能力 | □5 □4 □3 □2 □1 |
| 技术与知识 | 信息调查 | 掌握国内外本行业技术信息及发展动向 | □5 □4 □3 □2 □1 |
| | | 能够对所调查的信息进行分析和管理 | □5 □4 □3 □2 □1 |
| | 技术与工艺 | 掌握本行业领域的技术知识与理论 | □5 □4 □3 □2 □1 |
| | | 熟悉系统开发、项目管理技术 | □5 □4 □3 □2 □1 |
| | | 能够及时处理各项技术问题 | □5 □4 □3 □2 □1 |

表 8-2 所示是某公司针对计算机高级编程人员设计的岗位技能调查表，该表可以根据企业的需要和计算机软件编程人员岗位说明书等结合使用，以确定准确的培训需求。

表 8-2　某公司计算机软件高级编程人员岗位技能调查表

姓名：　　　　　　　　　　　　　　　　　　　　　　　　　　　　时间：

| 技能方向 | | 具体技能要求 | 1 分（差） | 3 分（一般） | 5 分（娴熟） |
|---|---|---|---|---|---|
| 业务要求 | 基本业务 | 率领小组成员完成任务的责任心、信心和恒心 | | | |
| | | 先行发现难点，解决意外的技术事项 | | | |
| | | 协助制订企业技术发展方向 | | | |
| | 制订计划、编制文档 | 制订项目开发计划，并对整个系统进行评估 | | | |
| | | 检查、校正他人的技术文档 | | | |
| | 技术交涉与演示 | 与客户进行技术交涉 | | | |
| | | 演示工作内容，向用户讲解 | | | |
| | 领导力 | 胜任一个项目的管理，领导小组成员达成目标 | | | |
| | | 明确小组成员的培训目标，指导培训 | | | |
| 专业知识要求 | 整体技术 | 是项目组中的技术专家，掌握着国内外本行业的技术动向 | | | |
| | 计算机基础技术 | 计算机基础知识：如模糊理论、神经网络理论等 | | | |
| | | 基本软件：如编程语言、分布式系统等 | | | |
| | | 通信技术：了解计算机网络的基础知识，可构造 PC、LAN | | | |
| | 计算机系统技术 | 系统开发技术：掌握项目管理、系统开发的基础知识、系统构造方法 | | | |
| | | 软件开发技术：掌握软件工程理论、最新研究成果、抽象描述方法 | | | |
| | | 质量把关：提出质量改善建议并实施 | | | |
| | 其他相关技术 | 掌握窗口、编程技术，多媒体基础及应用技术，GUI 设计方法 | | | |
| | | 掌握并可使用一些工具软件，如 ACAD、软硬件集成化方法 | | | |
| 英语水平要求 | | 英语六级、听说读写流利 | | | |

（2）绩效考核资料

表 8-3 所示是某公司就技术人员的工作态度、专业知识、专业技能、责任

心、团队协作和自我学习等六个方面设计的一份绩效考核表。此表仅作参考，起到抛砖引玉的作用。在实际操作中，不同的企业会有不同的绩效考核表，建议参考使用。

表 8-3　某公司专业技术人员工作绩效考核表

姓名：　　　　　　　　　　　　　　　　　　职务：

| 方向 | 评分标准 | 满分 | 第一次 | 第二次 | 得分 |
|---|---|---|---|---|---|
| 工作态度 | 很少迟到、早退、缺席，工作态度认真 | 10 | | | |
| | 细心、快速地完成任务 | 10 | | | |
| | 遵守企业规章制度 | 5 | | | |
| | 不倦怠，及时、适时地向主管报告 | 5 | | | |
| 专业知识 | 熟悉本专业的知识、岗位工作要求和程序 | 5 | | | |
| | 熟悉影响本行业工作领域的政策 | 5 | | | |
| | 掌握与本行业相关的 1 ~ 2 门知识 | 10 | | | |
| | 掌握与本行业相关的 1 ~ 2 门知识并能灵活地应用到工作中 | 10 | | | |
| 专业技能 | 技术精通，具有处理相关事务的能力 | 5 | | | |
| | 掌握技术要点 | 5 | | | |
| | 正确掌握主管的指示，并正确地转达给同事 | 5 | | | |
| | 在既定的时间内完成工作 | 5 | | | |
| 责任心 | 责任心强，按时保质保量地完成交付的工作 | 5 | | | |
| | 勇于面对有难度的工作（自信心） | 5 | | | |
| | 用心处理任何事情，避免过错的发生 | 5 | | | |
| | 预测过错的可能性并做出相应的预防策略 | 10 | | | |
| 团队协作 | 做事冷静，绝不感情用事 | 5 | | | |
| | 重视与其他部门人的协作 | 5 | | | |
| | 在工作上乐于帮助同事 | 10 | | | |
| | 服从与自己意见相左的决定 | 5 | | | |
| 自我学习 | 热衷于学习新技术、新知识 | 10 | | | |
| | 积极地参与各种创新、改革 | 5 | | | |
| | 即使是自己分外的事，也能提出方案 | 5 | | | |
| 评价分数合计（总分） | | 150 | | | |

通过绩效考核表，分析技术人员行为和绩效之间存在的差距和原因，讨论缩小这些差距需要掌握的知识和技能，并分析技术人员绩效不好的关键原因，进而

区分出哪些问题是培训能解决的，哪些问题是培训不能解决的，培训能解决的就是培训的需求点。

**3. 个人分析**

技术人员本身的知识掌握程度、个人能力水平、知识层次等均对培训需求具有一定影响。

（1）个人能力分析

个人能力分析是培训需求信息的重要来源之一，表 8-4 所示是某科技公司设计的一份技术人员能力评估等级表。

**表 8-4　某公司专业技术人员能力评估等级表**

| 能力 | 能力级别划分 | 自我评估 | 同级评估 | 上级评估 |
|---|---|---|---|---|
| 实践能力 | A. 能有效解决新问题及棘手的技术问题 | | | |
| | B. 能解决企业中出现的较为复杂的技术问题 | | | |
| | C. 可以独立解决企业出现的一般性技术问题 | | | |
| | D. 需要在他人指导和协助下解决一般性技术问题 | | | |
| 分析能力 | A. 能运用多种方法分析复杂问题，并找出对策 | | | |
| | B. 对复杂问题能迅速发现关联并找出产生原因 | | | |
| | C. 对于新出现的问题能够进行简单的分析 | | | |
| | D. 对于新出现的问题缺乏自己的想法和思路 | | | |
| 创新能力 | A. 具有自主研发能力，研发成果获得国家专利 | | | |
| | B. 可在他人研究成果基础上做技术创新和改造 | | | |
| | C. 能够经常提出比较具有创意性的想法 | | | |
| | D. 偶尔提出有创意性的想法 | | | |
| 团队合作能力 | A. 能够很好地引导他人进行协调一致的工作 | | | |
| | B. 在工作上主动与其他成员协作 | | | |
| | C. 服从领导安排并能积极协调其他成员工作 | | | |
| | D. 服从领导安排，但表现出不满 | | | |

（2）个人发展需求分析

技术人员个人发展需求的调查，除了可以查阅人力资源部相关资料记载外，还可以通过座谈法来获取部分信息。

在开座谈会之前，事先需要准备好座谈表，以便控制座谈进度和记录座谈内容，同时注意座谈会氛围的掌控。

个人发展需求通常要结合三个方面分析，一是结合企业的发展战略规划，二是技术岗位未来在专业技术方面发展的趋势，三是技术人员自身的职业发展定位及职业爱好。

表 8-5 所示是某公司一份培训需求分析座谈会的表格范本，用于挖掘技术人员个人发展需求的信息。

表 8-5　某公司技术人员发展需求座谈记录表

| | | |
|---|---|---|
| 会议主题：探讨技术人员个人发展需求、确定其培训需求 | | |
| 参会人员 | 技术人员、技术主管、技术副总、培训负责人、咨询顾问 | |
| 会前准备 | 通知技术主管准备讲述自己的职业经历<br>通知技术人员拟写自己的发展需求 | |
| 议题 | 具体进行项目 | 记录内容 |
| 1. 技术主管、技术副总谈自己的经历 | 技术主管、副总讲述职业经历 | |
| | 分享刚做技术人员时的困惑 | |
| | 培训负责人挖掘成功经验 | |
| | 总结技术人员成长的阶段性特点 | |
| 2. 技术人员谈个人发展目标和需求 | 技术人员谈个人职业发展规划和培训计划 | |
| 3. 调查技术人员的培训需求 | 做好本职工作必须接受的基本技能培训（可列出 3～4 种） | |
| | 需要接受的专业理论培训（可列出 3～4 种） | |
| | 需要接受的专业技能培训（可列出 3～4 种） | |
| 4. 调查技术人员对企业的要求和建议 | 调查技术人员对公司安排培训的建议 | |
| 5. 讨论、总结、确定培训需求和培训目标 | 编制技术人员培训需求和目标，并报批 | |

## 8.1.2　专业技术人员培训需求分析报告

公司发展战略规划、技术人员相关管理制度、人力资源部绩效考核标准、历史培训等各方面的记录，可据此确定培训需求和培训目标，并将这些内容形成书面的技术人员培训需求分析报告。

报告主要内容包括：目前技术人员的专业技术差距、需要掌握新的专业技术、企业对专业技术的规划要求、建议相关部门需要落实的专业技术培训的课程计划等。

## 8.2 专业技术人员培训课程设置

专业技术人员培训课程，要以企业战略为导向，根据企业核心业务流程及相应职位所需要的素质要求，将所有岗位划分为若干个课程项目。

根据课程项目的划分结果，将课程名称与培训对象层级进行组合，构成培训课程体系框架。培训课程设置的关键在于有效地实现能力要求与课程的转换。其一，按照职位和层级的划分，整理和分析每个层级每类人员应具备的能力项目和行为要点形成课程名称；其二，同一岗位不同层级之间的课程要具有衔接性和递进性。

专业技术人员培训课程的设置以职位族为主线，按照培训对象层次，将培训课程进行排列，构建一个符合专业技术人员职业生涯发展的成长地图。

### 8.2.1 专业技术人员的培训目标

根据企业的发展战略，结合职业生涯发展规划的要求，以胜任力模型为基础，解析和提炼胜任每个专业技术岗位需要具备的知识、技能和素质。从必备知识、通用能力、专业能力和职业态度等方面进行培训，帮助专业技术人员提高岗位胜任能力，从而提高企业的整体工作效率。

**1. 专业技术人员培训的总目标**

①提高现有技术人员的技术水平和职业素质。

②培养具有创新性的技术人才。

③使企业在相应领域内掌握一流的技术水平。

④建设专业技术人员的梯队。

**2. 专业技术人员培训的基本目标**

①促使技术人员了解行业技术领域、传统产品和新产品方面的知识及技术改进方面的基础知识。

②提高技术人员的专业技术水平和工作效率。

③提高技术人员的积极心态和职业素质。

④培养技术人员的创新意识和能力，不断开发出适合市场需求的产品。

⑤培养技术人员对企业的归属感，为企业战略目标的达成贡献力量。

⑥培养技术骨干指导一般性技术员的能力，提高团队合作的效率。

## 8.2.2 专业技术人员培训课程体系

专业技术人员培训课程体系是一个不断整合、更新的动态管理体系。随着企业战略的调整，逐步构建和完善培训课程体系，形成具有动态性和系统性的专业知识和技能结构体系，以确保实现人才培养的目标。

**1. 专业技术人员培训课程设置重点**

通过计划、实施、评估和修订，不断完善课程内容，并结构化整合，形成专业技术人员的培训课程体系，辅以集中培训、在岗实训、岗位轮换和自我学习等方式，形成专业技术人员培训的课程体系。

①合理的知识结构。技术人员知识结构包括企业知识、产品知识、行业动态、专业知识、管理知识等。

②专业的技术技能培训。

③技术人员的职业素养培训。

**2. 确定专业技术人员培训课程体系**

按照公司的年度培训规划，根据专业技术人员的培训需求调查和分析结果，编制公司专业技术人员培训课程体系。不同的公司所涉及的专业技术岗位类别也有不同，在此将以一般的工业制造业为例，具有局限性，仅作参考。专业技术人员培训课程体系的具体内容如表 8-6 所示。

表 8-6　专业技术人员培训课程体系

| 课程项目 | 课程名称 | 培训对象 | | |
|---|---|---|---|---|
| | | 高层 | 中层 | 基层 |
| 智能制造 | 精益智能工厂转型升级 | √ | √ | |
| | 低成本自动化实务班 | | √ | √ |
| | 数字化工厂实务班 | √ | √ | √ |
| 产品开发 | 新产品开发管理实务 | | √ | |
| | 高效率的研发工具 | | √ | √ |
| 精益生产 | IE 合理化，降本增效 | | √ | √ |
| | 精益价值流改善 | √ | √ | |
| | 精益自动化技能提升 | | √ | √ |
| | 设备维护保养技能 | | √ | √ |

续表

| 课程项目 | 课程名称 | 培训对象 | | |
|---|---|---|---|---|
| | | 高层 | 中层 | 基层 |
| 方针策略 | 从战略到执行 | √ | √ | |
| | 阿米巴经营道场 | √ | √ | |
| | 项目管理实务 | √ | √ | |
| 品质保证 | 品质保证实务 | | √ | |
| | 五大质量管理工具实务 | | √ | |
| | 质量分析与改善工具实务 | | √ | √ |
| 人力资源 | 内部培训师特训班 | | √ | |
| | 绩效考核实务班 | | √ | |
| | 企业文化建设 | √ | √ | |
| 财务管理 | 财务管理与财务报表分析实务 | | √ | |
| | 成本核算与控制实务 | | √ | √ |
| 生产管理 | 生产管理实务 | | √ | √ |
| | 采购管理实务 | | √ | |
| | 采购成本分析与降低 | | √ | |
| | 物料仓储与数字物流管理 | | √ | √ |
| | 供应链管理实务 | | √ | |

**3. 以全面薪酬管理与方案设计培训课程为例讲解**

企业无论是哪一种薪酬模式，它们的不同只是所关注的侧重点不同，它的最终目的都是尽可能准确地测量、反映员工的绩效，保证分配的公平性，进而促进员工绩效的提升。通常基于3E付薪原则①的3P薪酬管理②是目前市场上运用较为普遍而且可操作实施的方式，3P薪酬管理是基于岗位的特征、员工的能力和绩效成果三方面综合评估后产出的薪酬模式。岗位薪酬是通过岗位的评估以岗定薪，相对较为公平；技能薪酬关注的是任职者的资格和能力，相对具有竞争性；绩效薪酬关注的是任职者在岗位上的产出，是为了更有效地激励员工。

因此，人力资源管理部要有一套行之有效的薪酬体系，这是非常重要的，薪

① 3E薪酬设计：是外部均衡性（External Equity）、内部均衡性（Internal Equity）、个体均衡性（Individual Equity）这三个词。这三个均衡性是薪酬设计的根本原则。

② 3P薪酬管理：即岗位薪酬（Pay for Position）、个人技能薪酬（Pay for Person）和绩效薪酬（Pay for Performance），是进行薪酬管理的一种清晰、一致和简单的方法。

酬模式应该随着企业的不同发展阶段而随之更新，可以参考同行业优秀企业的薪酬管理与设计思想、方法，可以集薪酬战略管理、成本规划、方案设计、政策实施为一体，找到适用于人力管理部门管理者、薪资福利经理及资深薪酬管理人员等所需要的培训课程。表 8-7 所示是全面薪酬管理与方案设计课程的培训内容。

表 8-7 全面薪酬管理与方案设计的培训内容

| 培训项目 | 培训内容 |
| --- | --- |
| 薪酬战略管理 | 薪酬与业务经营战略的关系 |
| | 企业需要的薪酬方案是什么 |
| | 薪酬战略在提高员工绩效管理中体现的价值 |
| | 职位评估在薪酬设计与管理中的重要作用 |
| | 薪酬分配公平性和激励性 |
| 薪酬设计五步法 | 薪酬设计哲理 |
| | 绩效型薪酬体系管理模式 |
| | 薪酬成本整体规划<br>· 薪酬成本包含的主要内容<br>· 三项主要内容的定义、特点、价值<br>· 当前成本管理的误区<br>· 核心薪酬成本的内容 |
| | 薪资架构设计<br>· 薪资框架设计流程<br>· 薪资带宽设计<br>· 企业薪酬竞争力分析<br>· 员工收入水平现状分析 |
| | 薪酬政策与实施 |

课程收益：

①知晓国际化薪酬管理理念。

②全面学习薪酬方案的设计与管理五步法。

③理解与实践全面薪酬方案设计与管理的流程、方法、工具与技能。

## 8.3 专业技术人员的培训计划实施

专业技术人员的培训计划的实施，坚持按需施教和讲究实效的原则，培训计划分层次和类别，开展形式多样灵活。为了确保培训计划的落实，建立专业技术人员培训情况反馈制度，坚持考核培训计划的实施过程，并与培训人员月度考核奖金和职务晋升挂钩，提高专业技术人员自我培训意识。

## 8.3.1 确定培训时机

根据企业的自身特点和人力资源管理的要求，培训管理部门在确定企业专业技术人员的培训时机，通常会考虑以下几个关键时点。

①引进新设备、新工艺、新产品投产或新项目跟进时。

②企业技术革新或者技术有重大突破时。

③某专业技术领域政策或标准发生变化时。

④需要适应新政策或技术认证时。

⑤新进专业技术人员时。

⑥企业自我技术创新时，等等。

## 8.3.2 确定培训地点

根据培训内容和培训方法的不同，培训地点的选择也不同。

①若采用普通授课、研讨、多媒体及录像教学，培训地点可以是企业内部培训室，也可以是酒店、宾馆等外部培训场所。

②若采用现场工作指导，就要去工厂、技术研究室或会议室，此时需要事先进行一些准备工作。

③若采用认证培训的方式，则可以去外部专业的培训机构进行培训。

## 8.3.3 培训老师的选择

**1. 根据培训课程的内容来选择**

如果是专业技术或新技术的培训，经验丰富的技术人员、技术总监、相应领域的技术专家是培训讲师的首要人选。

如果是公共课和技术通识类课程，人力资源经理、培训机构的专职培训师则是其合适的讲师人选。

**2. 根据培训讲师的资历来选择**

培训讲师的资历也很重要，拥有丰富的教学经验并熟练掌握一种或多种专业技术的讲师，是技术培训讲师的首选。一般来说，技术培训的讲师都是在某个领域拥有一定技术经验的专家或教授。

### 8.3.4 培训经费预算

培训工作的开展离不开培训经费支持。作为培训管理部门，既要考虑培训的效果又要考虑培训的成本。在培训项目开始时，进行培训费用预算有利于控制培训成本和合理分配各项培训工作的预算。

### 8.3.5 制订培训实施计划表

培训是一项系统的工作，在培训正式实施前需要制订一份计划表，以作为培训组织人员和培训讲师的行动指南，该计划表主要包括培训课程进度安排、培训地点的选择、培训工具的准备等内容。表8-8所示是某公司精益生产实务培训实施计划表。

表8-8　某公司精益生产实务培训实施计划表

| 日　期 | 内　容 | | | |
|---|---|---|---|---|
| 10月10日 | 8:30～10:00 | 10:30～12:00 | 14:00～15:30 | 16:00～17:30 |
| | 总经理致辞 | 生产计划与进度控制 | 生产进度控制 | 生产交期的管理 |
| 10月11日 | 8:30～10:00 | 10:30～12:00 | 14:00～15:30 | 16:00～17:30 |
| | 采购管理 | 采购人员应具备哪些条件及特质 | 供应商管理 | 供应商的辅导与扶持 |
| 10月12日 | 8:30～10:00 | 10:30～12:00 | 14:00～15:30 | 16:00～17:30 |
| | 仓库精益化管理 | 仓库如何规划与注意事项 | 物料保管与储存的注意事项 | 如何处理呆滞料 |

课程形式：

①以企业常见问题为案例，并结合图片、表单、影片等手把手地教导。

②以实务经验为基础，教导马上就可以用的工具和方法。

③培训师作为随班班主任，可现场研讨企业问题并提出改善建议。

④培训课程结束后，培训老师可到企业指导学员改善。

⑤学员培训后要进行反馈，总结培训心得和培训后的应用。

### 8.3.6 培训的实施与监控

在培训实施的过程中，培训管理部门应做好以下两方面的工作。

**1. 协助培训讲师**

培训管理部门应做好相关的保障性措施，如明确培训纪律，规范参加培训的技术人员在受训期间的行为，做好培训工具、器材的维护与保管，协调受训学员与讲师的沟通等。

**2. 做好培训记录**

在培训过程中，企业对受训员工的培训情况应该有所了解，因此，培训管理部门应对员工培训的相关情况进行记录，例如填写员工培训签到表和员工培训反馈表等。表 8-9 所示是某公司员工培训考勤表记录表。

**表 8-9 某公司员工培训考勤表记录表**

培训课程： 培训讲师： 培训时间：

| 所属部门 | 受训员工姓名 | 签到时间 | 签退时间 |
|---|---|---|---|
| | | | |
| | | | |
| | | | |
| | | | |
| 出勤： | 应参加人数： | 缺席： | 出勤率： |
| 迟到人员： | | | |
| 早退人员： | | | |
| 记录者： | | | |
| 备注： | | | |

## 8.4 专业技术人员的培训效果评估

企业通过培训专业技术人员来提升企业竞争力，因此重视专业技术人员的培训效果。评估培训效果，不只是简单的学习效果评价，要求人力资源管理部门从讲师、课程、培训组织工作和培训后绩效改进情况等多方面系统地收集培训反馈信息。

**1. 对培训讲师及课程的评估**

对培训讲师及课程的评估主要是对讲师的授课技巧、教材的质量、培训课程设置等项目进行评估。

**2. 对培训组织工作的评估**

对培训组织工作的评估包括对培训需求调查、培训场所、培训时间、培训食宿等各项工作的安排进行评估。

**3. 对受训人员培训效果的评估**

（1）评估受训技术人员的知识水平

评估受训技术人员的知识水平主要评估技术人员对培训课程的掌握程度及技术水平提高的程度。

（2）评估受训技术人员的工作态度

评估受训技术人员的工作态度即对技术人员在培训后的工作激情、热情、态度等方面进行评估。

（3）评估受训技术人员的工作绩效

评估受训技术人员的工作绩效即指考核其月度、季度及年度生产任务是否按时完成，专业技术水平是否比培训前有所提高。

## 8.4.1　技术人员培训效果的评估方法

技术人员培训效果的评估方法有 3 种，测试法、问卷调查法和成本收益分析法。

**1. 测试法**

测试法主要是对受训技术人员关于培训知识的掌握情况进行评估的一种方法。表 8-10 所示是某公司仪表维修工培训测试题。

**表 8-10　某公司仪表维修工培训测试题**

**某公司仪表维修工培训测试题**

**一、填空题**（每题 5 分、共计 25 分）

1. 在调校仪表时，数据的记录和数据的处理应遵循的基本原则是________。
2. 仪表的精度不仅与________有关，还与仪表的________有关。
3. 常见的压力校验仪器是________和________。
4. 仪表控制系统有________、________、________、连锁系统和综合控制系统等。
5. 按工作原理分，物位测量仪表可分为________、________、________、________、________、________、________等类型。

**二、判断题**（每题 5 分，共计 25 分）

1. 加大灵敏度，可以提高仪表的精度。（　）
2. 仪表的精度在数值上等于基本误差。（　）
3. 在仪表安装中，如设有特定的要求，尽量缩短安装的管路长度，以减小仪表动态特性中的时滞。（　）
4. 当被测压力不高且压力表与取压口又不在同一高度时，要对由此高度差异引起的测量误差进行修正。（　）

5. 可编程调节器设定启动方式为热启动时，仪表运行过程中失电，如果重新上电，则仪表工作在手动方式，输出值保持从前的输出值。（　　）

**三、简述题**（每题10分，共计50分）

1. 对于不同的介质，热电偶和热电阻的套管插入介质的有效深度为多少。
2. 回路试验应在系统投入运行前进行，试验前应具备哪些条件。
3. 综合控制系统设备安装前应具备哪些条件。
4. 电接点压力表在检定时有些什么特殊的要求。
5. 差压变送器测量液体流量时，若变送器安装位置高于节流装置，试述开表前的排气方法及注意事项。

### 2. 问卷调查法

评估人员可以根据需要制作问卷，表8-11所示是某公司技术人员培训效果调查表。

**表8-11　某公司技术人员培训效果调查表**

| 调查对象 | 具体调查内容 | 1分 | 2分 | 3分 | 4分 | 5分 |
|---|---|---|---|---|---|---|
| 培训组织 | 您对此次技术培训的总体评价是什么 | | | | | |
| | 您觉得本次技术培训的主题如何 | | | | | |
| | 本次技术培训的组织安排工作做得是否到位 | | | | | |
| 培训课程 | 课程内容是否合理 | | | | | |
| | 您认为培训教材的技术含量如何 | | | | | |
| | 您觉得培训内容能否解决您在工作中遇到的技术难题 | | | | | |
| | 您觉得这种边生产边操作的培训方式是否可行 | | | | | |
| | 您觉得受训人员参与程度如何 | | | | | |
| | 您认为在技术方面还应组织哪些方面的培训 | | | | | |
| 培训讲师 | 讲师的专业性及经验 | | | | | |
| | 讲师的技术水平 | | | | | |
| | 讲师的实际操作水平 | | | | | |
| | 讲师的语言运用技巧 | | | | | |
| | 讲师授课的重点是否突出 | | | | | |
| | 讲师对于问题问答的准确性 | | | | | |
| | 讲师讲授内容的实用性 | | | | | |

### 3. 成本收益分析法

在经济上，成本收益分析法常用来评价投资效果。由于在一定意义上，可将培训视为公司的一项重要投资，因而在评估培训效果时也可借鉴成本收益分析法。

（1）培训成本与收益

培训涉及组织者、培训讲师、受训员工等多个主体，因此在进行技术人员培训成本与收益分析时，既要考虑到培训的直接成本，又要考虑到培训的间接成本。技术人员培训成本与收益内容如表 8-12 所示。

**表 8-12　技术人员培训成本与收益**

| 培训成本 | | 培训效益 |
|---|---|---|
| 直接费用 | 间接费用 | |
| 讲师酬劳<br>场地租金<br>培训器材费<br>培训教材费等 | 组织人员时间成本<br>受训人员时间成本 | 生产效率，人均工时产值增加等<br>质量水平，次品率降低等<br>工作表现，出勤率提升等 |

（2）培训成本与收益分析案例

为了更直观地展示培训成本收益法，表 8-13 所示是某电子生产企业进行培训成本和收益分析。

**表 8-13　某电子生产企业培训投资收益分析**

某电子生产企业某一个生产车间共有 45 名技术工人，日产量为 100 个。在生产中出现了两个问题：一是每天生产的电子产品中有 8% 因性能不符合要求而报废；二是工人怠工现象比较严重，迟到、早退现象屡见不鲜。为了有效解决该问题，该车间主管向人力资源部提出培训申请，要求加强对所有技术工人的绩效考核，并自下而上地进行培训。经过一段时间培训，技术人员迟到、早退现象有所好转，日产量增加了 20 个，废品率降低了 3% 。

1. 培训成本

整个培训中，公司对这次培训发生的培训成本如下所示。

| 成本构成 | 具体名目 | 金额（元） |
|---|---|---|
| 直接费用 | 培训讲师的酬劳费、交通费、食宿费等 | 3 000 |
| | VCD 光盘、教材、印刷品等培训资料费用 | 2 500 |
| | 其他杂费 | 600 |
| 间接费用 | 培训组织人员的时间成本（小时工资水平 × 所耗时间） | 2 000 |
| | 受训技术人员的时间成本（小时工资水平 × 所耗时间） | 2 500 |
| | 领导给予支持的时间成本（小时工资水平 × 所耗时间） | 3 000 |
| 成本合计 | | 13 600 |

2. 收益分析

整个培训中，技术人员培训收益情况如下表所示。

| 衡量指标 | 培训前情况（个） | 培训后情况（个） | 年收益变动（元） |
|---|---|---|---|
| 日废品量 | 100×8% | 120×（8%－3%） | （6－8）×250×5＝－2 500 |
| 日产量 | 100 | 120 | （120－100）×250×5＝25 000 |
| 注：整个年度按250个生产日计算，产品单价按5元计算。 | | | |

3. 培训成本投资收益率

在不考虑间接收益和培训效益发挥年限的情况下，公司培训成本收益率＝（25 000＋2 500）÷136 000＝2.02，得出本次培训的投入产出比为1∶2.02

### 8.4.2 技术人员培训效果的评估报告

人力资源部将评估表格、评估信息进行分类、整理，就形成了培训评估报告。需要说明的是，专业技术人员培训所取得的效果有可能不能立即显现。例如，在引进新技术开发和改良产品时，因为技术的引进和改良需要一个过程，新技术的运用也需要有一个周期，这种技术人员培训效果一般都要经过一个季度或者半年后才能显现出来。因此，对于专业技术人员培训效果的评估也不可操之过急，要有计划地关注和跟进一段时间，做到客观地评估培训的效果。

## 8.5 【案例分析】如何解决员工培训为其作嫁衣

培训作为人力资源投资行为本身就存在着一定的风险，但在市场竞争激烈的今天，企业要想获得竞争优势，就必须拥有一支高素质的人才队伍，而高素质员工队伍的建设需要不断提供培训。许多有远见的企业家已经认识到员工培训是现代企业必不可少的投资行为，员工培训不仅有利于企业的经营管理和持续发展，也有利于员工职业生涯的规划和潜力的开发。同时，培训不可避免地存在着风险，其中最让企业头痛的是，培训后员工流失的风险。以某家电集团公司为例，企业为员工培训投入了很大的人力、物力、财力，员工知识技能获得了提高，但很快就另攀高枝或被其他竞争对手企业挖走。这让企业感觉培训是为他人作嫁衣，自己的投资落了个空。那么企业在开展员工培训的同时，怎么来防止人才流失、防止为他人作嫁衣呢？以某家电集团公司为例来讲解如何解决此类问题。

**1. 培训存在的问题**

培训管理部门总结2020年度集团公司专业技术人员的培训情况，针对经过培训的员工流失的问题，总结如下四点。

（1）培训对象选择失当

企业培训对象主要包括新进员工、转换工作岗位的员工、不符合工作要求的员工和有潜质的员工。针对每种类型的员工，企业培训目标和内容应有所不同。对有潜质的员工，培训项目一般以提高员工的通用技能为主，投资费用比较高，企业能够达到的预期回报也很大，同样，存在的风险也很大。因为对他们的培训效果很容易被其他企业使用，员工也很容易被高薪挖走，跳槽的可能性比较大。因此对这种类型的员工进行培训，在培训对象的选择上要慎重，不可随意行事。

（2）培训需求不明确

企业的培训目的是服务企业经营者管理和持续发展企业，并不是“为培训而培训”，因此企业应该紧紧围绕自身发展的需要，对培训内容、培训时间、培训地点、培训教材等各方面做好计划。企业应该明确究竟需要什么样的员工，需要什么样的培训。否则，受训的员工很容易钻企业的空子。

（3）培训过程缺乏控制

培训并不是把员工送出去到期接回来的简单过程，而是需要企业在整个培训过程中，对员工、对其培训效果进行全程控制的复杂过程。在培训过程中，企业应该保持与培训机构和培训老师的联系，便于了解受训员工的培训效果和培训中的心态，有利于及时与员工沟通；保持与员工的联系，有利于把受训员工的感受及时告知培训人员。这种联系不仅可以增强培训效果，还可以加强与员工的联系，预防员工的离职。

（4）培训服务的法律意识不强

培训员工存在流失风险，要求企业在培训中能够用法律手段保护企业的权益。如果出现员工离职，企业可以通过法律手段维护自身的权利，把损失降到最低。比如，签订培训服务协议，规定培训后的服务期限，按相关法律规定签订竞业限制协议。

**2. 分析产生培训问题的原因**

培训后员工的流失，尤其是技术骨干员工的流失，会给企业带来巨大的损失。从宏观原因上看，培训是一个比较大的范畴，既包括外部力量培训，也包括内部自我培训；既包括系统性的企业文化培训，也包括工作技能的培训。企业开展培训的目的无非是两个：一是提高员工的工作能力，二是提升员工对企业的认同感。员工流失，究其根本原因是企业的软环境和硬环境出现了问题，非培训的问题。

经过培训后，员工真正意识到软环境和硬环境的差别与差距，从而产生离职现象。在这里，硬环境是指薪资待遇、企业增长势头、个人成长空间等较浅层面的问题；软环境是指企业文化等深层次的问题。

**3. 防止企业培训后员工流失的策略与建议**

培训后的员工流失让企业的决策者们头痛不已，一方面担心“为他人作嫁衣”，另一方面又面临提高员工素质的迫切需求。其实在培训中，只要企业注意把握一些原则，就可以把培训后的员工流失风险降到最低。

（1）加强管理，实现规范化运营

员工跳槽本身并不可怕，可怕的是带走企业的技术和客户资源。如果企业规范了岗位职责、作业流程、工作汇报等相关制度，加强技术资料和客户资料的管理和备份，就可以将人员跳槽的损失降到最低。同时，可以把合同管理纳入培训管理。合同是企业与员工权利的法律保障，加强对合同的管理，不仅保护企业的合法权利，也保护了员工的合法权利。把合同管理纳入培训管理，一旦出现纠纷，企业和员工都能够通过法律把自己的损失降到最低。

（2）科学建立有竞争力的薪酬福利体系

追求高薪是员工跳槽的重要原因之一。为了追求理想的高薪，许多员工在企业满足不了自己的情况下，就会转向企业外部寻找机会。况且，现在市场竞争如此激烈，外部企业往往以高薪为诱饵，或委托猎头公司向竞争对手定向挖人，这都会使企业的员工产生跳槽的想法。一旦时机成熟，员工跳槽成为必然。因此，建立科学、合理、有竞争力的薪酬福利体系，就显得尤为重要。

企业要自己或委托专业机构对市场上同行业的薪酬水平进行调查后，确定企业的薪酬水平定位，建立科学、合理的薪酬体系，这样可以保证企业的薪酬在市场上具有一定的外部竞争力。总体薪酬策略应实现各类人员在各自岗位的标准尺度，应根据考核结果来确定工资的升降级，形成一个竞争激励机制，“凭能力上岗，凭贡献获酬”，而不是普遍同涨则涨，同降则降，这样根本没有什么竞争力。

提供行业领先的薪酬，但不是最高，成为同行业领先者中的一员，但是不追求在行业中的绝对领先。这样的原则主要是出于两方面的考虑：一是提供有竞争力的薪酬和福利能让员工舍不得离开公司，能让他们珍惜目前的工作，努力晋升从而提高自己的薪酬，同时也能给公司带来良好的业绩，双方形成良性互动；另一方面，不追求第一是因为，薪酬最高未必是好事，因为这样做，吸引的有可能是单纯为钱而来的人，而不是为工作而来。我们只是希望提供一个好的环境和成长机会。

同时，企业还应该为员工办理各项社会保障福利，使员工对企业产生好感和信赖。这里的福利不仅包括医疗保险、住房公积金等法定福利，还包括交通补贴、通信费、生日礼品、旅游等非法定福利。

（3）提供发展机会，规划员工职业生涯

职业生涯规划是指企业和员工一起就员工的未来发展职业方向、发展目标做出计划，并帮助员工逐步实现这一计划的过程。员工因为企业提供的职业生涯规划而对企业产生认同感，认为企业非常关心自己的发展，如果留在企业工作，一定会沿着目标明确的职业发展道路前行，并最终实现自己的理想。这样，员工跳槽的可能性就会大大降低。

（4）宣传企业发展战略规划，倡导平等沟通，培养员工的归属感

企业发展战略规划让员工对将来有一个清晰的了解，有助于增加员工对企业发展目标的认同，使全体员工达成共识，团结协作，共同为实现企业的目标而努力。企业发展战略规划实施的每一个步骤，都少不了企业内部的沟通。

内部沟通不畅几乎是每个企业都存在的问题，也容易造成员工在工作中因各种原因而产生怨气。如果这时管理者能够察觉到这股怨气并及时与员工进行平等的沟通，就能将矛盾化解在萌芽期，尽量减少对企业的危害。同时，平等沟通还能激发员工的创造性，培养员工的归属感。平等沟通不是自然形成的，也不是一条行政命令可以解决的，管理者必须是平等的积极倡导者和实践者，久而久之，企业内部就会形成平等沟通的风气。

（5）持续创造员工认同的企业文化和价值观

企业文化是通过企业全体员工在日常工作中的积累、沉淀下来的成文或不成文的行为准则、价值观念和思维方式。良好的企业文化会使员工产生较大的凝聚力和归属感。

通过在企业内部引导和建立团结协作、高效有序、充分授权、民主平等的企业文化，为员工塑造一个宽松、舒适的工作环境，同时不断与员工就工作、生活中的各种问题进行沟通，并能认真听取员工的建议和意见。这样的环境必然让员工更加珍惜。

为员工持续创造可感知并认同的企业文化和价值观。员工往往以为在企业里获得了他所需要的价值而努力为企业效力，而这种价值必须让员工持续感受到并获得他们的认可。

（6）岗位轮换，倡导内部跳槽

企业内部员工可以自由秘密地前往应聘，他们的领导无权阻止。这种内部跳槽式的员工流动方式，为人才提供了一种可持续发展的机遇。工作轮换不仅可以让更多的员工得到锻炼，也便于每个员工发现自己最适合的工作岗位，使员工成为多面手。

内部跳槽制度不仅使有能力的员工找到自己最适合的工作岗位，还可以让人力资源部门发现员工频频“外流”部门所存在的问题，并及时采取补救措施加以改进。这样一来，企业内部各层次人员的积极性都被调动起来，员工因为有了更广阔的舞台而对企业更加忠诚。

## 8.6 【HR应知】专业技术人员培训需求调查问卷

本节以某家电集团公司2021年度专业技术人员培训需求调查问卷为例，为读者提供专业技术人员培训需求调查的参考。

填写说明：

①本问卷为专业技术人员培训需求分析提供依据，其目的是准确获得被调查人的培训需求的基本信息，进一步明确专业技术岗位的培训需求。

②请您认真阅读每项内容的填写说明，依据本人的实际情况，按规定要求认真填写。如有疑问，请及时咨询培训管理部门。非常感谢您的支持和配合！

③请在您认为合适的选项前打“√”。

亲爱的同事，非常感谢您抽出5分钟的宝贵时间填写此问卷！为使公司培训工作有效结合专业技术人员所需，为员工个人发展提供切实保障，为人才梯队建设奠定坚实基础，请您在调研中如实反馈需求和建议，感谢您对公司培训工作的支持！

第一部分：个人基本信息

（1）您所在的部门（或者单位）？

□智能家电设计研究院

□环境保护工程设计研究院

□产品外观设计院

□工程检测中心

□工业工程部

□工程造价中心

□品质保证部

□财务中心

□信息工程研究院

□人力资源中心

（2）您的最高学历？

□大专

□本科

□研究生

□博士

□其他

（3）您的年龄___________

（4）专业技术工作岗位___________

（5）从事何种专业技术工作内容___________

（6）您在本公司的工作年限？

□1 年（及以内）

□1 ~ 2 年（含）

□3 ~ 5 年（含）

□6 ~ 8 年（含）

□9 ~ 10 年（含）

□10 年（及以上）

□其他

第二部分：工作现状

(7) 开展专业技术工作中，您面临的困难有哪些？（多选题）

□专业技术知识更新快，来不及学习

□行业规范、标准更新变化

□经验积累慢，不能适应工作需要

□对工作的创新性、精细度等要求高

□数字化、智能化应用要求日益增加

□外部要求高且变化大，时间紧，适应难度较大

□来自竞争企业的技术挑战越来越大

□较难把握技术的精进和传承间的平衡

□专业技术人员队伍建设需加强

□其他

(8) 您认为自身专业技术能力需从哪些方面提升？

______________________________

(9) 您认为所在部门（单位）对员工脱产培训的支持程度如何？

□非常支持

□比较支持

□一般

□不够支持

□很不支持

(10) 您认为培训对于提升工作绩效、促进职业发展能否起到实际帮助作用？

□非常有帮助，希望多组织各种培训

□有较大帮助，乐意参加

□多少有点帮助，会去听听

□有帮助，但是没有时间参加

□基本没有什么帮助，不会主动参加

(11) 您认为所属公司开展的培训在哪些方面有待改进？

□部门领导对培训重视程度应加强

□培训内容应更贴近工作开展需要

□参训人员选拔应扩大覆盖面

□培训设计需更具提前性和前瞻性

□讲师授课水平需进一步提高

□需重视调动和提供员工学习意识

□培训次数太少，可适当增加

□培训次数太多，应少而精

□培训组织服务更完善

□需做好培训效果评估和转化

□其他____________

第三部分：培训需求（内部技术类培训）

（12）您是否能够掌握并熟练运用现有的专业技术知识到实际工作中去？

□能够熟练运用

□较为熟练，仍需指导和实践

□不太熟练，需要更多指导和实践工作验证

□不熟练，尚在学习实践阶段

□其他情况____________

（13）您最为需要的专业技术培训内容为？（请选择 1 ~ 3 项）

□各类专业技术要点、项目案例等培训

□各类行业标准、规范等培训

□工作工具、软件应用等培训

□内外部专业团队沟通、交通等培训

□其他____________

（14）目前您所在部门（单位）组织开展的内部培训主要针对哪些内容？

____________________________________________________________

（15）您认为 2020 年下半年度，您所在部门开展脱产培训状况如何？

□培训质量佳，数量足，针对性强且效果好

□培训质量良好，数量不足，但针对性强且效果好

□培训质量一般，数量充足，但针对性和效果不理想

□培训质量不佳，数量不足，针对性弱且效果差

（16）您认为 2020 年下半年度，您所在部门开展脱产培训状况如何？

□内训讲师熟悉公司和业务情况

□内训课程内容贴近实际工作的开展，针对性强

□开展培训范围小，组织灵活，效率高

□互动性强，能够集中讨论并解决问题

□能促进部门、项目组的交流和合作

□能够形成视频课件和书面内容，进行技术积累

□其他方面

（17）您希望内部培训在内容与形式上有哪些改进？（多选题）

□内部培训课程设置应更具计划性和系统性

□内部培训讲师能够就擅长的专业形成不同级别的系列培训，增强针对性

□课程安排能够提前公布，并通知相关员工参加

□部门（单位）应增加对内部培训的重视和组织

□培训后没有反馈和跟踪环节，以便形成学习成果，改进培训内容

□对于愿意参与内部培训的讲师应给予相应鼓励

□其他方面____________

（18）您认为目前影响培训效果的主要因素是？

□领导的重视程度

□员工的培训参与意识

□培训内容的实用性

□培训讲师的授课水平

□培训的组织开展和反馈跟进

□其他____________

（19）对于专业技术类培训，您希望接受的培训方式为？（多选题）

□由内部师资主持的内部培训课程

□外请师资支持的各类培训课程

□团队、项目组的内部交流会

□外部主板的各类外部培训

□各类网络课程、移动学习培训

□其他方式

（20）鉴于您在某领域经验丰富，被推荐担任某一门课程的内部讲师，您是否乐意？

□非常乐意，可以锻炼自己，分享知识，为技术传承做出贡献

□乐意，但是没有经验，希望公司能提供关于讲授技巧等方面培训

□乐意，但是没有时间做这个事情，需要调整时间

□需结合工作情况和自身情况考虑一下

□不会担任

（21）您能够讲授的课程类别或名称是：____________

（22）是否已知晓并落实工程系列职称评审开展所需的公共科目以及专业科目培训要求？

□可以理解，已开展学习

□可以理解，尚未开展学习

□不太理解，尚未开展学习

（23）您对继续教育和资格类培训有哪些方面需求？____________

（24）您是否了解所持执业资格需进行继续教育培训？

□已知晓，并按期参加继续教育培训

□已知晓，但会按通知参加继续教育培训

□不知晓，也未参加过继续教育培训

（25）您对公司在职称和执业资格类继续教育的培训安排是否满意？如不满意，请提出意见和建议。

□满意

□不满意

□意见及建议

（26）您对公司培训工作的建议和意见有哪些？____________

9

# 生产一线员工的培训管理

企业生产一线员工是企业正常运营的基石，生产一线员工素质的高低、技能的优劣和工作态度的好坏，直接决定了企业所提供产品的质量，而产品质量又是企业生存的命脉和发展的基础。因此，企业应该重视加强对生产一线员工的培训，确保通过培训使得生产一线员工的态度、技能和素质均获得全面提升，以促进企业持续地发展。

## 9.1　生产一线员工的培训需求分析

生产一线员工的培训要做到有的放矢，培训管理部门可以采取多种方式对生产一线员工进行培训需求的调查分析，如通过发放培训需求调查问卷的方式进行调查，或者采用管理人员或培训组织人员与一线员工面谈的方式来了解其培训需求，或者定期召开由管理人员、班组长参加的生产部、生产车间和生产班组的培训工作会议，评估各岗位生产操作人员技能水平上的差距，找出薄弱环节，还可以根据公司的生产经营计划和发展规划预测培训需求等。

### 9.1.1　生产一线员工培训需求分析内容

**1. 生产一线员工培训需求分析的四个层面**

（1）组织分析

• 组织目标分析。明确、清晰的组织目标既对组织的发展起决定性作用，也对培训规划的设计与执行起决定性作用，组织目标决定培训目标。例如，如果一个组织的目标是提高产品的质量，那么培训活动就必须与这一目标一致。当组织目标模糊不清时，培训规划的设计与执行就显得很困难。

• 组织资源分析。如果没有确定可以利用的人力、物力和财力资源，就难以实现培训目标。例如，生产一线员工的培训费用要列入预算，规定每年必须安排的培训活动。

• 组织特质与环境分析。组织特质与环境对培训的成功与否也起着重要的影响作用。组织特质与环境分析主要指对组织的组织结构、企业文化、组织氛围、信息传播情况进行全面的了解。

（2）工作任务分析

工作任务分析即按照企业规定的生产一线员工的岗位职责、绩效标准及任职资格条件，对生产一线员工各工作任务状况，特别是对一线员工的工作能力、工作态度和工作业绩等进行比较分析，进而确定企业生产一线员工的培训需求结构。

（3）个人分析

生产一线员工个人分析主要分析个体现有状况与应有状况之间的差距。例如，培训需求分析人员可对生产一线员工的绩效考核表进行分析，找出生产一线员工在绩效考核中不合格的项目，分析不合格项目是否需要培训，通过培训能否达到要求，以此作为生产一线员工培训需求的依据之一。

（4）未来分析

生产一线员工的未来分析，主要是关注生产一线员工自身的职业发展规划，以及企业为生产一线员工设计职业发展通道，未来分析有利于生产一线员工的成长，增加企业归属感；同时，企业能建设人才梯队，充分开发人力资源的潜能。

**2. 生产一线员工培训需求分析的方法**

（1）问卷调查法

在对生产操作人员进行培训需求分析时，问卷调查法是最常用的方法之一。表9-1所示是某公司对生产一线员工进行培训需求分析所设计的问卷调查表的样例。

**表9-1　某公司生产一线员工培训需求问卷调查表**

姓名：　　　　　　　　　　工作岗位：　　　　　　　　在岗时间：

为了提高生产一线员工的素质技能，公司人力资源部特设计了如下问卷，来了解您在生产工作中，遇到的问题和困难，以期双方共同寻求最佳的解决方案。

请您在填写问卷中，确保填写信息全面、真实。谢谢您的合作！

**一、基本情况**

姓名：　性别：　学历：

工作岗位：　入职时间：

**二、调查内容**

| | | | |
|---|---|---|---|
| 1. 您对本行业、本公司的生产安全知识的熟悉程度 | □熟悉 | □一般 | □不熟悉 |
| 2. 在生产中您是否能够严格执行安全生产的各项要求 | □完全能 | □基本能 | □不能 |
| 3. 您对本行业、本公司的产品质量要求是否熟悉 | □熟悉 | □一般 | □不熟悉 |
| 4. 在生产中您是否能够严格执行产品质量控制的各项规定 | □完全能 | □基本能 | □不能 |
| 5. 您对公司的生产工作流程和工作标准的熟悉程度 | □熟悉 | □一般 | □不熟悉 |
| 6. 您能否及时发现和处理生产中出现的危险征兆 | □完全能 | □基本能 | □不能 |
| 7. 您是否熟悉公司安全设施、防护用品的使用和基本维护方法 | □熟悉 | □一般 | □不熟悉 |
| 8. 您是否熟悉生产设备的使用与维护方法 | □熟悉 | □一般 | □不熟悉 |
| 9. 您是否具备在生产中进行技术创新和改造的能力 | □完全具备 | □基本具备 | □不具备 |

10. 您在生产中是否关注同类新产品的开发，并及时向车间主任提出相关建议

□经常能　　□极少

**三、培训建议**

1. 您认为比较理想的培训方式有

□课堂讲授 □小组讨论 □角色扮演 □户外拓展培训 □游戏训练

□现场指导 □其他

2. 您认为最为理想的培训时间是

□上班时间 □休息日 □下班后 □无所谓

3. 您认为最为理想的培训频率是

□每周一次 □每日一次 □每季度一次 □无所谓

4. 其他需说明的内容

（2）访谈法

在对生产一线员工进行基本的问卷调查后，还应选择具有代表性的员工进行详细访谈，以确认搜集信息的准确性，常用的访谈记录表如表 9-2 所示。

**表 9-2 访谈记录表**

| 访谈对象 | | 访谈地点 | |
|---|---|---|---|
| 访谈时间 | | 记 录 人 | |
| **访谈记录** | | | |
| **访谈内容** | | **记录要点** | |
| 描述一下您的工作流程 | | | |
| 您所在岗位所需要的专业知识 | | | |
| 您所在岗位所需要的技能 | | | |
| 在工作中您认为存在哪些不足 | | | |
| 目前工作中您最需要解决的问题 | | | |
| 您认为生产设备应如何保养 | | | |
| 您认为应如何避免生产事故的发生 | | | |
| …… | | | |
| 备注说明： | | | |

（3）观察法

在对生产一线员工进行问卷调查和详细访谈之后，还应通过观察法来获取更多的培训信息，表 9-3 所示是某公司培训观察记录表。

表 9-3　某公司培训观察记录表

观察对象：　　　　　　　　　　工作岗位：　　　　　　　　　　观察地点：

| 观察内容记录 | | | | | |
|---|---|---|---|---|---|
| 观察内容 | 优秀 | 良好 | 一般 | 较差 | 很差 |
| 对生产纪律的遵守情况 | | | | | |
| 对生产流程的执行情况 | | | | | |
| 生产中对突发事件的处理情况 | | | | | |
| 对生产现场的整理情况 | | | | | |
| 生产安全意识 | | | | | |
| 生产成本意识 | | | | | |
| 整理工作状态 | | | | | |
| 需要改进的地方说明： | | | | | |

### 9.1.2　生产一线员工培训需求分析报告

人力资源部通过上述的分析过程与结果，参考企业相关的生产管理制度与企业培训记录等资料，分析生产一线员工培训的必要性，得出培训目标与培训的相关课程体系，形成培训需求分析报告。

培训需求分析报告包括培训需求调查结论及分析，生产一线员工素质现状、员工培训内容需求、企业目前培训现状及对策、生产一线员工培训课程体系等方面的内容。

## 9.2　生产一线员工的培训课程设置

生产一线员工培训围绕生产现场的人、机、料、法、环和测六个方面展开。人的因素有生产技能、职业素养等培训；机的因素有设备维护保养、设备操作规程等培训；料的因素有物料防护、物料性能等培训；法的因素有作业指导书、操作规程等培训；环的因素有作业环境控制、温湿度检测等培训；测的因素有产品质量标准、质量保证措施等培训。明确生产现场管理培训的必要性，得出培训目标与培训的相关课程体系。

### 9.2.1　生产一线员工的培训目标

生产一线员工的培训总目标是通过培训提高生产一线员工的素质、技能和态度，使生产一线员工融入企业文化的氛围，保证企业的产品质量、订单进度和健康安全等。

通过生产一线员工的培训，减少企业在生产现场中的浪费，激励一线员工小改小革，鼓励一线员工多提合理化建议，促进生产持续改善和创新，提升生产管理能力，加快企业发展速度，在生产方面为实现企业的战略目标做出贡献。

生产一线员工的培训目标可以概括为如图 9-1 所示。

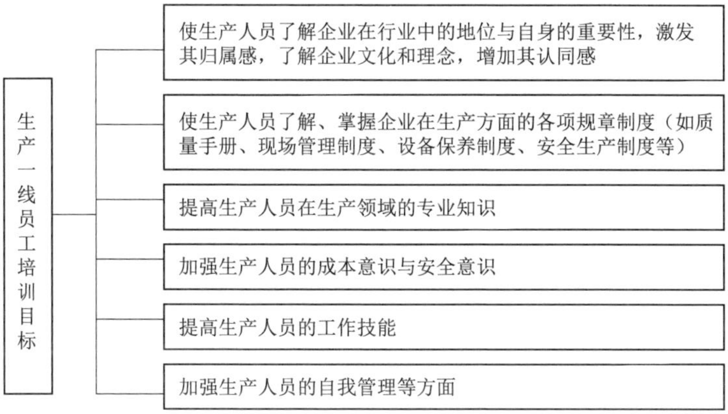


图 9-1 生产一线员工培训目标

## 9.2.2 生产一线员工培训课程体系

**1. 生产一线员工培训课程设置重点**

对生产一线员工的培训课程设置，主要围绕以下三方面设计。

①生产一线员工在相关生产操作领域的技能培训。

②生产一线员工在生产过程中的产品知识和能力培训。

③生产一线员工的态度、企业文化及理念方面的培训。

**2. 确定生产一线员工培训课程体系**

按照企业的年度培训规划，根据生产一线员工的培训需求调查和分析结果，编制企业生产一线员工培训课程体系。不同的企业所涉及的生产一线岗位类别也有不同，在此将以一般的工业制造业为例，有一定的局限性，仅作参考来用，生产一线员工培训课程体系的具体内容如表 9-4 所示。

表 9-4　某公司生产一线员工培训课程

| 培训项目 | 培训课程内容 |
|---|---|
| 生产现场管理 | 5S 管理<br>现场作业环境管理<br>生产作业流程管理<br>生产工作标准培训 |
| 质量管理 | 如何检验产品质量<br>如何开展品管圈活动<br>质量分析与改善 |
| 设备管理 | 设备案例操作规程<br>设备点检和维护保养<br>设备常见故障排除 |
| 安全教育 | 安全生产管理基本知识<br>安全生产技术管理<br>行业安全生产法律法规<br>公司安全生产规章制度等<br>公司安全设施、防护用品的使用和维护<br>安全生产隐患排查与整改 |
| 员工素质能力提升 | 企业文化和员工手册<br>生产一线员工特训班<br>生产管理制度培训<br>团队协作拓展训练等 |

**3. 以生产一线员工特训班培训课程为例讲解**

在工业制造型企业，生产一线员工占员工比重较大，挖掘生产一线员工的潜能显得非常重要，因此，人力资源管理部要有一套行之有效的生产一线员工的培训课程，帮助一线员工提高综合素质，在获得收入增长的同时，员工自身的素质也得以提升。现设置了生产一线员工特训班，培训内容如表 9-5 所示。

表 9-5　生产一线员工特训班的培训内容

| 培训项目 | 培训内容 |
|---|---|
| 工作职责 | 生产一线员工的角色认知 |
|  | 生产一线员工的主要职责 |
|  | 生产一线员工的应知应会 |
|  | 生产一线员工的工作沟通 |
| 工作改善 | 认识改善，减少七大浪费 |
|  | 应知应会（作业指导书） |
|  | 工艺合理化，降本增效 |

续表

| 培训项目 | 培训内容 |
|---|---|
| 工作安全 | 工作安全的重要性 |
| | 工作现场安全隐患的认识与改善 |
| | 生产班组安全检查的做法 |

课程收益：

①生产一线员工应具备的技能化为学习重点，系统性地讲解。

②课程内容除理论讲授外，着重实际演练、现学现用，获得最大效益。

③讨论之案例以现场管理实务为主，效果显著。

④提升生产一线员工的生产技能，并为企业培育基层干部做准备。

## 9.3　生产一线员工的培训计划实施

根据公司战略发展规划和员工培训需求等因素，制订公司总体培训计划，逐级分解并制订相关目标达成的培训计划，以确保培训工作的顺利进行。

生产一线员工的培训可以采取以生产部门组织或公司组织的内部培训，也可以委托外部培训机构给予培训。

### 9.3.1　培训时机的确定

企业培训生产一线员工时，应慎重选择培训时间，否则会降低培训效果和浪费培训资源。通常在图 9-2 所示的情况下，企业可选择对生产一线员工进行培训。

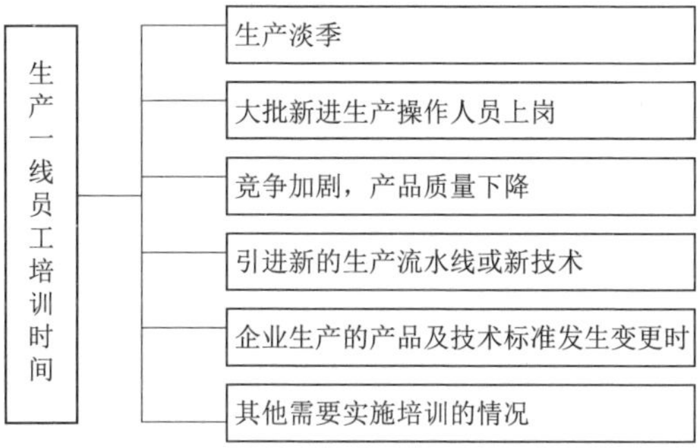


图 9-2　生产一线员工的培训时间

## 9.3.2 培训老师的选择

对于生产一线员工的培训，可以选择内部培训师，也可以选择外部培训师，具体可根据企业实际情况及培训内容等因素而定，以下是对培训讲师选择的一些建议。

①企业文化、企业规章制度等方面的培训可由人力资源部经理、培训主管等担任培训讲师。

②对生产一线员工的技能培训，可由生产部相关人员等担任培训讲师。

③对生产一线员工进行团队意识教育、管理能力提升、质量意识教育等方面的培训时，可以有选择性地聘请外部培训讲师。

④产品知识的培训可以由企业内部讲师担任，企业内部讲师团队包括产品设计、产品工艺、产品质量及职能管理方面的讲师团队。

## 9.3.3 培训方法的选择

在培训方法的选择上，应根据培训内容及企业实际情况采用灵活多样的培训形式，如采用课堂讲授法、技术讲座、现场演示法、工作指导法、多媒体教学法、游戏互动法等方式相互结合，重在取得实效。相关的培训方法介绍与适用范围如表 9-6 所示。

表 9-6　培训方法及适用范围

| 培训方法 | 实施介绍 | 适用范围 |
|---|---|---|
| 课堂讲授法 | 由生产专家或生产技术能手讲解生产知识，操作人员可接受大量知识 | 生产技术原理、生产知识、标准、质量要求、操作技巧、操作人员心态及职业素养培训等 |
| 技术讲座 | 以讲座的形式介绍生产技术方面的知识 | 产品加工工艺、作业指导书、制造过程控制计划等 |
| 现场演示法 | 培训讲师在生产车间进行现场讲解和演示。优点是直观、能增强生产操作人员的培训感觉；缺点是耗时长、容易造成机械模仿 | 生产过程中具体的操作技巧与操作规范的展示 |
| 工作指导法 | 由指定人员对生产操作人员进行一对一指导，可将理论与实践进行快速的结合 | 一般用于新进生产操作人员的培训 |

续表

| 培训方法 | 实施介绍 | 适用范围 |
|---|---|---|
| 多媒体教学法 | 通过多媒体将图片、视频演示等信息具体形象展现出来的一种培训方式，供受训人员学习 | 操作标准培训、工艺流程培训、质量管理培训、安全教育培训等 |

## 9.3.4 制订培训实施计划

### 1. 制订培训实施计划表

企业在实施培训计划时需要制订一张培训实施计划表，确保培训计划有条不紊地实施。

培训实施计划表主要是培训课程的时间、进度安排，培训地点及培训师的选择等。

表 9-7 是某公司生产一线员工培训实施计划表。

表 9-7　某公司生产一线员工培训实施计划表

| 时间 | | 地点 | 事项 | 主讲人 | 设施、设备 |
|---|---|---|---|---|---|
| 第一天 | 8:30 ~ 10:30 | 二楼会议室 | 受训人员集合<br>生产总监致辞<br>企业文化讲解 | 生产总监<br>人力资源部经理 | 多媒体 |
| | 13:30 ~ 15:30 | 二楼会议室 | 行业标准、要求讲解<br>质量管理讲解 | 技术部经理 | 教材、录像 |
| 第二天 | 8:30 ~ 10:30 | 生产车间 | 现场管理讲解<br>操作标准与技巧讲解 | 车间主任 | |
| | 13:30 ~ 15:30 | 生产车间 | 设备管理方法讲解<br>生产中常见问题的解决方法讲解 | 技术部副部长<br>技术总监 | |
| 第三天 | 8:30 ~ 10:30 | 二楼会议室 | 安全生产讲解<br>时间管理讲解 | 技术部部长<br>培训主管 | 录像<br>多媒体 |
| | 13:30 ~ 15:30 | 二楼会议室 | 团队协作讲解<br>人事主管致结束词 | 培训主管<br>人力资源部经理 | 教材 |

### 2. 发布培训通知

企业在制订完生产一线员工培训实施计划表后，应在培训开始前一至两天发布培训通知单，以方便参加培训的生产一线员工进行培训前的准备，表 9-8 是某公司生产一线员工培训通知单。

表 9-8　某公司生产一线员工培训通知单

各位员工：

欢迎参加 2020 年第 8 期生产一线员工培训

公司定于 2020 年 9 月 22 日至 9 月 24 日举行为期 3 天第 8 期生产一线员工培训，请参加培训的员工务必准时到场

现将培训的具体安排通知如下。

培训时间与地点说明

| | 项　目 | 时　间 | 地　点 |
|---|---|---|---|
| 培训安排 | 签到 | 8:15 ~ 8:30 | 第一天：公司二楼会议室<br>第二天：公司生产车间<br>第三天：公司二楼会议室 |
| | 上课 | 8:30 ~ 9:30 | |
| | 课间休息 | 9:30 ~ 9:50 | |
| | 上课 | 9:50 ~ 10:50 | |
| | 课间休息 | 10:50 ~ 11:00 | |
| | 上课 | 11:00 ~ 12:00 | |
| | 午间休息 | 12:00 ~ 14:00 | |
| | 上课 | 14:00 ~ 15:00 | |
| | 课间休息 | 15:00 ~ 15:20 | |
| | 上课 | 15:20 ~ 16:20 | |

（1）按时上下课，如有特殊原因不能参加或中途离开，必须得到人力资源部经理的批准。

（2）上课时必须保持安静，认真听讲，手机应关机或调成振动状态。

（3）保持培训场所的卫生，上课期间不准吃东西、吸烟。

人力资源部

2020 年 9 月 18 日

**3. 培训组织管理**

在整个培训实施过程中，培训的组织部门需做好服务以确保培训效果。培训的组织部门至少应做好以下两个方面的工作。

（1）协助培训讲师开展工作

企业的培训组织部门应在培训过程中确保培训的场所不受干扰，确保培训用到的设施设备完好，协助培训讲师规范受训员工的行为。

（2）做好培训记录

培训组织部门应对受训员工的培训状态进行记录，例如受训员工的出勤情况、受训员工的学习状况等，以便培训后对培训进行评估、反馈。

## 9.4 生产一线员工的培训效果评估

及时准确地评估生产一线员工的培训效果，以便企业能够及时地调整培训计划，逐步提高生产一线员工的培训水平。同时，通过评估培训效果，可以考核学员对于培训内容的掌握程度和实际工作中的应用程度，从而评估生产一线员工培训的适用性和有效性。

### 9.4.1 生产一线员工的培训效果评估内容

对生产一线员工培训的评估内容主要从以下三个方面展开。

**1. 对培训师及培训课程进行评估**

对培训师及培训课程进行评估，主要是对培训师的培训技巧、培训课程安排、培训内容，能够解决生产中遇到的问题等方面进行评估。

**2. 对培训组织工作进行评估**

对培训组织工作进行评估主要是对培训时间、地点、培训工作的组织情况等进行评估。

**3. 对受训的生产一线员工的培训效果进行评估**

对受训的生产一线员工的培训效果进行评估，主要从以下三个方面展开。

①对受训人员掌握的生产的相关知识情况进行评估，例如评估对质量管理知识、产品标准知识等的掌握情况。

②对受训人员掌握的生产中工作技能的情况进行评估，例如评估生产中的工作流程、工作技巧的掌握情况以及突发事件的处理能力等。

③对受训人员在生产中的工作态度进行评估，例如对出勤率、主动学习的能力等进行考查。

### 9.4.2 生产一线员工的培训效果评估方法

通常情况下，对生产一线员工的培训评估方法有四个层次，即反应层、学习效果、行为改变、培训效果。

**1. 反应层评估**

生产一线员工反应层评估指搜集生产操作人员对培训讲师、培训内容、教学方法、培训设备和材料等各方向的反应情况，并进行综合评价。反应层评估中常用的评估方法为问卷调查法。表 9-9 所示是某公司生产一线员工反应层培训效果评估表。

表 9-9　某公司生产操作人员反应层培训效果评估表

| 课程名称 | | 培训讲师 | |
|---|---|---|---|
| 学员姓名 | | 所属部门 | |
| 对培训内容的评估 | | | |
| 知识性 | 1. 有系统的理论，能联系工作实际，让学员易学易懂<br>2. 理论知识丰富，能够注重知识的体系与内容<br>3. 理论知识一般，基本能考虑到知识的体系<br>4. 理论知识深奥，学员难以理解<br>5. 理论知识过多，有些不切实际 | | 5 分<br>4 分<br>3 分<br>2 分<br>1 分 |
| 适用性 | 1. 培训内容能够密切联系工作需要，具有很强的指导性<br>2. 培训内容较为关注工作需要，具有较强的指导性<br>3. 培训内容与工作具有一定的联系，具有一定的指导性<br>4. 培训内容基本联系工作需要，可以作为参考<br>5. 培训内容与实际工作联系较少，仅能提供参考 | | 5 分<br>4 分<br>3 分<br>2 分<br>1 分 |
| 系统性 | 1. 培训内容系统清晰，各部分内容紧密联系<br>2. 培训各部分内容有较强的相关性和连贯性<br>3. 培训内容具有一定相关性，缺乏连贯性<br>4. 培训各部分内容相互独立，基本没有联系<br>5. 培训内容杂乱无章 | | 5 分<br>4 分<br>3 分<br>2 分<br>1 分 |
| 对培训讲师的评估 | | | |
| 授课质量 | 1. 内容表达清晰准确，能使学员迅速接受，理解并掌握<br>2. 内容表达较为清晰，学员能接受信息，基本理解<br>3. 内容表达清楚，学员基本上能够接受信息<br>4. 内容表达逻辑性差，学员能接受信息，但较难理解<br>5. 内容表达缺乏逻辑，影响信息的接收 | | 5 分<br>4 分<br>3 分<br>2 分<br>1 分 |
| 对培训讲师的评估 | | | |
| 培训相关准备工作 | 1. 培训材料准备充分，培训设备使用熟练，授课内容熟练<br>2. 培训材料准备较为充分，培训设备使用、授课内容较熟练<br>3. 基本熟悉培训设备使用和培训课程的内容<br>4. 培训材料准备较不充分，设备使用和授课内容的熟悉度差<br>5. 对培训设备和授课内容均不熟悉 | | 5 分<br>4 分<br>3 分<br>2 分<br>1 分 |
| 对培训组织工作安排的评估 | | | |
| 培训安排 | 1. 培训时间安排合理，组织工作充分到位<br>2. 培训时间安排较为合理，组织工作较为充分<br>3. 培训时间安排基本合理，组织工作基本到位<br>4. 培训时间的合理性差，组织工作不到位<br>5. 培训时间缺乏合理性，组织工作很不到位 | | 5 分<br>4 分<br>3 分<br>2 分<br>1 分 |

| | | |
|---|---|---|
| 培训场地 | 1. 培训场地安排适当，培训设备位置摆放合适<br>2. 培训场地安排较恰当，培训设备位置摆放较为合理<br>3. 培训场地安排基本恰当，培训设备位置摆放基本合理<br>4. 培训场地安排存在缺陷，培训设备位置摆放存在很多问题<br>5. 培训场地安排非常不恰当，设备摆放位置很不合理 | 5 分<br>4 分<br>3 分<br>2 分<br>1 分 |
| 培训评估总分 | | |

### 2. 学习效果评估

学习效果评估主要是着眼于生产一线员工从培训中学到哪些生产知识，以及对知识的掌握程度，从而分析培训内容和方法对生产一线员工是否合适，评估培训是否达到了培训目标的要求。这一层次的评估可通过测试、操作模拟、讲师评价等方式进行。表 9-10 所示是某公司质量管理培训测试题。

**表 9-10 某公司质量管理培训测试题**

**一、填空题**（每题 5 分，总分 20 分）

1. 现代品质管理系统由________、________ ________组成。
2. 质量管理标准指________；其内容一般包括________、________、________、________等。
3. QC 的七大工具指________、________、________、________、________、________、________、________。
4. 产品质量的直接形成过程是________。

**二、判断题**（每题 6 分，总分 30 分）

1. “符合标准”就是合格的产品质量。（ ）
2. 采用新技术，增强产品的性能和功能，均能提高产品质量。（ ）
3. 有缺陷的产品都不是合格产品。（ ）
4. 异常被动是随机原因引起的产品质量波动。（ ）
5. 质量改进是质量管理的一部分，致力于增强满足质量要求的能力。（ ）

**三、简答题**（每题 10 分，总分 50 分）

1. 简述良好品质的 7 个要求。
2. 简述样品检验的流程和方法。
3. 简述工序品质控制的流程与措施。
4. 简述防止品质不良的六大措施。
5. 简述常见的品质事故及处理办法。

### 3. 行为改变评估

行为改变评估主要是衡量培训是否给生产一线员工的行为带来改变。评估培训的效果应看生产一线员工在接受培训后，其工作行为发生了哪些良性的、可观察到的变化，这种变化越大，说明培训效果越明显。

行为改变评估主要通过对受训人员的观察、车间主任对其的评价、客户的评价、同事的评价等方式收集相关信息，具体方法有问卷调查法、面谈法、观察法等。表 9-11 所示是某公司生产一线员工培训效果调查表。

表 9-11　某公司生产一线员工培训效果调查表

| 调查对象 | 具体调查内容 | 优 | 良 | 中 | 差 | 很差 |
|---|---|---|---|---|---|---|
| 培训讲师 | 培训讲师的技术水平如何 | | | | | |
| | 培训讲师的授课水平如何 | | | | | |
| | 培训讲师所讲的内容是否贴合实际 | | | | | |
| | 培训讲师回答的问题是否准确 | | | | | |
| 培训课程 | 培训课程的设置是否合理 | | | | | |
| | 培训内容是否能够解决生产中的问题 | | | | | |
| | 培训后对您有多大的帮助 | | | | | |
| | 培训中受训人员的参与度如何 | | | | | |
| | 培训课程内容贴合实际的情况 | | | | | |
| 培训组织（开放式问题） | 您认为此次生产培训的组织情况如何 | | | | | |
| | 您认为此次生产培训的课程重点安排是否合理，若不合理，请详细说明 | | | | | |
| | 您认为此次培训总体效果如何 | | | | | |

**4. 培训效果评估**

培训效果评估主要是通过分析生产一线员工培训对企业的生产经营成果具有哪些贡献来评估培训的效果，它通常可用员工出勤率、人均工时产值、产品合格率、工单达成率、成本降低率、5S 得分等指标进行衡量。

## 9.5　【案例分析】如何通过培训减少员工流失

某家电制造企业 2020 年上半年员工流失比较严重，非普工的流失率为 15%，生产普工的流失率约为 30%。人力资源部通过员工离职面谈发现，员工流失的原因排在第一位的，是员工对发展机会和个人成长感到不满。为此，试问面对企业员工流失的问题，该如何采取措施让员工得到个人成长和实现职业发展的目标呢？

**1. 分析员工流失的原因**

通过员工离职面谈等方式发现，员工流失的原因是多方面的，发展机会、薪酬待遇、工作与生活平衡、组织氛围等因素都会造成员工主动离开企业，然而调查发现，企业自身存在的问题是员工流失的主要原因。

首先，员工没有得到好的发展机会将选择离开企业，企业如果不注重员工的发展与培训，对一个有上进心的员工，在努力工作的同时，常常会审视自己所从事的工作的发展前景，如果企业不能够给员工提供良好的发展前景，员工就会考虑做出新的选择。

其次，员工对自己获得报酬的满足程度。企业如果没有一个公平、公正和有竞争力的薪酬机制，很难留住员工。员工对薪酬待遇的期望是客观的。

再次，和谐良好的工作氛围会让员工对企业环境产生留恋心理，反之，人际关系紧张，企业内部钩心斗角，会直接影响员工的精神状态和理想追求，进而产生离职的念头。

最后，企业任人唯亲，而非任人唯贤。民营企业往往是家族企业，会出现将重要的职位交给自己的家族成员，而这样出于亲属关系的选择，往往意味着效率低下和冗员，而低下的效率和冗员又会使有才能的人对企业失望，从而选择离开。

**2. 通过员工培训降低员工流失率**

①制订培训规划，让员工与企业互动成长。管理者要综合考虑企业的发展规划、知识更新的速度、人才市场供求等因素，制订员工培训计划。培训目标要切合企业发展的需要，做到为企业的发展预先储备专业人员。从内容上来说要根据企业发展规划的需要有计划地进行职业技能开发，对员工的培养要结合他本人的职业生涯规划，在职业发展的不同阶段，为其提供有针对性的开发项目。

②加强培训管理制度建设，使员工培训具有长期性和规范性。建立健全企业培训管理体系，培训课程、培训讲师和培训激励机制三者有机结合，加强制度之间的协调性和相互保障作用。在制度中要建立内部竞争机制，改变主要取决于上级决定的“伯乐相马”式的人才选拔方式，更多的是通过“赛马”的方式由员工自己的才能来证明实力，为员工提供展示才能的“赛场”，通过制度保证员工的职业发展空间。员工与企业的共同发展既是相互依存的，又必须是相互制约的，因此确定好培训对象后，企业要与之签订培训合同，以此形成一定的约束力。为防止员工专业技能提高后另谋高就，合同中要注明培训后的员工应在企业服务的时间、违约后的经济责任，对员工产生纪律和经济方面的

双重约束，如果员工离职，企业还可获得一定的经济赔偿，减少企业的投资损失。

③明确培训对象的选择标准。投资于不同类型员工对企业带来的流失风险是不一样的，应当针对不同类型的员工在企业中制定选择标准，对每位员工一视同仁，避免培训对象选择的随意性。对于有自发要求培训的员工提供选择性培训项目。培训虽然存在员工流失风险，但是同时也是吸引高素质员工的一种手段。向自发要求培训的员工，提供选择性的培训，可以提高企业对高素质员工的吸引力。

④培训中应全程控制。企业应当选择专门人员与培训师和受训人员保持联系。通过沟通，了解受训人员的需求、表现和心理状态。提高培训的效率和效果，有效防止培训员工流失。培训不是单方面的投资，除了企业要投入资金外，员工还要投入时间和精力。因此，培训后员工总是期望能够以某种方式得到回报。如果企业给予的回报不及时，员工认为培训前后在企业中没有什么改变，就会通过跳槽选择更好的工作环境。因此创造良好的学以致用的环境、提供更有挑战性的工作、提高受训员工报酬等方式，承认员工努力培训的结果，对于留住培训员工至关重要。

⑤进行人力资源会计核算。员工培训意味着资金的投入，要提高员工培训的有效性，必须采取科学的管理办法。通过建立人力资源会计核算体系，对人力资本投资的成本与效益问题进行定量化的分析。帮助管理者获悉在员工培训方面的投入产出情况，分析培训前后的工作效率与工作效果，合理确定工作量，合理分配资金，确定人力资本投入的优先顺序、结构，从而确保为员工培训提供资源支持。

⑥培训企业文化和价值观。宣传企业的使命和愿景，宣导企业的发展战略规划，明确部门和个人目标，增强企业的凝聚力，稳定员工队伍，开展企业文化活动必不可少，以形成企业倡导的价值体系，增强员工管理的效果，从而有效地降低流失率。

## 9.6 【HR应知】员工培训需要体现培训效果

### 1. 员工培训效果的影响因素

影响培训效果的因素比较多，但归纳起来，主要有培训内容的选择、培训师的选择、员工因素的影响、培训方式的影响及培训环境的影响五大要素。

（1）培训内容的选择

根据企业的需要和目的，结合员工的实际情况，开发和实施有针对性的培训内容是保证培训效果的重要条件。过去很多企业盲目选择培训内容，哪个培训师名气大就请哪个培训师，哪个课程受欢迎就上哪个课程，结果自然是培训时热热闹闹，培训后才发现没有什么效果。因此，要取得预期的培训效果，明确培训的目的，并“对症下药”非常重要。

（2）培训师的选择

目前，培训市场上的培训师基本上可分为理论派、实战派和兼顾派三种。企业应该通过试听课程、观看影像资料、考察工作经历和背景以及客户口碑等方法，来了解培训师的具体情况，根据培训的不同需求和不同的培训内容及受训人员状况，选择不同类型的培训师，以达到最佳的培训效果。

（3）员工因素的影响

培训规模和人数是影响培训效果的重要因素之一。有些企业为了节省成本，不管什么培训，都以参加人员的多少来衡量好坏，总认为参与人员多多益善，于是不管什么类型的培训，安排足够多的人参加。结果，由于人数过多，课堂上该演练的部分没有时间深入练习，对培训效果产生了影响，不能达到预期的目的。另外，在培训时间上，很多企业将培训时间安排在周末休息时间，影响了员工的休息，会有部分员工产生抵触情绪，因此影响了培训效果，关注员工对培训效果的影响因素有助于提升组织培训效果。

（4）培训方式的影响

目前，许多企业仍然喜欢单一的培训方式，一味要求授课式的培训方式，并给培训师设限：不要分组，不要提问，不要互动太多，不要过多活动等，严重影响了培训效果。为了达到预期的培训效果，必须根据培训的内容选择不同的培训方式，比如：小组讨论、角色扮演、管理游戏、案例分析等，在培训过程中要给参训人员学习任务和要求，带着目标学习效果会更好。

（5）培训环境的影响

好的学习氛围和环境能提升培训的效果，同样，坏的学习环境和氛围会影响学员的学习情绪，进而降低培训的效果。培训环境即包括培训设施、场地布局、音响照明等硬件环境，还包括课堂气氛、学员参与度等软性环境。所以，只有培训管理者和培训师共同努力，才能营造出良好的学习氛围。

**2. 员工培训效果的体现**

有效的企业培训，其实是提升企业综合竞争力的过程。事实上，培训的效果并不取决于受训者个人，而恰恰相反，企业组织本身作为个有机体的状态，起着非常关键的作用。

（1）增强员工对企业的归属感和主人翁责任感

就企业而言，对员工培训得越充分，对员工越具有吸引力，越能发挥人力资源的高增值性，从而为企业创造更多的效益。资料显示，百事可乐公司对深圳270名员工中的100名进行调查，这些人几乎全部参加过培训。其中80%的员工对自己从事的工作表示满意；87%的员工愿意继续留在公司工作。培训不仅提高了职工的技能，而且提高了职工对自身价值的认识，对工作目标有了更好的理解。

（2）增强企业向心力和凝聚力，塑造优秀的企业文化

企业文化是企业的灵魂，它是种以价值观为核心对全体职工进行企业意识教育的微观文化体系。企业管理人员和员工认同企业文化，不仅会自觉学习掌握专业知识和技能，而且会增强主人翁意识、质量意识、创新意识。从而培养大家的敬业精神、创新精神和社会责任感，形成上上下下自学专业知识，自觉小改小革的良好氛围，企业的专业技术人才将茁壮成长，企业产品开发能力会明显增强。

（3）提高员工综合素质，增强企业盈利能力

美国权威机构监测，培训的投资回报率一般在33%左右。在对美国大型制造业企业的分析中，企业从培训中得到的回报率大约可达20%～30%。

（4）增强竞争优势，保持企业持续经营的生命力

企业竞争说穿了是人才的竞争。明智的企业家清醒地认识到培训是企业发展不可忽视的“人本投资”，是提高企业“造血功能”的根本途径。人本为主的软技术投资，作用于机械设备的硬技术投资后，产出的效益成倍增加。在同样的设备条件下，增加“人本”投资，几乎可达到投1产10的投入产出比。

（5）建设人才梯队，持续提供优秀的人力资源

企业的竞争归根到底是人才的竞争，通过培训打造人才梯队，为企业的发展壮大源源不断地提供优秀人才，助力企业经营战略目标得以实现。